改革开放40年：中国经济发展系列丛书

改革：
如何推动中国经济腾飞

GAIGE
RUHE TUIDONG ZHONGGUO JINGJI TENGFEI

国家发展改革委宏观经济研究院经济研究所◎著

人民出版社

《改革开放 40 年：中国经济发展系列丛书》

编 委 会

主　　　任：宁吉喆

常务副主任：王昌林

副　主　任：吴晓华　毕吉耀

委　员（按姓氏笔画排序）：

马晓河　王仲颖　叶辅靖　白和金　刘立峰

孙学工　杨宜勇　杨　萍　肖金成　汪　鸣

张长春　张燕生　陈东琪　林兆木　高国力

郭小碚　黄汉权　银温泉　韩文科　臧跃茹

总　序

　　2018 年正值我国改革开放 40 周年。改革开放是决定当代中国命运的关键抉择，开启了人类历史上最为波澜壮阔的工业化和现代化进程。40 年来，中国经济社会发生了翻天覆地的变化，取得了举世瞩目的成就。党的十八大以来，以习近平同志为核心的党中央带领全国人民迎难而上、开拓进取，取得了改革开放和社会主义现代化建设的历史性变革和决定性进展。

　　统计显示，从 1978 年到 2017 年，我国国内生产总值按不变价计算增长了 33.5 倍，年均增长 9.5%。人均国内生产总值由 385 元增长到 59660 元，扣除价格因素，增长了 22.8 倍，年均增长 8.5%，实现了由低收入国家向中高收入国家的跨越；农业综合生产能力大幅提高，工业发展突飞猛进，服务业快速增长，建立了全球最完整的产业体系，220 多种工业产品产量位居世界第一，成为世界第一制造大国，产业结构由 27.7：47.7：24.6 调整为 7.9：40.5：51.6，就业结构由 70.5：17.3：12.2 调整为 27.0：28.1：44.9，我国用 40 年时间走过了发达国家近 100 年的工业化历程；城镇化率从 17.9% 提高到 58.5%，城镇常住人口从 1.7 亿人增加到 8.1 亿人，城市数量从 193 个增加到 657 个。40 年来，我国新增的城镇人口相当于美国总人口的 2 倍、日本的 5 倍、英国的 10 倍；对外贸易额从不到 100 亿美元增加到 4.11 万亿美元，跃居世界第一贸易大国，累计吸引外国直接投资 1.9 万亿美元。

我国已全方位融合全球经济体系，成为推动世界经济增长的重要引擎；农村贫困人口减少 7.4 亿，占全球减贫人口总数的 70% 以上，农村贫困发生率下降 94.4 个百分点。城乡居民恩格尔系数分别从 57.5% 和 67.7% 下降到 29.3% 和 32.2%。人均预期寿命从 1981 年的 67.8 岁提高到 76.7 岁。人民生活从短缺走向充裕、从贫困走向小康和全面小康。更为可贵的是，改革开放 40 年来，中国共产党在领导推进经济发展过程中，不断深化规律性认识，形成了许多重要的经验和启示。

中国宏观经济研究院（国家发展和改革委员会宏观经济研究院，以下简称宏观院）作为改革开放的亲历者和见证者，多年来始终把为中央宏观决策和国家发展改革委中心工作服务作为立院之本和第一要务，参与了许多改革开放重大课题研究和文件的起草工作。值此改革开放 40 周年之际，宏观院集全院之力，组织撰写了《改革开放 40 年：中国经济发展系列丛书》（以下简称《丛书》）。内容涵盖宏观经济、投资、外经、产业、区域、社会、市场、能源、运输、体制改革等经济社会发展的各个领域，既是对过去 40 年经验成就的回顾和总结，也包含了对新时代中国特色社会主义发展的展望与思考。

在《丛书》写作过程中，王家诚、俞建国、石康、齐援军等同志对书稿进行了审阅把关，人民出版社对《丛书》出版给予了大力支持，在此一并表示感谢！

由于时间和水平所限，《丛书》内容难免有不足之处，敬请读者批评指正。

中国宏观经济研究院

《丛书》编委会

2018 年 10 月

本书编写组

组长： 孙学工　郭春丽

成员：（按姓氏笔画排序）

王　元　王　蕴　王利伟　王瑞民　申现杰　孙长学

成　卓　许　生　刘　方　刘国艳　安淑新　杜飞轮

杜秦川　张铭慎　李世刚　李清彬　肖　潇　陆江源

易　信　姜　雪　曹玉瑾　盛雯雯　梁志兵

前　言

改革开放 40 年，我国实现了由站起来到富起来的历史飞跃。为了揭示改革推动经济发展的逻辑和机理，总结改革开放经验，我们组织编写了这本《改革：如何推动中国经济腾飞》。

过去 40 年，我国经历了四轮改革。1978 年，以家庭联产承包责任制为核心的农村改革释放了被传统体制压抑的生产力，国企、财税、金融、计划、投资、价格等改革激发了市场活力，为 80 年代中国经济持续快速增长提供了制度红利。党的十四大明确了建立社会主义市场经济体制的改革目标，十四届三中全会勾画出社会主义市场经济体制的基本框架，此后按照市场化方向推进的财税、金融、投资、外汇体制改革，围绕产权关系推进的国有企业改革，加快建立的市场体系和社会保障体系，支撑了 90 年代中国经济高速增长。党的十六届三中全会对完善社会主义市场经济体制做出了全面部署，此后改革沿着推进科学发展的方向不断深化，实现了 21 世纪新一轮经济高速增长。党的十八大以来，以习近平同志为核心的党中央推动了新一轮改革高潮。十八届三中全会对全面深化改革做出了总体部署，这几年经济体制、政治体制、文化体制、社会体制、生态文明体制和党的建设制度改革全面推进，为中国经济转向高质量发展提供了制度保障。

40年改革开放的成功实践，积累了珍贵经验。坚持和加强党对改革的领导，保持了改革开放的中国特色社会主义方向。坚持把实现好、维护好、发展好中国最广大人民的根本利益作为出发点和落脚点，使改革开放得到了广大人民群众的衷心拥护和支持。坚持社会主义市场经济改革目标，不断增强市场在资源配置中的作用。坚持正确处理改革、发展与稳定之间关系，把改革的力度、发展的速度和社会可承受的程度统一起来。坚持以人民为中心的改革出发点和落脚点，把维护和增进人民利益作为根本目的。坚持科学的改革方法论，推动顶层设计与群众首创有机结合起来。

中国特色社会主义已经进入新时代。建设现代化经济体系，推动经济高质量发展，对深化经济体制改革提出了迫切要求。当前及今后一个时期，应围绕建设创新引领、协同发展的产业体系推动科技、金融和产权制度改革，围绕建设统一开放、竞争有序的市场体系推动要素市场化改革，围绕建设体现效率、促进公平的收入分配体系深化收入分配制度改革，围绕建设彰显优势、协调联动的区域发展体系完善区域协调发展制度，围绕建设资源节约、环境友好的绿色发展体系推动资源环境管理制度改革，围绕建设多元平衡、安全高效的全面开放体系推动开放领域改革。我们相信，新时代的全面深化改革将为实现"两个一百年"目标和中华民族伟大复兴的中国梦提供持久动力。

孙学工

2018 年 11 月

目　录

第一章　以农村改革为肇始的第一轮改革使中国经济从崩溃边缘步入起飞轨道

1978 年，注定是一个具有历史意义的年份。邓小平同志曾经说过，中国的改革是从农村开始的。这一年，中国共产党十一届三中全会在北京召开，全党工作的重点和全国人民的注意力转移到社会主义现代化建设上来。在华夏大地的安徽、四川等地，被贫穷和饥饿逼到没有退路的村民们偷偷冒险搞起了"大包干"，拉开了农村改革的大幕，也由此翻开了中国当代史上最为波澜壮阔的新篇章。

第一节　改革逻辑与路径

党的十一届三中全会确立了以经济建设为中心的路线，各领域改革陆续被提上日程。但是，改革开放思想路线的确立是很不容易的[①]，推动改革的战略及路径等理论争议在实践中不断调整。改革实践的发展远不像文件、讲话等设想的那样顺利，由此才逐步确立了

---

① 参见时任国家计委经济研究所（现国家发改委经济研究所）所长于光远同志回忆亲身参与十一届三中全会前后多篇重要中央文件形成和讨论的经过的回忆，见于光远的《大转折——十一届三中全会的台前幕后》。

改革重点从"体制内"转向"体制外先行"或"增量改革"的大战略，这是 20 世纪 80 年代经济体制改革最典型的特征。

中国改革开放从党的十一届三中全会起步，从十二大以后全面展开。总体上经历了从农村改革到城市改革、从经济体制改革到各方面体制改革、从对内搞活到对外开放的波澜壮阔历史进程。20 世纪 80 年代的经济体制改革总体上呈现增量先行、边际生长和"由易到难"的特点，最终实现双轨过渡。在推进改革的过程中，更多采用了"摸着石头过河"和"局部试验、地区推广"等模式，群众智慧和顶层设计相互配合，基层的有效实践探索被上层接纳后再进行推广，从而有利地保证了多种在竞争中胜出的改革模式被继续推进。今天回过头来看，这种改革路径和推进模式显然是一种相对较优的选择。最初的农村家庭联产承包经营责任制改革和城市国有企业放权让利的改革都是从改革较容易攻克的环节发动的，并逐渐从传统经济体制外或传统经济体制内的外围过渡到传统体制内特别是其内核部分。然而，随着早期农村改革的成功，其他领域的改革也先后启动。国企改革、价格改革、财税改革以及金融外贸改革等，彼此之间互为依托、相互激荡，谱写出了那个风云激荡年代最为壮阔的改革交响曲。

在思想认识层面，对政府与市场的关系、计划与市场关系的争论贯穿整个 20 世纪 80 年代[1]。自党的十一届三中全会召开至 1992 年，

---

[1] 理论界先后提出了三种看法：第一种是"板块式"结合，即在原来的计划统制旁边出现"计划外"的市场调节。第二种是"渗透式"结合，即计划和市场是两个并列的板块，各自渗透了对立面的因素；计划调节这一块要考虑价值规律的要求，市场调节这一块受宏观计划的指导和约束。第三种是"有机式"结合，即计划与市场不再是分别调节国民经济不同部分的两个并立的板块，而是有机地融为一体，并在不同层次上调节国民经济的运行。参见刘国光：《不宽松的现实与宽松的实现》，中国社会科学出版社 2013 年版，第 431 页。

由于不满意采用计划方式促进社会生产力发展的效果，政府高层开始不断探索引入市场调节作用。从"按经济规律办事"到明确"国家调节市场，市场引导企业"①，经历了引入市场调节作用使全能政府逐渐松动的曲折探索过程。同时，对计划与市场关系的认识争论也经历了曲折的过程。党的十一届三中全会肯定了社会主义经济是有计划的商品经济，以党的决议形式从理论上明确了计划与市场不是对立的范畴，初步突破了传统的将计划和市场对立的思想束缚。党的十二大报告提出，"我国在公有制基础上实行计划经济……国家通过经济计划的综合平衡和市场调节的辅助作用，保证国民经济按比例地协调发展"，这进一步明确界定了计划和市场各自发挥作用的范围和程度，承认了市场调节的辅助性。直到十二届三中全会通过的《决定》中明确指出："要突破把计划经济同商品经济对立起来的传统观念……商品经济的充分发展，是社会经济发展的不可逾越的阶段，是实现我国经济现代化的必要条件"，首次正面地肯定了社会主义下商品经济存在的必然性。党的十三届四中全会后，提出建立适应有计划商品经济发展的计划经济与市场调节相结合的经济体制和运行机制。进而，邓小平同志在1992年初视察南方的重要谈话中指出："计划多一点还是市场多一点，不是社会主义与资本主义的本质区别。计划经济不等于社会主义，资本主义也有计划；市场经济

---

① 时任国家计委计划经济研究所（现国家发改委经济研究所）所长王积业同志明确提出此种经济运行模式为中央决策采纳，并写入党的十三大报告。经济运行模式的详情参见王积业同志的文章《从市场入手加强计划与市场结合的研究》和程万泉的采访文章《国家怎样调节市场　市场如何引导企业——访国家计委计划经济研究所所长王积业教授》。

不等于资本主义，社会主义也有市场。计划和市场都是经济手段"[1]，给计划与市场关系的争论画上了句号。

如果回到改革开放初期的 20 世纪 80 年代，我们大概会看到宏观经济混乱、微观国有企业改革难以推进的景象。当时"计划取向"还是"市场取向"的改革论调处于激烈交锋争论中，由此导致国有企业改革一度迷失了方向。从这时起，中国开始把改革的重点放到非国有部门并在那里创建市场导向的主体，依托体制外部门的改革释放了增长潜能。随后，这种"增量改革"战略陆续在农业、城市国有企业和非国有企业、对外开放各领域实施，并在各领域逐渐形成了双轨体制，进而促进了各领域的改革和发展。

但是，由于双轨制改革实践中的局限性和消极影响的逐渐暴露，促使邓小平等同志在 20 世纪 80 年代中期开始推行体制内改革的尝试。1984 年 10 月 20 日，党的十二届三中全会作出的《中共中央关于经济体制改革的决定》开启以城市为重点的全面改革，把建立和发展"社会主义商品经济"确定为改革的目标，对于中国改革具有划时代的意义。为了落实十二届三中全会《决定》，1985 年 9 月，中国共产党全国代表会议通过了《中共中央关于制定国民经济和社会发展第七个五年计划的建议》，明确提出，要通过使企业成为自主经营自负盈亏的商品经营者、完善市场体系和建立以间接手段为主的宏观调控体系等三方面相互联系的改革，"力争在今后五年或者更长一些的时间内，基本上奠定有中国特色的、充满生机和活力的社会主义经济体制的基础"。

---

① 见《邓小平文选》第三卷中《在武昌、深圳、珠海、上海等地的谈话要点》（一九九二年一月十八日——二月二十一日），人民出版社 1993 年版。

　　到 1986 年初，时任国务院领导赵紫阳提出了以价格体制、税收体制和财政体制为重点进行配套改革的设想。设想方案宣布 1986 年国务院的工作方针是：在继续加强和改善宏观控制的条件下改革宏观管理，在抑制需求的条件下改善供应，同时作好准备，使改革能在 1987 年迈出决定性的步伐①。随后他就改革形势和"七五"前期改革的要求发表的重要讲话中指出，新旧体制胶着对峙、相互摩擦、冲突较多的局面不宜拖得太久，所以 1987 年、1988 年需要较大的改革步骤，促使新的经济体制能够起主导作用。因此，需要在市场体系和实现间接调控的问题上，步子再迈大一点。为企业真正能够实现自负盈亏，并在大体平等的条件下展开竞争创造外部条件。"具体说来，明年的改革可以从以下三个方面去设计、去研究：第一是价格，第二是税收，第三是财政。这三个方面的改革是相互联系的"。"关键是价格体系的改革，其他的改革围绕价格改革来进行。"②

　　为了进行拟议中的配套改革，国务院在 1986 年 4 月建立了经济改革方案设计办公室③。这个办公室在国务院和中共中央财经领导小组的直接领导下，拟定了"七五"时期以价格、税收、财政、金融和贸易为重点的配套改革方案。其中的价格改革方案，准备在 1987 年从生产资料价格开始实施。改革的模式是"先调后放"，即先根据计算全面调整价格，然后用 1—2 年时间将价格全面放开、实现并

① 赵紫阳在全国经济工作会议上的讲话，见《人民日报》1986 年 1 月 13 日的报道。

② 赵紫阳 1986 年 3 月 13 日在中共中央财经领导小组会议上的讲话和 3 月 15 日在国务院常务会议上的讲话（打印稿），转引自吴敬琏：《当代中国经济改革》（2003 年版），第 72 页。

③ 这个办公室的正式名称是"国务院经济体制改革方案研讨小组办公室"，简称"方案办"。

轨。在财税体制方面的主要举措，则是将当时实行的"分灶吃饭"体制改革为"分税制"以及引进增值税等。

从总体看，由于第一轮改革浪潮具有"体制外先行""摸着石头过河"的特征，导致中国主要重点领域的改革推进往往是"问题导向的"，缺乏事前清晰的"整体顶层设计"。改革开放之初的农村改革就是明显的"体制外先行"，当农村改革取得一定成效后便向城市国企改革推广。随着城市国企改革持续推进不断重塑市场微观主体等，针对改革特别是国企改革过程中不断暴露的阶段性问题，改革举措不断调整。不同问题的暴露，迫使与市场微观基础相适应的其他领域的配套改革如价格改革、财税体制改革、金融体制改革、投资体制改革和开放体制改革和特区试验等也被提上改革日程，因为交错进行的各领域改革在现实中引发了通货膨胀等问题，由此导致不同领域的改革进程反复，于是才最终形成了价格、财政、税收、外贸等领域整体改革的方案。

中国改革开放之初，粮食产量低、农民缺乏生产积极性触发了农村改革，通过实行家庭联产承包经营责任制、全方位推动农产品流通体制改革和促进农业发展的其他配套农村改革，极大地推动了农村生产力解放和发展。随后，改革的重心从农村转向城市，国企经营效益低、激励不足成为最为突出的问题，由此引发城市国企改革，先后通过放权让利、"拨改贷""利改税"和以"两权分离"推行承包经营责任制，推动了市场经济的微观主体日渐成长。进而，为促进以城市国企为主体的中国经济更好发展，围绕城市国企改革这条主线和中心环节，相关的配套改革如价格改革、财税体制改革、金融体制改革、投资体制改革和开放体制改革及特区试验等交错展开，并逐渐形成协调推进的态势。

第二节　改革进程与重点

中国 20 世纪 80 年代先后推出并实施的重要改革措施涵盖了农村、国企、财政、价格、外贸、金融体系和劳动用工制度等多个领域，相对而言，农村改革和国有企业的改革效果最为突出，影响也更加深远。从实践中看，不同领域的改革有所交叉，比如国企改革与财税改革密切相关。农村改革主要包括：改革农产品购销制度，取消实行多年的主要农产品由国家统购统销的制度，缩小工农产品剪刀差，增加农民收入，调动广大农民生产积极性；改革蔬菜购销体制，取消由国家统购包销的制度，把蔬菜经营推向市场；改革供销合作社体制，变官办为民办；改革流通体制，变国家独家经营为多种经济形式、多种流通渠道、多种经营方式、少环节、符合商品流向、有利商品经济发展的流通网络等。国企改革先后推行了放权让利、"利改税"、"拨改贷"和承包经营责任制等改革。财税改革的主要做法是：改革与完善财政体制，实行中央与地方分税制，改变由中央"统收统支"、高度集中的体制，发挥中央与地方两个积极性；并且，对国有企业实行"利改税"，取消国有企业上缴利润的办法，税后利润归企业，探索国有企业向自主经营、自负盈亏、自我约束、自我发展的独立商品生产者发展的路子。外贸体制改革则逐渐打破长期实行的由国家统负盈亏、"大锅饭"的外贸经营体制。同时，推动物价管理体制改革，逐步推动建立市场价格形成机制。此外，打破长期实行的一次分配定终身的劳动制度和平均主义，突破雇工数

限制，实行劳动合同制等。

总体上看，中国各领域的改革实践往往是交错并行的，某一领域的改革为其他领域的改革创造条件。同时，当某一领域的改革成为制约其他领域改革的瓶颈时，又会成为新的改革对象。

一、农村改革极大地解放了长期被压抑的农村生产力

改革发轫于农村，中国农村改革是从调整农民与土地的关系、以家庭联产承包经营责任制为核心的农村经营体制改革开始的，这轮改革在农村建立了基本的经济制度，保障了农民生产经营的自主权，使粮食产量和农村生活水平迅速显著提高，从而为农村长远发展奠定了基础。

（一）改革开放初期农村经济的基本状况和主要问题

改革开放之初，广袤的中国农村大地依然延续着"文化大革命"以前的各种经济社会制度。大江南北的全国农村依然沿袭着以生产小队为基本单位的核算制度[①]，农村"三级所有，队为基础"的基本经济制度一直延续到改革开放初期。以生产队为基础的所有制体制有限度地承认农民保留少量家庭经营的合法性，有条件地允许富余劳动力进城务工等，这种农业经营体制总体上不利于农业生产力的发展，也不受农民群众欢迎。

当时，中国农村呈现这样的景象：农民没有支配自己财产和劳动的权利，"出工一窝蜂，干活大呼隆"是人们对当时农业生产的

---

① 1962年，中共中央发布《关于改变农村人民公社基本核算单位问题的指示》，决定实施以生产小队为基本的核算制度。

典型概括。农业用地种植什么？怎么种？种子哪里来？都是各级政府部门说了算，生产计划层层下达，各级领导催种催收；计划由上级主管部门按上级意图和意愿来规定，而农民作为生产者被动接受；国家对粮、棉、油菜籽等主要农产品实行统购统销，并由国家商业部门和准国营的供销社垄断经营，一般仅仅保留有限的集市贸易，严禁长途贩运。同时也会看到：普遍的贫穷笼罩着中国农村大地，农民基本上没有储蓄。1978 年的农民人均年度纯收入仅约为 133.6 元，与实行人民公社初期 1957 年的 73.4 元相比，20 年间仅增加了 60.2 元[①]。

　　为什么会如此呢？究其根源，还是在于当时僵化的经济社会制度。中国农村在经历合作社和公社化以后，农民失去了对农业经济的控制权和对自己劳动剩余的收益权；当时确立的以户籍制度、粮票制度、口粮制度等为核心的政社合一制度，既限制着农民的身份自由，又限制着农民人力资本的自由发挥。在人民公社体制下，广大农村的农业生产普遍实行"死分死记"的生产分配制度[②]，导致"干多干少一个样，干好干坏一个样，干与不干一个样"，农民们一年到头劳作，年终劳动收益却极低，温饱常常得不到保证，农民的劳动积极性受到打击。

（二）家庭联产承包经营责任制的缘起与迅速推广

　　正是中国农业农村在改革开放前几乎持续 20 多年的原地踏步，客观上限制了其他产业的发展速度，使得国民经济陷入困境。穷则

---

① 本书如无特殊说明相关数据均根据国家统计局等数据整理。
② 即为年龄相近性别相同的劳动者制定相同的公分标准，然后按出工日数计工，年终按照工数分配农业劳动成果。

思变，长期为温饱生存的痛苦挣扎，使得变革的萌芽和种子悄然地在农村大地上孕育、萌发着。终于，1978 年党的十一届三中全会的胜利召开，在这场以"解放思想，实事求是，团结一致向前看"为主题的历史大会上，党确立了"以经济建设为中心"的工作重心的转移，并由此迅速在中国农村开启了一场影响深远的变革。

改革开放初期大部分群众仍然受着意识形态的约束，中国农村改革最初还是从一些边缘山区和贫穷落后地区开始的。在一些长期"吃粮靠返销，生产靠贷款，生活靠救济"的生产队，由于频繁来回的运粮导致大多数粮食在运送途中被消耗浪费，于是有关部门的领导和专家等① 向中央建议，可以先在这些地区推行"包产到户"的改革，由这些地区先行试点。正是这些地区试点的良好效果，带动了后续改革。

中国以"大包干"② 为主要形式的"包产到户"浪潮首先在安徽兴起，实践的发展推动着政策的松动。1978 年末，安徽实行"包产到户"的生产队达到 1200 个，1979 年又发展到 3.8 万个，约占全省

---

① 我国农村问题专家杜润生等。

② 改革开放之初，农村各地出现的农业生产责任制有包工、包产和包干三大类，和"包工到组""包产到户""包干到户"（又称"大包干"）三种最主要的形式。"包工到组"是集体经济内部的一种劳动组织和计酬方式，其基本做法是：生产队将规定了时间、质量要求和应得报酬的作业量包给作业组，并根据承包者完成任务的好坏给予奖励和惩罚。"包产到户"主要是改变了对劳动的考核方式，由直接计量改为通过产出计量劳动的数量和质量，把规定了产出要求的土地发包给农户经营，包产部分全部交给生产队，超产部分全部留给承包户或由承包户与生产队分成。"包干到户"是将集体经营改为家庭在承包或承租来的土地上经营，其基本做法是：作为土地所有者的集体按人口或按人口和劳动力将土地发包给农户经营；农户按照承包合同完成税收、统派购或订购任务，并向生产队上交一定数量提留用作公积金和公益金等，余下产品归农民所有。

生产队总数的 10%。1979 年 9 月，党的十一届四中全会正式通过《中共中央关于加快农业发展的若干问题的决定》，把"两个不许"改为"不许分田单干"和"不许包产到户"。1980 年 9 月，中共中央批转省市自治区党委第一书记专题座谈会纪要《关于进一步加强和完善生产责任制的几个问题》，强调推广责任制要因地制宜，分类指导，不可拘泥于一种模式、搞一刀切；允许有多种经营方式、多种劳动组织、劳动计酬办法的存在；"在那些边缘山区和贫穷落后的地区，长期'吃粮靠返销，生产靠贷款，生活靠救济'的生产队，群众对集体丧失信心，因而要求包产到户的，应当支持群众的要求，可以包产到户，也可以包干到户，并在一个较长的时间内保持稳定。"文件下发后，多种形式的承包责任制都有发展，而发展最快的是"包产到户""包干到户"。到 1980 年底，实行"包产到户""包干到户"的生产队从年初占全国生产队总数的 1.1% 提高到 14.9%。

　　1982 年的中央一号文件进一步明确了家庭联产承包制的性质。1982 年 1 月 1 日中共中央批转 1981 年 12 月的《全国农村工作会议纪要》，该纪要对农业生产责任制、改善农村商品流通、农业科学技术、提高经济效益、改善生产条件、加强思想政治工作和基层组织建设等方面的政策问题作了规定。"一号文件"中明确指出："一般地讲，联产就需要承包。""承包到组、到户、到劳只是体现劳动组织的规模大小，并不一定标志生产的进步与落后"，从理论上阐明它不同于合作化以前的小私有的个体经济，而是社会主义农业经济的组成部分。同时，文件强调中国农业必须坚持两个长期不变：一是社会主义集体的道路、土地等基本生产资料公有制长期不变，二是集体经济要建立生产责任制长期不变。此后，"包产到户""包干到户"加速发展，1982 年 6 月，全国实行"双包"的生产队已经占到

约87%。到1983年初,实行"双包"的生产队占到93%[①]。

(三)全方位推动农产品流通体制改革

回顾中国农产品流通体制改革历程,可以看出农产品流通体制改革是全方位、分阶段、分领域有序推开的。1985年的中央一号文件直接提出改革农产品统派购制度。

农产品流通体制改革分阶段推进。在前期改革已经放开粮食、棉花等农产品购销价格的基础上,从1985年起又进一步取消统购派购,将粮食、棉花改为合同定购,粮食、棉花以外的其他农产品实行自由购销。到90年代初期,各地纷纷放开粮食购销市场。以1990年10月中央在郑州建立小麦批发市场为标志,9个区域性批发市场和一批各种类型的较为规范的农贸市场在全国各地得到长足发展,为最终取代主要农产品的计划调拨创造了物质基础和制度条件。1991年提出了"粮食商品化、经营市场化"目标。到1992年初,政府提出以"分区决策、分省推进"的方式改革粮食购销和定价体制。

1985年的中央一号文件提出改革农产品统派购制度。中国农村经过几年成功的经济改革后迎来了新形势,广大农村面临着加速发展商品生产的极其有利的时机,但是农村生产向商品经济转化中却存在着种种不协调现象,国家对农村经济的管理体制存在缺陷,特别是在农业生产出现大丰收的条件下,全国很多地方却出现了"卖粮难""存粮难"和"运粮难"的问题,现实对改革提出了新要求。在此背景下,中共中央、国务院于1985年1月1日印发了《关于进一步活跃农村经济的十项政策》。文件取消了30年来农副产品统购

---

① 根据《杜润生自述:中国农村体制改革重大决策纪实》等资料整理。

派购制度，对粮食、棉花等少数重要产品采取国家计划合同收购的新政策：除个别品种外国家不再向农民下达农产品统购派购任务，分别实行合同定购和市场收购；大力帮助农村调整产业结构；进一步放宽山区、林区政策；对乡镇企业实行信贷、税收优惠；鼓励技术转移和人力流动；放活农村金融政策；按照自愿互利原则和商品经济要求，积极发展和完善农村合作制等。

农产品流通体制改革主要是通过以下路径展开的：一是改革作为农村商品流通主渠道的供销合作社体制。改革供销合作社体制的基本路径是变官办为民办，恢复和加强其组织上的群众性、经营上的灵活性和管理上的民主性，扩大农民股份和参与经营决策的权利，开拓业务领域，与农民联合兴办商品生产基地、农副产品加工和流通设施，为农民发展商品生产提供产前、产中、产后系列化服务，使之成为名副其实的农民的集体经济组织。二是放手发展城乡集市贸易、建立城市农副产品批发市场。至 1987 年，全国城乡集市发展到 69683 个，比 1978 年增加 1 倍多，集市贸易成交额达 1557 亿元，比 1978 年增长 8 倍多。至 1986 年底全国大中城市的农副产品批发市场已发展到 450 多个，成交额 24 亿元[①]。三是解决小农户和大市场的矛盾。鼓励农民以各种形式进入流通领域、自办流通服务。如贸易货栈、农工商联合企业、农民合作商业、专业市场、农民个体运销等，不仅大大缓解了农民"买难卖难"的问题，而且增强了农民的商品意识与承受风险的能力。为解决农产品生产在空间上分散、时间上具有季节性与市场需求在空间上集中、时间上持续的矛盾，党的十六届三中全会《决定》要求"支持农民按照自愿、民主的原则，

---

① 数据资料根据国家统计局等相关统计数据资料汇总整理。

发展多种形式的农村专业合作组织"。农民和其他经营者自发建立的一些新的合作经济组织如各种类型的专业合作社、"专业技术协会"、"农业服务中心"等迅速发展，有力地促进了农村市场的繁荣。

（四）促进农业发展的其他配套改革

家庭联产承包经营责任制和农产品流通体制改革分别从生产关系和交换关系上给农村带来了巨大变化，但农业、农村的发展仍然面临着经济组织等问题，如人民公社体制改革、促进农村商品生产发展、加强农业基础地位、延长土地承包期以增加农民对土地投资激励等。

1983 年的中央一号文件解决了人民公社体制改革问题。由于不少同志对农村当时发生的历史性变革缺乏充分的思想准备，某些上层建筑的改革赶不上经济基础变化的需要。为避免农民已经高涨起来的积极性可能重新受到挫伤，避免已经活跃起来的农村经济又受到抑制，中共中央于 1983 年 1 月 2 日印发了《当前农村经济政策的若干问题》。该文件在历史上第一次提出要从两方面对人民公社体制进行改革，即实行生产责任制，特别是联产承包制；此外，开始实行政社分设，也就是说，把农村上层建筑的改革提到了议事日程。文件对实现农业发展目标、改进农村生产结构、完善农业生产责任制、发展合作经济、改革人民公社体制、搞活商品流通、广辟流通渠道、推进农业技术改造、广辟农村建设资金来源、建立商品生产基地、加快边区和少数民族地区建设等方面的政策问题作了规定。文件指出，家庭经营是合作经济中一个经营层次，是一种新型的家庭经济。分散经营和统一经营相结合的经营方式具有广泛的适应性，既可适应当前手工劳动为主的状况和农业生产的特点，又能适应农业现代化进程中生产力发展的需要。

　　1984 年的中央一号文件提出促进农村商品生产发展。1983 年的中央一号文件对人民公社体制进行了改革，该文件在经过一年的试行后取得了明显的成效，但也使流通领域与农村商品生产发展之间不相适应的状况越来越突出。同时，针对农民害怕改变的心理，需要通过延长土地承包期来给农民吃"定心丸"，以鼓励农民增加对土地的投资。在此背景下，中共中央于 1984 年 1 月 1 日发出了《关于1984 年农村工作的通知》。文件指出，由自给半自给经济向较大规模商品生产的转化，是发展中国社会主义农村经济不可逾越的必然阶段。只有发展商品生产，才能进一步促进社会分工，把生产力提高到一个新的水平，才能使农村繁荣富裕起来，才能使我们的干部学会利用商品货币关系，利用价值规律，为计划经济服务，才能加速实现中国社会主义农业的现代化。文件指出，1984 年农村工作的重点是：在稳定和完善生产责任制的基础上，提高生产力水平，疏通流通渠道，发展商品生产。帮助农民在家庭经营的基础上适当扩大生产规模，提高经济效益。土地承包期一般应延长至 15 年以上。允许农民和集体的资金自由地或有组织地流动。要加强社会服务，地区性合作组织应当把工作重点转移到农户服务上来。还要继续进行农村商业体制的改革，加速对山区、水域、草原的开发。

　　1986 年的中央一号文件解决了巩固确立农业在国民经济中地位等问题。虽然农村改革后的农业增长速度罕见，但中国农业的物质技术基础仍十分脆弱，导致一部分地区农民种粮兴趣出现下降的迹象，在农村经济新旧体制变革过程中出现了一些不协调现象，城乡改革叠加推进的过程中各方面的利益关系更为复杂，在某些局部甚至出现了否定农村改革的倾向。为此，中共中央、国务院于 1986 年

1月1日发出了《关于1986年农村工作的部署》。文件有两个突出的地方：一是针对怀疑否定农村改革的倾向，肯定农村改革的方针政策是正确的，必须继续贯彻执行。二是针对农业面临的停滞、徘徊和放松的倾向，强调进一步摆正农业在国民经济中的地位。文件提出1986年农村工作总的要求是：落实政策，深入改革，改善农业生产条件，组织产前、产后服务，推动农村经济持续稳定协调的发展。为此，要进一步摆正农业在国民经济中的地位；依靠科学，增加投入，保持农业稳步增长；继续深入进行农村经济体制的改革；切实帮助贫困地区逐步改变面貌；加强和改进农村工作的领导。

为解决农民对土地投资的激励不足问题，中央延长了土地承包合同。中国改革开放初期推行的家庭联产承包经营制度，在不改变土地所有权的情况下给予农民承包期内的土地使用权，实现土地所有权和使用权一定程度的分离，这对于促进农业生产起到了很大的推动作用。但是，由于农户承包的土地并不具有法定的永久使用权，始终让农户感到对农地的投资存在较大的不确定性，因而限制了农民的投资热情，导致农民对土地投入逐年减少，进而使地力下降。1985年，全国各地普遍签订了15年的承包合同。虽然延长土地承包期的决定得到农民的普遍欢迎，但由于延长承包期仍然没有完全解决产权问题，农民对土地投资仍然心存顾虑，使新技术的推广也受到一定阻碍。同时，产权不明晰使土地经营权的自由转移受到限制，农业的规模经营难以在土地财产优化重组的基础上进行，只能用行政命令来促其实现。农村土地产权一直是一个重要问题，产权不明晰使农民在城市化过程中法定的要求权没有获得充分补偿，使大量的"农转非"土地收益被各级政府和工商企业截留侵蚀。农用土地被无偿或半无偿地占有以后，不能向非农产业转移的农民失去了收入来源，通常会带来社会问题。

中国 20 世纪 80 年代的农村改革是一场波澜壮阔的史诗，从确立家庭联产承包经营责任制到改革农产品统购派购制度等，1982 年到 1986 年的 5 个一号文件给广袤的中国农村大地带来了巨大的变化。从实行家庭联产承包经营责任制到 1984 年前后，中国农业连年获得大丰收，但由于粮食购销渠道仍比较僵化，导致粮棉价格下跌和粮棉主产区的卖粮难、卖棉难。在提供农用生产资料价格等政策调整以后，农业生产徘徊不前的现象还是时有发生。随着农产品收购价格的持续上调，到 20 世纪 90 年代中期国内农产品供求关系发生了转折性变化，农产品从过去的全面短缺走向结构性和区域性过剩。

（五）农村改革取得了巨大成就

农村家庭联产承包责任制改革取得了显著成效，其最直接的经济效果就是大幅度提高了农产品产量，带来农民收入大幅增长和贫困率迅速下降[①]。1984 年，全国粮食、棉花、油料总产量分别达到40731 万吨、625.8 万吨和 4780 万吨，分别比 1978 年增长了 33.6%、189%、101%，粮食产量达到了新中国成立以来创纪录的历史水平。此外，农业增产也带动畜牧业、水产业发展迅猛。农村人均收入由1980 年的约 191 元增加到 1984 年的 355 元。1985 年，中国农村总产值为 6340 亿元，较 1978 年的 1627 亿元增长近 300%。若以生产反应函数估计，农村经济体制改革对农业增长的贡献为 42.2%，提价贡献为 16.0%（林毅夫，1994）。中国农业产量的迅速增长，在很

---

① 数据资料根据国家统计局等相关统计数据资料汇总整理。

短的时间内使中国农村贫困人口的绝对数量从 2.5 亿人下降到 1.3 亿人，贫困发生率从 30.7% 下降到 15.1%，成为人类消除贫困历史上的一项奇迹。本轮改革也使农产品的种类和人均量显著增加[1]。1988年，全国猪牛羊总产量、奶类产量、羊肉产量、水产品产量分别为 2193.6 万吨、418.9 万吨、23.6 万吨和 1061 万吨，分别比 1978 年增长 156%、330%、440%、128%；人均粮食、棉花、油料、猪牛羊肉和水产品分别达到 363 千克、3.8 千克、12.1 千克、20.2 千克和 9.7千克，分别比 1978 年增长 13.5%、65.2%、120%、124% 和 98%。

家庭联产承包经营责任制间接带来了农民私人财产、人力资本和土地使用权等权利的增加，进而促进了乡镇企业的快速发展。中国推行家庭承包经营制使农村剩余劳动力从原来在人民公社体制下的隐蔽状态中浮现了出来，并逐渐地、合法地拥有了向非农产业流动的自由。这一方面为乡镇企业的发展提供了充足的劳动力供给；另一方面也使农村中的各种人才得以发挥出自己的创造精神。乡镇企业的数量和就业人数，从 1978 年的 152.4 万个、2826.6 万人分别增长到 1985 年的 1222.5 个、6979 万人[2]。农村经济的迅速发展也使经营农村工业、农村建筑业、运输业和农村商业的专业户迅速发展起来。中国农村改革初期的专业户很少，1984 年，专业户就已经达到约 2600 万户，并且有乡办企业、村办企业、联户办企业和个人办企业等多种类型。1988 年，从事工业、建筑业、运输业、商业、饮食业、服务业和其他行业的联合体有约 39 万个，从业人员约 385 万人[3]。20 世纪 90 年代中期，乡镇企业在中国工业生产中达到了三分

---

① 数据资料根据国家统计局等相关统计数据资料汇总整理。
② 数据资料根据国家统计局等相关统计数据资料汇总整理。
③ 数据资料根据国家统计局等相关统计数据资料汇总整理。

天下有其一的格局。

改革开放40年后的今天，在历史的长镜头中再来看中国改革开放初期的这轮农村改革，更能客观真实地透视出其伟大实践的深远意义：这轮改革极大地调动了亿万农民积极性，极大地解放和发展了农村社会生产力，极大地改善了广大农民物质文化生活。更为重要的是，改革开放初期农村改革的成功实践，为建立和完善中国社会主义初级阶段基本经济制度和社会主义市场经济体制进行了创造性探索，极大地鼓舞着我们党和人民以巨大的勇气将改革开放进行到今天，为实现人民生活从温饱不足到全面小康的历史性跨越、推进社会主义现代化作出了巨大贡献，为战胜各种困难和风险、保持社会大局稳定奠定了坚实基础和政治定力，为成功开辟中国特色社会主义道路，形成中国特色社会主义理论体系积累了宝贵经验。

二、国企改革赋予国企更大经营自主权

正像战争年代的"农村包围城市"理论一样，中国改革开放以来，在农村改革取得显著成效后，党和政府的改革重心便迅速转向城市，城市经济改革很快被提上日程。改革开放之初，公有制在城市仍然一统天下，而国有企业作为公有制最主要的实现形式以及城市经济社会的基本单元，成为城市经济改革的首要目标。

（一）改革开放初期国有企业的基本状况和主要问题

改革开放之初，中国城市国有企业的基本经济制度继续沿袭了高度集中的计划经济体制下的基本经济制度。原有的、传统的国有企业的生产要素（人、财、物）都是在计划体制下配置的，它的经营活动（产、供、销）都被置于计划的安排之下，国有企业只是计

划的接受者和执行者。作为市场主体的企业是国家所有的，当时的国有企业没有西方经济学教科书中所谓的属于自身的经济利益，也不是自主的经济实体。企业的盈亏由国家承担，投资也由国家计划下拨，企业完全按照上级计划进行生产经营活动。政府作为国有企业的主管部门，通过制定产量、产值、质量等指标来考核企业。当时的国企呈现如下主要特点。

国有企业是由政府直接经营的基层单位。国有企业作为党政机关附属物的基本任务是贯彻执行上级的指示指令。国有企业生产多少、生产什么、如何生产、原材料从哪里来、产品销售给谁，都由政府机关通过计划指令决定。企业管理层的任务就是执行。国营企业既没有动力，也没有可能根据自己的利益和市场变动自主地作出资源最优配置的决策。

国有企业是扮演多重角色、追求多重目标但却不以利润为主要目标的存在。当时中国的国有企业不仅仅是生产单位，还是国家政治体系的基层组织，因此被国家当作实现政治经济目标的工具，承担着广泛的社会政治职能，由此导致国有企业的多重目标经常发生冲突。国有企业集就业、社会保障和社会救济职能于一身，对其职工提供"从摇篮到坟墓"的全方位服务。

从纵向看，国有企业按照隶属关系由不同级政府监督管理，经营国有企业的任务责任也由中央和地方各级政府分担；从横向看，每一级政府经营国有企业的权力又被各行政部门分割：国有企业的收入和支出如征收税费和利润等，归财政部门管理；企业主要管理人员任免、考核和监督，归党的组织部门和政府人事机关管理；涉及投资和生产的决策权，归属于计划委员会等部门。从企业、政府和市场的关系看，企业接受政府部门的全面考核，不与市场相联系，计划指标是企业生产经营的唯一依据，企业自身没有生产经营决策权，企业生产的产品由国家统购统销。在人事管理和任用方面，国有企业管理人员和党政机关工作人员一样被视作"国家干部"，企业领导人具有行政级别，级别高低取决于企业规模的大小、产品的重要程度和企业直接上级的行政级别，并根据相同党政机关体系的方法加以管理。企业没有实际用工权，企业用工由国家统一安排和集中管理，执行国家统一的工资标准。

改革开放初期，高度集中的计划经济体制下的国有企业制度，存在以下特殊问题：一是国企依附生存于激励不足和经营预算软约束体制下。国有企业只是一个处于被动地位的行政机关的附属物，没有生产经营自主权，没有自身的经济利益等，因而使企业不承担任何经济责任，没有追求利润的激励，在经济活动中缺乏生机和活力，由此导致国有企业在通常情况下的经济效益和经营状况都不理想，经常需要国家的财政补贴来维持生存。二是追求讨好上级而不是市场竞争。由于不存在产品市场、要素市场，企业不必考虑市场供求，不必面对市场竞争，国有企业的主要工作是和政府机关打交道，国有企业必须不断地和上级行政管理机关谈判，以便取得更多的资源供应，取得更有利、更易于完成的任务指标。三是经营绩效取决于计划参数。决定国有企业生存和发展的主要经济参数如投资、税收等的决定权都掌握在政府手中，参数的调整会对企业绩效产生直接重大影响，企业总是希望通过和政府谈判来改变自己的约束条件。如果企业遇到财务困难，国家将通过减税、优惠贷款、财政拨款、承担亏损或允许涨价等办法帮助企业解脱。

正因国有企业存在激励不足和经营预算软约束等，使得当时的国有企业经常经营亏损，不得不依靠政府的财政补贴等。但政府对

国有企业各级财政补贴终究是有限而不可持续的，因此必须推进国有企业改革。国有企业改革先后分多个阶段进行，新的改革基本都是为解决上阶段改革未能根本解决的问题或上阶段改革产生的新问题进行的，财政压力是直接的改革动力。20 世纪 80 年代中国国企改革发展的主要脉络如下。

（二）放权让利、"拨改贷"和"利改税"改革

放权让利是国企改革的最初形式，也是当时意识形态约束下较可行的方式，经历了几个不同的阶段。"放权"，就是将过去由政府掌握的企业控制权转移给企业管理层。其最初形式是允许国有企业保留其利润的一定比例形成"职工奖励基金""职工福利基金"和"生产发展基金"，供企业自行支配。在 1983—1984 年的"利改税"以后，将国有企业上缴财政的大部分利润改以企业所得税、调节税等形式向财政缴纳，余下部分则留归企业。初期的做法和过程如下：

1978 年 10 月，经国务院批准，中共四川省委、四川省人民政府在不同行业中选择有代表性的成都无缝钢管厂、重庆钢铁公司等 6 户国营工业企业率先进行"扩大企业自主权"试点，成为中国国有企业改革乃至整个城市经济体制改革起步的标志。6 户试点企业在当年第四季度超额完成生产计划，收到了预想不到的效果。于是，在 1979 年 1 月 31 日，中共四川省委发出《关于地方工业扩大企业权力，加快生产建设步伐的试点意见》，决定把试点的工业企业由 6 户扩大到 100 户，并在 40 户国营商业企业中进行扩大经营管理自主权的试点。与此同时，北京、云南等地也对所属的地方国营工业企业进行扩大企业自主权的试点，原国家经委、财政部等部门也对北京清河毛纺厂、首钢、上海汽轮机厂和天津自行车厂等 8 户企业进

行扩权试点。为了规范迅速推开的扩大企业自主权试点，1979 年 7 月 13 日，国务院颁发了第一个"扩权十条"——《关于扩大国营工业企业经营管理自主权的若干规定》以及《关于国营企业利润留成的规定》《关于开征国营企业固定资产税的暂行规定》等 5 个文件。到 1980 年底，全国除西藏外的 28 个省、市、自治区的 6000 多户工业企业进行了扩权让利试点，试点企业占全国预算内工业企业总数、产值和利润的比重分别约为 15%、60%、70%。

与此同时，为了强化对企业的预算约束，改变企业"无偿"使用国有资金的状态，从 1979 年开始，国家试行将企业的基建拨款改为银行贷款，即"拨改贷"政策。"拨改贷"开始仅限于基本建设投资，1980 年以后扩大到技术改造投资；1983 年 7 月以后，企业新增的流动资金也全部由企业自筹或者向银行贷款解决。企业的固定资产投资和新增流动资金全部由财政拨款改为银行贷款。在中国传统体制下，企业的资金占用、产品价格等都是由国家计划安排的，不会因为企业的基础条件、资金多少、价格高低和地理位置的差异带来企业之间的利益差别。这种差别在统收统支体制下不成问题，但当允许企业有了利润留成和奖金分配权后，就会造成企业之间的"苦乐不均"现象。

为了解决"苦乐不均"问题，国家分两步实施了"利改税"改革措施。两步"利改税"的主导性决策思想，是试图通过税收杠杆来理顺国家和企业间的分配关系，调节企业之间的收益差别，为企业创造公平竞争的经营环境。1983 年，国务院批准了财政部提出的《关于国有企业利改税的推行办法》，分两步实施这一改革。第一步利改税从 1983 年 4 月开始，将所有大中型国有企业向主管部门上缴利润的制度，改为以实现利润的 55% 向国家缴纳企业所得税，税后

余利较大的企业与主管部门再实行利润分成或国家再征收利润调节税。税后余利较小的企业按照超额累进税的办法向国家纳税。由于所得税均按盈利大小的比例征收，1984 年 10 月开始实施第二步利改税，对工业品征收产品税，对商业征收商业税，同时开征增值税、城建税、房地产税、资源税等税目。主要做法为：把现行的工商税按性质划分为商品税、增值税、营业税和盐税，同时细分产品税的税目，适当调整税率；开征资源税，调节因自然资源和开发条件的差异而形成的级差收入；恢复和开征房地产税、土地使用税、车船使用税和城市建设税；征收国有企业所得税，对大中型企业仍按 55% 的比例征收，对小型企业调整了累进税率的级距，相对减轻了小企业的税赋。同时，对大中型国有企业征收调节税，税率根据企业的不同情况而定。

（三）以"两权分离"推行承包经营责任制

放权让利，使中国企业有了一定的计划外产品生产销售权和利润分配权，随之也产生了压计划内生产、超计划外生产和利润分配向职工收入倾斜等现象，出现了企业增收，财政收入减少的问题。为了解决放权让利后在 1979 年和 1980 年连续出现的巨额财政赤字问题，各地在扩权让利的基础上开始对工业企业实行了经济责任制。

1981 年在推行承包经营经济责任制时，规定在分配方面可以采取盈亏包干、以税代利自负盈亏和利润留成等经济责任制形式。其中，"盈亏包干"本身就是一种承包制，与后期实行的承包经营责任制无明显区别。承包制推行非常迅速，到 1982 年 10 月，全国大中型工业企业有 80% 以上实行经济责任制。1983 年初，有人提出"包字进城，一包就灵"的口号，主张在城市工商业中全面推行企业承包制，于是在全国国营企业很快大面积实行了利润包干制。但是，承包经营责任制在推行中也受到了意识形态的影响而出现短暂放缓。直到党的十二届三中全会提出了社会主义商品经济理论，开阔了关于国有企业两权分离的改革思路，才使中国国有企业以承包经营责任制为主要内容的改革进入了有理论根据支撑的新阶段。

随着宏观经济形势再度紧张导致的企业利润连续下滑、财政吃紧，迫使一些省、市把增收节支、增产节约同深化企业改革结合起来，重新通过实施承包经营责任制保住了财政收入，又开始重新肯定承包经营责任制。承包经营责任制按照权、责、利相结合的基本原则，切实落实企业的经营管理自主权，保护企业的合法权益；同时按照包死基数、确保上缴、超收多留、欠收自补的原则，确定国家与企业的分配关系。其主要的实施形式包括：上缴利润递增包干；上缴利润基数包干，分超收成；亏损企业减亏或补贴包干；微利企业上缴利润定额包干；保证上缴利润和批准的技术改造项目，工资总额与实现利税挂钩。

1986 年，国务院发布了《关于深化企业改革增强企业活力的若干规定》，提出要推行各种形式的承包经营责任制，给经营者以充分的经营自主权。1986 年 9 月，中共中央、国务院颁发《中国共产党全民所有制工业企业基层组织工作条例》《全民所有制工业企业厂长工作条例》和《全民所有制工业企业职工代表大会条例》，国营企业的领导体制全面进入厂长负责制阶段。1987 年，国家经委具体部署推行企业承包经营责任制。1987 年 3 月召开的六届人大五次会议第一次明确肯定了承包制。同年 4 月，原国家经委召开全国承包经营责任制座谈会，决定从当年 6 月起，在全国范围普遍推行承包经营责任制。到 1987 年底，全国大中型国有企业中，实

行多种形式承包经营责任制的企业占了 80%；在全国国营工业企业中已实行厂长负责制的国营工业企业达到 68%，大中型国营商业企业有 60% 多实行了承包经营责任制。1988 年 2 月，国务院又颁布了《全民所有制工业企业承包经营责任制暂行条例》，进一步推动了承包制的全面推开。到 1990 年，全国 95% 的工业企业实行了第一轮承包。此间，承包经营责任制在国有企业中全面铺开的同时，资产经营责任制、租赁制、股份制等改革措施也开始进行了试点。

专栏 1-1　首钢承包试验的主要做法、成效和推广

首钢承包试验的主要做法

一是以 1981 年企业上缴利润指标为包干基数，每年递增 5%，10—15 年不变，10 年后，即 1991 年企业的上缴利润可由 1981 年的 26810 万元增加到 43980 万元，增长 163%。如企业上缴利润递增小于 5%，企业必须按规定缴足 43980 万元，如此，企业留利就会相应减少；如企业上缴利润递增大于 5%，企业留利就会相应增加。这样，既可保证企业上缴利润的稳定增长，又可激励企业努力提高上缴利润递增率，取得一举两利的效果。二是根据企业的具体情况，规定企业留利的使用方向和比例。经过讨论测算，首钢提出的方向和比例是：60% 用于技术改造和扩大再生产；20% 用于集体福利，主要用于职工住宅建设；20% 用于奖励和日常的福利费用。三是奖金与上缴利润递增率挂钩。如果上缴利润递增率达不到 5%，职工奖金水平不变；如果连递增基数也达不到，则停发奖金；如达到或超过 5%，每增 2% 可多发 0.1 个月的标准工资作为奖励。四是利用利润留成提取的奖励基金调整部分职工工资，实行内部工资制。具体办

法是：在严格考核的基础上，对确实达到上一级技术标准并圆满完成岗位责任的职工，由企业予以"升级"；如果第二年完不成任务，就取消升级；连续三年保持合格的，再把级定下来；调出首钢的不带所升工资。以上办法把扩大企业自主权的改革提升了一步，叫"上缴利润递增包干"。

实行这样一种改革涉及国家管理企业的一些根本制度，光靠企业是无法实施的，需要企业和国家有关部门共同推进才能取得效果。对于这个报告提出的观点和具体办法，多数部门和同志是赞成的，但有的部门和同志并不赞成，后又经过几个月的讨论，才达成一致。上缴利润递增率由5%调整到7.2%，包干时间延长为15年。首钢承包试验一展开，就采取了几条重大举措：一是在全厂范围开展制定责任制的活动，把包干指标分解落实到每个岗位，形成一套规范的岗位责任制度；二是制定全厂的技术改造和扩大再生产规划，分步实施，为不断提高生产水平，提供物质基础；三是在职工中开展工资升级活动，提高职工的技术和收入水平。这些举措直接涉及职工的长远和切身利益，劳动热情空前高涨，生产水平节节上升，在全国引起强烈反响，纷纷要求学习首钢经验，实行上缴利润增长包干制。

首钢承包试验的成效及推广

国家经委从当时的实际出发，适时选择了二汽、佳木斯造纸厂等6户大企业在全国试点，更多的企业则学习推广首钢责任制的经验。对承包制的批评多集中在所有制问题上，承包制一度遭到冷落。1987年，全国各地对八年来的经济体制改革作了反思和总结，许多人认为，实行承包经营责任制是实行企业自主经营自负盈亏的一种好形式。于是，经过国务院提倡，这个曾一度受到冷落的企业经营方式又

兴盛起来，而且内容更加丰富，形式更加多样化。

半年多时间内，成批的大中型国有企业与政府有关部门签订了承包合同，声势之大，前所未有。与此同时，租赁制、资产经营责任制、股份制等企业经营方式也得到推广。我国的国有大中型企业成千上万，一下子都采取经营承包责任制和其他经营方式，出现千差万别的情况是可想而知的，许多问题相继出现。最突出的是，不少企业承包者为了实现更多的利润，竟不提或少提折旧，推迟设备大修时间，把存量资产作为当年新增资产上缴，使国有资产受到很大损失。这些问题之所以发生，从根本上说是因为改革只是在经营方式上做文章，而没有触及所有制。直到后来实行股份制改革，推行现代企业模式，才把这些问题纠正过来。

这一时期，全国钢产量由1978年的3178万吨提高到1994年的9261万吨，增长1.94倍；首钢的钢产量则由145万吨提高到823万吨，增长4.68倍。企业留利形成的固定资产总额为116.57亿元，年平均增长18.1%，全部成为国有资产。与此同时，还实现上缴国家税利336亿元。

资料来源：林凌的《首钢承包试验》。

（四）国有企业改革取得了阶段性成功

20世纪80年代的中国国有企业改革都是针对不同问题采取不同措施，都是在当时的意识形态约束下进行的积极探索，事后来看，都取得了阶段性的积极成效。

早期扩大企业自主权改革对国有企业产生了积极的推动作用，从多方面增强了国有企业的自主性，进而实现了对企业经营和职工的更好激励。主要体现为：一是国有企业拥有了一定的生产经营决策权。通过扩权，企业对于超计划部分的生产、销售有了自主的决策权，生产经营的决策权原先全部在企业外部，现在部分地转向企业内部。二是国有企业拥有了一定的职工收入分配权等资金运用权。国家把一部分利润让给企业，企业在一定程度上成为分配的主体，企业通过利润留成有了一定的奖金分配权，在一定程度上把职工的收入与企业的生产经营状况联系起来，在制度上使职工利益与企业利益有了某种程度的内在联系。

我国"利改税"的最大积极影响是建立了新的规范国家与企业之间利润分配的制度，但造成了"鞭打快牛"现象。以企业向国家上缴税收来代替过去的上缴利润，实质是用法律形式来取代行政形式把企业与国家的利益分配形式固定下来。但由于该改革没有与国有企业制度的整体改革相配套，再加上外部条件不完善，特别是价格制度上仍是国家定价而不是市场定价，导致企业之间"苦乐不均"的问题还是无法解决。尤其是利润调节税一户一率，在很大程度上冲淡了以税代利的规范性，从实际执行结果看，有些企业的实际所得较利润留成制度下更少，完成利润越多的企业交税也越多，造成了所谓的"鞭打快牛"现象。并且，由于两步"利改税"本身存在的不足，加上它出台的时机正好是经济过热后的宏观经济整顿和紧缩，在第二步"利改税"推行后出现了全国国营企业连续 20 多个月利润下滑现象，直接导致"利改税"的积极作用尚未发挥就被承包经营责任制改革所取代。

我国推行承包经营责任制取得了显著的效果，仅仅两个月，就一举扭转了全国预算内工业企业连续 22 个月利润下滑的局面，当年增加财政收入 60 多亿元。到 1988 年底，即全面推行承包经营责任制后 20 个月，全国预算内工业企业增创利税 369 亿元，相当于

1981 年至 1986 年 6 年间企业所创利税的总和。1987 年、1988 年，全民所有制独立核算工业企业的总产值分别增长 11.3% 和 12.6%，实现利税分别增长 12.9% 和 17.2%。在当时，无论是政府还是企业，都相信承包经营责任制是搞活国营企业的最好形式。但是，随着时间推移，承包经营责任制的弊端日益凸显，最主要的问题有：一是承包制不能解决承包期内企业行为短期化的问题；二是承包经营责任制不能解决承包期内企业只负盈不负亏的问题；三是承包经营责任制无法解决在确定承包基数过程中的讨价还价、一户一率的不公平现象。到 1989 年，中国同口径的工业总产值仅增长 3.9%，利税和利润总额则分别下降了 0.1%、16.7%，而亏损企业亏损总额则增加了 120%。

三、价格改革初步理顺了计划经济下扭曲的比价关系

随着农村家庭联产承包制和城市国有企业"放权让利"等改革带来市场微观主体的变化，价格矛盾也越来越突出，矫正价格体系成为中国经济体制改革迫切需要解决的中心问题。1979 年到 1991 年的第一轮价格改革主要是调整价格结构，逐步实现工、农产品等商品合理比价关系，先后经历了国家定价、双轨价格制度和价格并轨改革。

回头来看，价格体系改革可以说是中国 20 世纪 80 年代的改革中风险最大、困难最多的一个，因为其涉及面最广、与老百姓生活和企业生产直接相关。低工资低物价已实行几十年了，一说涨价就人心惶惶，曾多次直接引起通胀压力、抢购风潮。为了在短期内迅速理顺价格关系，1988 年 5 月 30 日到 6 月 1 日，中共中央政治局会议决定对物价和工资制度进行改革，这次价格改革甚至被赋予了

特殊叫法——"价格闯关"[①]。由于价格和企业改革的方案在实践中引发了通胀问题，政策的思路又逐渐转向了薛暮桥等人主张的宏观稳定优先的政策和改革取向[②]。

（一）传统价格体制的基本特点及价格改革的总体过程

中国的价格管理制度，同计划经济模式一样，是从苏联那里搬来的，价格形式单一，价格管理权限集中于中央和省两级政府。改革之前的价格，无论是生产资料还是生活资料，几乎所有商品价格都是由国家统一定价，而且多少年不变。这种价格体系不仅使价格严重背离价值，更不能反映市场需求。尤其经过"文革"长达10年之久的"冻结"之后，农产品、矿产品、原材料等价格严重背离价值，比价关系极不合理，许多商品供应不足，农民收入低下，企业亏损严重，财政负担日益加重，价格成了制约国民经济发展的主要障碍。

1978年12月，中共中央在经过一年多的酝酿讨论后，决定提高"牵一发而动全身"的主要农产品收购价格，缩小工农产品交换

---

① 价格改革之初，可供选择的思路有两种：一种是采取一步到位放开的方式，另一种是采取积极稳妥、分步到位的方式。中国的价格改革采取了"调放结合、先调后放、逐步放开"的方式，也就是先在一段时期内实行计划内价格和计划外价格并行的"双轨制"，然后在条件成熟后并轨，实行单一的市场价格制度。这主要是基于以下几点考虑：一是价格改革要和市场发育相适应，避免过度超前；二是价格改革要考虑不同产业和产品的特点，分步采取不同的改革策略；三是价格改革要考虑政府的财政能力能否适应理顺各种比价关系的要求，要考虑政府是否具备足够的驾驭改革的能力，也要考虑企业和居民是否具备足够的对改革的承受能力。此处关于价格改革不同思路的介绍根据薛暮桥的《薛暮桥回忆录》等相关资料整理。

② 参见时任国家计委经济研究所（现国家发改委经济研究所）所长薛暮桥的《薛暮桥回忆录》第十一章"理论上的突破和实践中的曲折"等相关内容。

差价，改革计划价格体制，进而推动其他方面的改革。从 1979 年到 1984 年，价格改革的重点是农副产品购销价格，价格改革的方式是"以调为主，以放为辅"，集中调整不合理的计划价格。这一期间，先后多次大规模提高了粮食、油料、棉花、糖料等农副产品收购价格，1979 年 21 种主要农产品收购价格平均提高 22.2%；随后又提高统配煤、焦炭、钢材、部分化肥等原材料、农业生产资料价格；然后又提高烟酒价格，有升有降地调整纺织品价格，降低国产机械手表、闹钟、彩色电视机、布胶鞋等轻工、电子产品价格；随后提高了铁路货物运价和水运客货价格。先后扩大了三类农副产品价格和小商品价格议价范围，对部分电子产品和机械产品价格试行浮动，允许地方和企业制定机械新产品的试销价格，从而出现了政府定价、浮动价、协议价和集市贸易价等多种价格形式。从 1985 年开始，价格改革采取"以放为主，以调为辅"的方式全面推进。除政府合同定购的粮食、棉花、油料、糖料等少数品种外，其他农副产品价格都实行了随行就市；大部分轻工、纺织等消费品价格和计划外生产资料的价格都被放开了，由此形成了生产资料价格政府定价和市场调节价并存的"双轨制"。

需要特别注意的是，工业生产资料的价格改革影响广泛。当时，同一城市、同种工业生产资料同时存在价格内、计划外两种价格，国家计划任务内的生产资料实行国家定价，超计划生产部分和按国家规定的比例允许企业自销部分实行市场调节价。目的是减少价格扭曲、提供必要的激励和价格信号的同时，对价格水平保持一定的政府控制，以保障经济的稳定。随着国有企业计划外生产和非国有企业的发展壮大，生产资料由政府定价的部分不断减少，而由市场定价的部分逐渐扩大，到 20 世纪 90 年代初期，中国基本完全实现了工业生产资料价格的并轨。

关于价格并轨的具体策略和路径，先后在不同领域采用了不同方式，并且发生了激烈争论。中国农产品流通领域的价格改革相对较顺利，而关于工业品生产资料价格的改革则更具有广泛影响，尤其以莫干山价格改革研讨会形成的"放调结合"方案最具有代表性，反映了价格改革"牵一发而动全身"的复杂性。

专栏1-2　常修泽、徐景安回忆莫干山价格改革讨论及文件形成始末

常修泽回忆在莫干山会议召开前，国内面临三大焦点：

第一个焦点，当时中国的经济体制改革正面临历史性转型。从空间来看，这个转型是由农村转向城市。中国的改革是从农村起步的，以1978年安徽农民首创的"大包干"制（包干到户）为标志掀起农村改革，随后中央将这一安徽实践概括成"联产承包责任制"并向全国推广。到1984年，经过五六年的改革，农村这条线已经取得了突破性的进展，接下来的问题就是如何把农村改革的势头推进到城市改革中去。1984年1月，邓小平同志第一次到南方视察，在亲身感受了深圳的发展变化后，他提笔写下："深圳的发展和经验证明，我们建立经济特区的政策是正确的。"显然，这一题词指出了中国在新的历史条件下如何开创改革开放事业尤其是城市改革新局面的问题，既是一个战略提升，也预示着中国的改革开放正面临一个新的历史关头。

第二个焦点，就是随之而来的理论创新和战略思维问题。为此，中央决定于1984年10月召开十二届三中全会，围绕"改革从农村走向城市"这一重大命题，讨论并作出《中共中央关于经济体制改

革的决定》(以下简称《决定》)。这是中国改革史上第一个关于经济体制改革的决定。作为一个改革的纲领性文件,它的制定涉及用什么理论来支撑的问题。也就是说,是按照传统的计划经济的理论还是按照新颖的社会主义商品经济理论来进行?这里面临一个重大的理论选择。

第三个焦点,就是来自改革实践中重大问题的倒逼。改革开放五六年来,实践中虽取得许多成就,但遇到的问题也不少(如价格问题、国企问题、金融问题等),甚至还遭遇了一些大的挫折。接下来,怎么迎难而上、深化改革?迫切需要实实在在的解决方案。

徐景安在为会议撰写的主报告《价格改革的两种思路》中指出:

能源、原材料调价之所以不易解决,是由于国家计划供应和统一分配的能源、原材料比重仍很大,煤炭占50%、钢材占70%左右。在这种情况下,较大幅度地提高能源、原材料价格,势必冲击整个国民经济。如果逐步缩小计划供应物资的范围,……把统配煤、钢材的比重缩小到30%左右,再调整这部分物资的价格就容易决策了。那么,怎么缩小计划供应物资的范围呢?具体办法是先选择供求平衡或供过于求的一般机械、轻工、纺织产品,取消指令性计划,改为指导性计划或市场调节;放开其价格,实行浮动价或议价;同时取消平价供应的煤、钢材。……随着一个个行业的逐步放开,统配煤、钢材的比重就会缩小,供应钢铁厂的统配煤的比重也随之减少。这时较大幅度地提高能源、原材料价格就不会对整个国民经济产生很大冲击。

报告接着指出,在缩小统配物资比重的同时,要建立、扩大、疏通物资市场。报告最后说:这种"先放后调,以放促调"的办法好处有三:(一)把价格改革这个十分复杂、难以决策的大系统,分解为一个个行业、一类类产品的小系统，改起来容易预测、决断和施行。（二）利用指令性计划外的浮动价、议价创造的市场机制，促进计划价格的改革。这不仅调整了不合理的价格体系，又改革了僵化的价格管理体制。（三）把计划、物资、价格统一起来配套改革，既缩小了指令性计划，又搞活了物资购销，还改造了价格体系，为企业放活、简政放权、政企分开创造了条件。随着这些老大难问题的解决和突破，城市经济体制改革就能出现新的局面。

这份极其务实的报告，具有很强的针对性和操作性，所以很快得到国务院领导的批复，成为我国价格改革的指导方针。但是，这份报告并没有提双轨制，只提了"放调结合"，而"放调结合"的结果即形成一种产品两种价格的双轨制。后来人们就把这项改革称为价格双轨制改革。

——根据常修泽的《亲历莫干山会议》《莫干山会议讨论的主要问题及进展——价格改革"放调结合"的提出》和徐景安的《双轨制价格改革的由来》等相关内容编写

（二）价格改革极大增强了市场在价格形成中的作用

中国 20 世纪 80 年代的价格改革虽然经过了多轮反复，但最终平安地实现了"软着陆"。在一段时间内，国家定价和市场调节价格结合的"双轨制"在工业生产资料价格方面表现得比较突出。从1984 年开始，工业生产资料价格双轨制并轨迅速并大规模地推进，总体上取得了成功。1985 年至 1987 年，价格改革基本上是顺利的。在农产品方面先是放开水产品、水果以及细嫩蔬菜价格。在工业品方面放开小商品的价格。1985 年对粮食、棉花由国家统购改为合同定购，其他农产品实行自由购销，并且提高铁路运输价格等。1988

年上半年，进一步放开了肉、蛋、大路菜、糖等副食品的价格，相应的给城镇居民一定数额的副食补贴，改革进行得比较顺利。经国务院批准，从 7 月 28 日起，放开 13 种名烟、13 种名酒价格，实行市场调节，同时提高部分高中档卷烟和粮食酿酒的价格。到 1988 年，国家定价的商品下降约为 24.0%，国家指导价和市场调节价分别上升为 24.0%、57.0%。总体来看，中国价格改革经过多轮反复后基本完成，从而为后续向市场经济过渡创造了条件。

四、财税体制改革激发了地方发展经济的动力

财税体制是经济管理体制的一个重要组成部分。财税体制既包括如何划分政府与市场之间的边界，又包括如何划分中央与地方各级政府之间的收支范围与管理权限，直接影响各方面的积极性、社会主义生产建设和各项事业的发展。

（一）改革前财税体制的基本特点及改革的总体过程

改革开放以前，中国的财税体制具有以下三个基本特点：首先，政府的公共财政与企业财务合一，组成统一的国家财政系统。其次，政府运用自己的权力组织预算收入，收入主要来自国有企业。最后，在不同部门和不同企业之间上交利税的差异很大。为解决生产和生活上多年"欠账"，公共财政出现多种增支减收因素；加之 20 世纪 70 年代末开始的国有企业"扩大企业自主权"改革，扩大企业财权，增加工资、发放奖金，税利不分，软化了企业预算约束，更增加了财政平衡的困难，对中央预算平衡造成越来越大的压力。为了调动地方政府增收节支的积极性和保证中央的财政收入，从 1980 年起，中国财税体制改革先后采取了"分灶吃饭"和"财政大包干"改革。

以"分灶吃饭"开启财政分配关系改革。1980 年，中国除北京、天津、上海三个直辖市仍实行接近于"统收统支"的办法外，其他省和自治区均实行"分灶吃饭"管理办法。"分灶吃饭"改革主要采取了四种不同的方法：第一种是对带头进行对外开放实验的广东省、福建省实行"划分收支定额上交或定额补助"的办法。即以这两省 1979 年财政收支决算数字为基数，确定上交或补助的数额，实行"一定五年不变"的决策，执行中的收入增加或支出结余全部归地方使用。第二种是对江苏省继续实行固定比例包干办法。江苏省从 1977 年起开始试行固定比例包干的财政管理体制，具体做法是根据该省历史上地方财政支出占收入的比例确定一个上交比例后四年不变，而这个比例实际上每年都会根据中央与地方之间的谈判有所调整，上交中央和地方的留用比例也会变化。第三种是四川、陕西、河南、湖北、湖南、安徽、山东、山西、河北、黑龙江、浙江等 15 个省，实行"划分收支、分级包干"的办法。"划分收支"是按照中央隶属关系明确划分中央和地方的收支范围[1]。"分级包干"是按照已经划分的收支范围，以 1979 年收入预计数字为基数计算，对地方收

---

[1] 在收入方面：中央企业收入、关税收入归中央财政，作为中央财政的固定收入；地方企业收入、盐税、农牧业税、工商所得税、地方税和地方其他收入归地方财政，作为地方财政的固定收入。工商税则作为中央和地方的调剂收入。在支出方面：中央所属企业的流动资金、挖潜改造资金和新产品试制费、地质勘探费、国防战备费、对外援助支出、国家物资储备支出及中央级的文教卫生科学事业费，农林、水利、气象等事业费，工业、交通、商业部门事业费和行政费等，归中央财政支出；地方统筹的基本建设投资，地方所属企业的流动资金、挖潜改造资金和新产品试制费，支援农村人民公社支出和农林、水利、气象等事业费，工业交通、商业部门事业费，城市维护费，城镇人口下乡经费，文教卫生科学事业费，抚恤和社会救济费，行政管理费等，归地方财政支出。有些特殊支出，如扩大自然灾害救济费，支援经济不发达地区的发展资金等，则由中央专项拨款。

入大于支出的，多余部分按比例上交；对支出大于收入的不足部分则由中央从工商税中按一定比例予以调剂；个别地方将工商税全部留下后，收入仍小于支出的则由中央给予定额补助。分成比例和补助数额确定以后，五年不变。在包干的五年中，地方多收了可以多支，少收了少支，自行安排预算，自求收支平衡。第四种是内蒙古等5个自治区和云南、青海、贵州3个少数民族比较多的省份，仍然实行民族自治地方财政体制，保留原来对民族自治地区的特殊照顾，并作两条改进：第一，地方收入增长的部分全留给地方，中央对民族自治区的补助数额每年递增10%。第二，对这些地区也采取包干的办法，参照上述第三种办法划分收支范围，确定中央补助的数额，并由一年一定改为一定五年不变。

第二阶段搞"财政大包干"，是"分灶吃饭"更加制度化的形式。1988年7月，国务院发布了《关于地方实行财政包干办法的决定》，对除广州和西安以外的全国37个省、市、自治区和计划单列市都纳入"包干"体系，分别实行6种财政包干办法：第一种是北京市、辽宁省、浙江省等采用的"收入递增包干"。具体做法是：以1987年决算收入和地方应得的支出财力为基数，参照各地近几年的收入增长情况，确定地方收入增长率和留成、上解比例。在递增率以内的收入按确定的留成、上解比例，实行中央与地方分成；超过递增率的收入全部留给地方；收入达不到递增率的则由地方用自有财力补足。第二种是山西省、天津市等采用的"总额分成"。具体做法是：根据前两年的财政收入情况核定收支基数，以地方支出占总收入的比重确定地方留成和上解中央的比例。第三种是大连市、青岛市和武汉市采用的"总额分成＋增长分成"。具体做法是：在"总额分成"办法的基础上，收入比上年增长的部分另加分成比例，即每年以上年实际收入为基数，基数部分按总额分成比例分成，增长部分除按总额分成比例分成外另加"增长分成"比例。第四种是广东省和湖南省采取的"上解额递增包干"。具体做法是：以 1987 年上解中央的收入为基数，每年按一定比例递增上解。第五种是上海市、山东省和黑龙江省采取的"定额上解"。具体做法是：按原来核定的收支基数，对收大于支的部分确定固定的上解数额。第六种是陕西省、江西省等采取的"定额补助"。具体做法是：根据原来核定的收支基数，对支大于收的部分实行固定数额补助。

财税体制改革也使得政府与企业间的分配关系发生明显变化。由过去的企业税利全部上缴财政和投资全部由财政划拨改成了不同形式的"包干"。首先，从 1978 年开始，对国有企业先后试行企业基金办法、各种形式的利润留成办法和盈亏包干办法。除首都钢铁公司等 3 个"盈亏包干"试点单位外，大多数国有工商企业实行利润留成。此后，1983—1986 年间分两步推行了"利改税"改革，将国有企业的大部分利润以企业所得税的形式上缴给国家财政。1983 年 4 月，国务院正式批转了财政部制定的《关于国营企业利改税试点办法》，即第一步利改税的办法，主要内容是扩大上缴税收的比重，缩小上交利润的比重，实行税利并存。1984 年 9 月，国务院批转了财政部《关于在国营企业推行利改税第二步改革的报告》和《国营企业第二步利改税试行办法》，决定从当年 10 月 1 日起在全国推行利改税的第二步改革。基本内容是将国营企业应当上缴国家的财政收入设为 11 个税种，由税利并存逐步过渡到完全的以税代利，税后利润留给企业。随后，1987 年开始在国营企业中又普遍推广了"包死基数、确保上交、超额多留、歉收自补"的企业承包制，各地通常的做法是将企业应交的全部税金（包括流转税、企业所得税）

都统统包死；当企业发生亏损时，则往往会挤占国家税收。

（二）"财税承包制"改革取得了阶段性成效

中国20世纪80年代的"分灶吃饭"和"财政大包干"做法虽有所不同，但本质上都是"财税承包制"。实行"分灶吃饭"和"财政大包干"体制原本是希望在确保中央预算收入稳定的前提下明确各级财政的权利和责任，发挥中央和地方的"两个积极性"。改革的确在短期内促使各级地方政府努力增产增收，产生了明显效果；但从中长期看，"财税承包制"却对资源配置和市场制度产生了持续的消极影响，由此引发了在20世纪90年代不得不推行的更大规模的"分税制"改革。

首先，80年代"财税承包制"改革的内在重要缺陷是它造成各地区之间"苦乐不均"的状况。由于"财税承包制"中的分成率是影响地方积极性的关键因素，而这实际上是由中央和地方之间一对一的谈判和讨价还价形成的。相比于原本基数高、改革开放以来发展慢并有较大税收上交任务的老工业基地，"财税承包制"改革使一些原本经济发展水平较低、因被确定为试点单位而发展较快的地区从这种体制安排中得益相对较多，由此造成各地区税负不公平和激励扭曲。

其次，"分灶吃饭"和"财政大包干"客观上导致了地方保护主义。由于"分灶吃饭"和"财政大包干"按照行政隶属关系把国营企业的利润和企业所得税规定为所属政府预算的固定收入，各级政府为增加本级收入，一方面千方百计地扩大基建规模，用投资兴办地方国有企业；另一方面又广泛采用地区封锁、税费歧视、变相补贴等办法保护"自己的"企业免受外来企业的竞争，使地方保护主义行为在全国蔓延。

最后，"财税承包制"改革还导致财政纪律松弛和中央财政地位严重弱化。一方面，有的地方政府把一些本应由政府支出的项目如部分行政机关的开支和基础教育费用甩给有关单位，让他们通过"自筹""创收"等方式解决，导致"预算外"收支规模不断扩大；此外，还有靠名目繁多的缴款乃至摊派来建立的"小金库"等，助长了"社会公益事业市场化"的不正常现象，诸如义务教育、公费医疗、公共服务变相乱收费等。另一方面，从1986年开始，中央财政收入占全国财政收入的比重持续下降；中央政府支出到90年代初期时有将近一半靠举债来维持，1992年中央财政的债务依存度达到47%。这种脆弱的财政状况极大地削弱了中央政府的宏观经济调控能力。

五、金融体制改革推动恢复了金融的基本功能

改革开放以来，中国经济社会各领域的变化使得银行在金融体系中的重要性不断提高，于是，恢复金融体系功能被提上日程，货币金融改革开始加快。货币金融体制改革主要有以下方面：

建立健全金融组织体系。20世纪70年代末期，中国开始恢复农村信用社。1979年，国务院决定恢复中国农业银行作为主管农村金融业务的专业银行。中国银行从中国人民银行分离出来，成为独立的外汇专业银行。重新组建的中国人民建设银行成为办理固定资产投资贷款的专业银行。1980年，中国人民保险公司恢复了已中断20年的国内保险业务。1983年，国务院决定中国人民银行专门行使中央银行的职能，同时成立中国工商银行承担原来由人民银行办理的工商信贷和城市储蓄业务。1984年以后，地方银行、信托投资公司及租赁公司等非银行金融机构也开始建立。1987年，建立了以上

海为基地的交通银行和附属于中国国际信托投资公司的中信实业银行，成为全国性股份制商业银行。

增加金融产品，培育发展资本市场。改革开放以来，随着家庭储蓄和企业储蓄在社会储蓄总额中份额的增加，产生了对新的融资工具的需求。从1981年起，财政部恢复发行国债。1980—1985年，各专业银行陆续开办商业票据贴现。1986年，中国人民银行开始办理对专业银行的再贴现业务，允许商业银行进入市场转让。1987年和1988年分别开放企业债券和国库券交易市场。1990年和1991年上海和深圳证券交易所相继成立。

改革中央银行金融宏观管理机制。随着商业性金融机构从中央银行逐步分立出来，中国人民银行也开始改变对银行资金实行"统存统贷"的旧管理体制。1979年改为"统一计划、分级管理、存贷挂钩、差额控制"，1981年再改为"统一计划、分级管理、存贷挂钩、差额包干"，1985年进一步改为"统一计划、划分资金、实贷实存、相互融通"的管理办法，由专业银行的省分行在计划规定的额度内向同级人民银行分行借款，然后逐级下拨给自己的基层行。各基层行将分到的资金存入当地的人民银行，银行同业之间、上下级之间、商业银行与中央银行之间进行借贷。

经过20世纪80年代的改革后，货币金融体系在适应社会主义市场经济发展方面取得了很大进步，有力地促进了80年代中国经济社会的发展。但随着社会主义市场经济发展和各方面的变化，80年代金融体制改革的一些弊端逐渐呈现出来，主要体现在：一是人民银行职能不清、调控手段陈旧、组织结构和财务制度不合理，无法有效行使稳定货币的基本职能。中央银行的职能不明确而且缺乏独立性，使得货币政策具有支持增长和稳定货币的双重目标，在实际操作中往往根据政府的要求把"发展经济"即支持增长放在首要位置上，倾向于用扩张性的货币政策支持经济增长而导致通货膨胀并放大经济波动。同时，央行分支机构实行的利润留成制度会刺激货币的过量发行，使人民银行内部具有货币扩张的冲动。二是金融市场秩序混乱、发展畸形。由于金融市场准入缺乏明确的规定等，常常发生不具备进入市场资格的投资者进入金融市场的情况。此外，国债市场因缺乏金融系统的支持，尚未形成财政与金融密切配合的国债市场运行机制。

六、投资体制改革打破了吃政府"大锅饭"局面

投资管理体制是中国社会主义经济体制的重要组成部分，是政府对固定资产投资活动进行组织和管理的基本制度。改革开放前，中国实行的是计划经济体制，政府是固定资产投资的唯一主体，每年制定投资计划，以指令性计划的方式对各行业领域、区域和企事业单位的投资进行调节和控制。在计划经济体制下，无论对企业投资还是对基础设施和民生工程投资的资金都是由国家财政支出的。投资主体单一、资金来源单一是计划经济时期投资体制的主要特征。改革开放以来，中国传统投资体制逐渐变得投资主体多元化、融资来源多样化和投资管理市场化。

（一）传统投资体制的基本特点及改革的总体过程

以 1987 年为节点，改革开放之初到 1992 年前后，中国投资管理体制改革分为两个阶段。1978 年至 1987 年的投资体制改革具有简政放权、缩小计划指令范围以及尝试投资项目建设实施市场化等基本特点，具体包括推行"拨改贷"、改革投资计划管理方式和实行

投资包干责任制等措施。1988 年 7 月，随着国务院出台《关于投资体制的近期改革方案》，中国开始由计划经济体制下的投融资体制向市场经济体制下的投融资体制转变。

企业融资"拨改贷"。1979 年，国家决定在部分行业和地区开展基建投资由财政预算拨款改为银行贷款的试点，随后，试点范围逐步扩大。从 1981 年起，凡是实行独立核算有偿还能力的企事业单位，进行基本建设所需投资，除尽量利用企业自有资金外，一律改为银行贷款。1982 年 5 月，国家计委、国家建委、财政部、建设银行发出《关于进一步实行基本建设拨款改贷款的通知》，重申"对独立核算、有还款能力的项目，实行基本建设贷款制度"。1983 年 6 月，国务院决定，国营企业需要的流动资金不足部分逐步改由银行贷款供应。1984 年下半年实行的《建筑业和基本建设管理体制改革方案》进一步规定："国家投资的建设项目，都要按照资金有偿使用的原则，改财政拨款为银行贷款。"此外，参照国家预算内基本建设投资"拨改贷"的做法，技术改造投资也实行了"拨改贷"。为了通过"有偿使用"加强对基本建设投资的货币监督，在多年试行的基础上，从 1985 年起，国家预算内基本建设投资也全部由拨款改为贷款。

改革投资计划管理体制。1984 年 8 月，国家计委发出《关于简化基本建设项目审批手续的通知》，决定下放固定资产投资项目的审批权限，简化项目审批程序，进一步扩大地方政府和企业的投资决策自主权。同时，国家计委提高了对生产性建设项目的审批权限。1986 年，国家开始编制全社会固定资产投资计划，缩小指令性计划的范围，扩大指导性计划和市场调节的范围，对全社会固定资产投资活动进行分类计划和指导。对全民所有制单位固定资产投资的管理以指令性计划为主；对城乡集体所有制单位和个体投资实行指导性计划。1987 年，国务院发出《关于放宽固定资产投资审批权限和简化手续的通知》，规定对煤炭、石油、石油化工、钢铁、有色金属、铁道和电力 7 个行业实行承包部门管理的初步设计的审批权下放给包干部门，并将重点行业投资 5000 万以下的项目审批权全部下放给各部门和各省、自治区和直辖市。

国务院于 1988 年颁布了《关于投资管理体制的近期改革方案》，提出按市场化取向改革投资管理体制，将预算内基本建设投资划分为经营性和非经营性两类并进行管理。一是初步划分了中央和地方政府的投资范围。针对当时中央政府承担的重点建设任务过重、资金使用过于分散、国民经济运行中能源、交通运输和基础原材料供需矛盾日益尖锐的问题，《关于投资管理体制的近期改革方案》明确提出，改革中央政府对重点建设包揽过多的做法，合理划分中央政府与地方政府的投资范围，基础工业和基础设施建设实行中央、省区市两级配置、两级调控。规定面向全国的重要的建设工程，以中央政府为主承担；区域性的重点建设工程和一般性的建设工程，由地方政府承担。二是将预算内基本建设投资分为经营性和非经营性管理两类。在 1988 年建立了中央基本建设基金制度之后，又将预算内基本建设投资划分为经营性和非经营性两类进行管理，中央基本建设基金也相应划分为经营性基本建设基金和非经营性基本建设基金两个类别。三是使用经济手段推动投资调控。1989 年 3 月 15 日，国务院颁布《关于当前产业政策要点的决定》，第一次用产业政策的形式明确了国民经济各个领域重点支持和限制的产业及产品，提出产业发展序列，以此作为调整产业结构、宏观调控的依据。此外，为了贯彻国家产业政策，控制投资规模，引导投资方向，优化投资结构，加强建设重点，国务院制定并颁布了《中华人民共和国固定

资产投资方向调节税暂行条例》，开征固定资产投资方向调节税，并于 1991 年施行。

（二）投资体制改革促使投资管理日趋规范，投资主体、资金来源等日益多元化

总体来看，中国 20 世纪 80 年代的投资体制改革使投资体制在部分领域和环节日益规范，但由于受整个计划经济体制的影响和制约，投融资体制改革仍局限于投资决策权在各级地方政府之间的收放、政府部门间的统分和建设程序的增减。但是，投资体制改革在促使投资主体、资金来源等日益多元化等方面进展明显。

投资主体逐步走向多元化。自开始实行"分灶吃饭"的财政包干体制以来，出现了中央政府和地方政府两级利益主体，由此也促使地方财政预算内统筹基本建设投资和投资动力等预算外收入成为地方政府扩大基建投入的重要资金来源。此外，以乡镇企业为代表的集体经济和民营经济得到初步发展，民营企业和私人个体企业作为有独立经济利益的投资主体开始出现。并且，通过制定和发布《中华人民共和国中外合资经营企业法》《技术引进和设备进口工作暂行条例》《关于加强外资利用的指示》《利用外资计划管理试行办法》《中华人民共和国中外合资经营企业法实施条例》《中华人民共和国外资企业法》和《关于鼓励外商投资的规定》等多项法律、法规和政策，建立了规范的利用外资计划管理制度和项目审批制度，使得外商投资主体逐步进入中国。

建设资金筹措渠道多元化。一是国内银行逐年扩大固定资产投资贷款业务。1979 年，国内银行开始改变此前信贷只能用于流动资金，不允许用于固定资产投资贷款的做法，试办少量固定资产贷款。

1980 年，经国务院批准，国家安排了 20 亿元轻纺工业中短期专项贷款，突破了银行贷款不能用于中长期固定资产投资的规定，为日后银行贷款成为固定资产投资的主要来源奠定了基础。二是开征国家能源交通重点建设基金和建筑税。1982 年 12 月，中共中央、国务院发布了《关于征集国家能源交通重点建设基金的通知》，决定从 1983 年 1 月 1 日起，对一切国营企事业单位、机关团体、部队和地方政府的各项预算外资金，以及城镇集体企业缴纳所得税后的利润，除了国家免征的项目外，一律按当年实际收入的 10%（后提高到 15%）征集国家能源交通重点建设基金，全部上交中央财政。国务院又规定从 1983 年 11 月 1 日起，一切国营企事业单位、机关团体、部队和地方政府以及城镇集体企业用国家预算外资金、地方机动财力、企事业单位留用的各种自有资金、银行贷款和其他自筹资金安排的基本建设和更新改造措施项目的建筑工程，除了按规定可以免征的工程以外，都要缴纳建筑税。除地方留用的 50% 以外，建筑税上交中央金库，作为中央财政收入，用于重点建设。三是发行重点建设债券和企业债券。为了解决建设资金不足的问题，1987 年，国家决定委托建设银行代理发行电力、冶金、有色金属、石化重点企业债券。与此同时，国家发行了重点建设债券和国家建设债券。四是建立证券交易市场。1990 年 11 月 26 日和 1991 年 7 月 3 日，经国务院批准在上海和深圳分别成立了证券交易所，通过发行股票和债券为企业开辟了新的资金来源。五是针对基础产业设立专项建设资金。为了解决当时基础设施和基础产业建设资金不足的矛盾，国家采取多层次、多渠道筹措资金举办基础设施和基础产业的办法，结合不同行业的特点和基础产品价格的调整，先后设立了石油、电力、铁道、交通、邮电、民航转项建设基金，极大地促进了相关产

业的发展。

七、科技体制改革让科技发展和创业迎来了春天

1977年5月24日，邓小平与中央两位同志谈话时指出："我们要实现现代化，关键是科学技术要能上去。发展科学技术，不抓教育不行。靠空讲不能实现现代化，必须有知识，有人才。"他反复强调"一定要在党内造成一种空气：尊重知识，尊重人才"，并在1988年提出"科学技术是第一生产力"的著名论断。在"知识越多越反动""知识分子是臭老九"等错误思想盛行的年代，这仿佛是一剂清醒剂和强心针。从此，"尊重知识""尊重人才"以及重申"知识分子是工人阶级的一部分"成了新时期党的知识分子政策表述的代表性口号。1978年3月召开的全国科学大会被知识分子亲切地称为"科学的春天"。在科技体制改革与国有企业改革的共同驱动下，知识分子活跃了，管理体制也逐步松动了，乡镇企业、城镇个体户和私营企业开始陆续出现。不能忘记的是，创业的种子还在北京一个叫中关村的地方开始萌发了。

（一）中国开启第一轮科技体制改革

20世纪70年代末80年代初，是中国科技发展的恢复期，也是科技体制改革的准备和探索阶段，主要方向是建立符合科技发展规律和适应社会主义市场经济体制的科技要素流通制度。80年代后期，中国开始有组织、有领导地开展科技体制改革，但重点还是以科研体制为主。随着改革开放步伐加快，以"承认技术的商品属性、积极开拓技术市场"为核心目标的科技体制改革拉开了帷幕。在这个阶段，中国相继出台了《中共中央关于科学技术体制改革的决定》

和《国务院关于深化科技体制改革若干问题的决定》，政策走向是"堵死一头，网开一面"。其中，《中共中央关于科学技术体制改革的决定》明确提出要"以市场经济体制为基础，开拓技术市场"。从此，技术市场开始在推动中国科技与经济社会发展方面开始发挥重要作用。在此期间，中国还推行了在改革拨款制度、调整组织结构、改革人事制度、建立高新技术产业开发实验区等诸多政策，但许多政策和改革还存在不到位、不彻底的现象，在后来的科技体制改革中出现过反复。总的来看，中国开放技术市场是这一时期相对更为成功也是影响更为深远的举措。

（二）搞活科技体制和经济体制诱发创业萌芽

在开放技术市场后，中国技术商品交易发展迅速。统计显示，1983 年技术交易金额仅为 5000 万元，1985 年达到 20.6 亿元，4 年增长了 40 倍。随着技术成果商品转化率的提高和技术商品流通的搞活，中国科技成果的推广应用率大幅度提高，技术市场经营网络也因此而不断扩展。到 1992 年，全国初步形成了一个多层次、多渠道、多形式的技术市场经营网络体系。

在 800 万知青返城以及科技体制、经济体制加快激活的多重作用下，以创办乡镇企业、城镇个体户和私营企业为特征的"草根创业"开始在中国逐步萌发。为缓解返城知青的就业压力和温饱问题，1979 年 2 月，中共中央、国务院批转了第一个有关发展个体经济的报告，允许"各地可根据市场需要，在取得有关业务主管部门同意后，批准一些有正式户口的闲散劳动力从事修理、服务和手工业者个体劳动"。这也直接导致中国形成了第一次创业浪潮，主要参与者是社会无业人员，主要方式是贩卖服装等日用品，即所谓的"个体

户"。他们以个体和家庭为单位，集中于流通领域，利用地区价格差套利，小摊小贩，缺少技术含量。1980 年，以卖纽扣为生的温州章华妹成为第一个拿到个体工商户营业执照的人。安徽人年广久靠卖瓜子致富，雇工从 12 人到 105 人，引发"个体户雇多少人才是剥削"的辩论。个体经济对计划经济的冲击最终导致 1982 年的"大整肃"。

但需要看到，在个体经济冲破牢笼的年代，未来能够代表中国的企业也逐步形成。1980 年，访美归来的陈春先豪气冲天地宣布要创办一家"硅谷公司"。10 月 23 日，陈春先、纪世瀛等人把中科院物理所一间废弃仓库收拾出来，成立了"服务部"。这一天被公认为是中关村公司的诞生日。也是在这一时期，柳传志在北京的寒风中"脚踩两只船"，在不足 20 平方米的传达室内创办联想；青岛二轻局的科级干部张瑞敏因受到排挤被下放到破落工厂，但不久后的"大锤砸冰箱"事件让一个世界级企业脱胎而生；在深圳特区倒卖外汇挣提成的年轻人王石经营摄像机、录像机、投影仪等文具，不久后"现代科教仪器展销中心"更名为"万科"并涉足房地产业……事实证明，这一时期的企业已经成为今天中国企业的代表和象征，成为创业精神的图腾。

八、对外经济体制改革和特区试验拉开了出口导向战略的大幕

改革开放之初，国家领导人总结中国和亚洲"四小龙"国家等过去的经验，认为积极发展外向型经济是必由之路，于是在对外开放上采取了出口导向战略，主要在于发挥中国在劳动密集型产业的比较优势，通过来料加工、来件装备、来样加工和补偿贸易的方式出口创汇。从改革开放之初开始，中国就对原有外贸体制进行一系

列的改革，20世纪80年代的外贸改革和开放重点集中在：一是持续下放改革外贸经营权，二是建立和制定各项鼓励出口的制度与政策并逐步取消非关税壁垒，三是设立兴办经济特区，加快对外开放。

（一）对外开放经济体制改革的总体过程

下放外贸经营权的改革。计划体制下，中国对外贸易由全国仅有的12家国家级的外贸总公司垄断经营，抑制了出口潜力。为调动地方和工业部门发展外贸的积极性，中央政府逐渐扩大了外贸企业和出口生产企业外贸经营权的审批权、设立外贸企业的审批权和"三来一补"的审批权。并且，扩大了企业的外贸经营权，除少数大宗的、有关国计民生和具有战略意义、在国际市场上竞争激烈的出口商品及其特殊要求的出口商品由外贸部所属外贸专业总公司经营外，其余商品由地方分公司和工业部门的外贸公司自主、放开经营。全国各省、市、自治区和"计划单列市"开辟了有直接外贸经营权的口岸，按批准的经营范围开支业务。此外，批准成立了各工业部所属的外贸专业总公司，授予一批有条件的大中型企业以外贸自营权。最后，授予外商投资企业和私营生产企业自营外贸权，探索工贸结合、技贸结合、产销结合的途径。

建立和制定各项有利于鼓励出口的制度与政策并逐步降低非关税壁垒。为鼓励出口，中国20世纪80年代的改革措施主要包括：对外贸经营企业和出口生产企业给予一定的出口奖励基金；根据外贸的发展和国内物价变动情况对外汇汇率作了多次调整；对出口商品实行退还产品税（或增值税）的措施；为外贸企业和生产部门提供优惠出口信贷；实行了出口收汇留成制度等。随着对外经济关系的发展，汇率对于涉外经济活动的影响日益显著，为适应经济开放

新情况，1981年至1993年期间，政府也先后对官方汇率体制作了多次调整，汇率的市场定价作用不断增强。到80年代末，中国在改革开放之初所使用的非关税壁垒包括贸易权限制、进口配额、许可证、进口替代名录、特定商品进口招标要求及质量与安全标准等都明显减少。

开放给国内改革发展带来了促进作用，使中央领导层们认识到应进一步利用好国外市场。随着"来料加工""进料加工"的扩大，以产品为载体的劳务出口也日渐增多，中国向全球经济融合的态势日益加深，促进了国内的改革和发展。为进一步发挥国际市场对国内改革发展的促进作用，在经过全国各地广泛调研后，采纳实施了国家计划委员会计划经济研究所（现国家发展和改革委员会经济研究所）副研究员王建同志提出的"国际大循环战略"构想。

专栏1-3　王建提出并被中央采纳的"国际大循环战略"[①] **构想**

"国际大循环战略"构想的主导思想是，沿海地区具有天时地利的优势，加上内地资源的支持，完全可以发展外向型经济，走向国际市场，参与国际市场竞争，依靠发展对外经济贸易发展经济，这样既可以促进沿海地区的发展，又有利于让出国内市场给内地，带动内陆地区的加快发展。要点包括：

一是发展劳动密集型产业。沿海地区劳动力充裕，素质较高，成本较低，适合发展劳动密集型产业，以及劳动密集型与知识密集型相结合的产业并扩大相应产品出口。劳动密集型产业不用大量固定资产

---

① 根据《王建的国际大循环构想》等相关内容整理，原文载《中共山西省委党校学报》1988年第2期。

投资，能够因陋就简生产，容易起步，适合我国沿海许多地区的情况。

二是实行"两头在外"，大进大出。所谓"两头在外"，就是把生产经营过程的两头，即原材料来源和产品销售主要放到国际市场上去，发展"来料加工""进料加工"，实际上也是发展以产品为载体的劳务出口。大进大出，使经济运行由国内循环扩大到国际循环。

三是利用外资的重点放在吸引外商直接投资上，大力发展"三资企业"。吸引外商直接投资办"三资企业"，使外商和我方有了共同利益，外商不仅可以带来资金，还会带来技术，带来管理经验，带来销售网络。

为了实施上述战略思想，主要采取以下措施：

一是在广东、闽南三角地区和海南岛进行全面开放试点。广东、福建两省继续先行一步，实行全面综合改革和扩大开放，对金融体制、外贸体制、价格体系、财政体制、企业管理体制、科技教育体制、房地产经营体制、计划体制及人事、劳动和工资制度等都要深化改革，加快培育和发展市场体系，争取在三五年内建立起有利于社会主义商品经济和外向型经济发展的新体制框架。海南岛建省后将确定为最大的经济特区，实行比现在的经济特区更放宽、更灵活的政策，以吸引更多的外资，加快开发建设的步伐，有计划有步骤地发展外向型经济。

二是扩大沿海经济开放区的范围。中央领导提出，要把长江三角洲这一片开放区扩大到南京、镇江、扬州、杭州、绍兴；把辽东半岛和胶东半岛一些市县和沿海开放城市所辖县，都划定为经济开放区。这样一来，我国沿海从南到北将形成有32万平方公里土地，1亿6千万人口的连片对外开放前沿地带。此后，国务院批准，为加强和周边国家的边境贸易，又陆续开放一批沿边城市，享受开放城市的待

遇，如满洲里、绥芬河、晖春、丹东和广西东兴、云南畹丁等。

三是加快和深化外贸体制改革。基本内容是全面推行对外贸易承包经营责任制，由地方政府向国家承包出口创汇任务和上交外汇额度，财政对外贸的补贴，实行自负盈亏，超额创汇实行中央与地方二八分成，从而推动外贸企业和出口生产企业的承包，从根本上解决吃"大锅饭"问题。

四是进一步改善投资环境，扩大吸收外商直接投资。

——根据田纪云的《对外开放是怎样搞起来的》和《王建的国际大循环构想》等相关内容编写

设立兴办经济特区。从对外开放的空间演进看，中国 20 世纪 80 年代的开放总体上走的是有序渐进的道路，是以区域性开放、沿海地区为重点，到延伸至沿江、沿边地区分阶段、分层次地逐步推进。1980 年 5 月，决定对广东和福建两省实行对外开放的特殊政策和灵活措施。1980 年 8 月，批准在深圳、珠海、汕头、厦门试办"经济特区"①。1984 年 5 月，国务院决定进一步开放大连、秦皇岛、天津、烟台、青岛、连云港、南通、上海、宁波、温州、福州、广州、湛江、北海（包括防城港）等 14 个沿海港口城市，给予外资企业与经济特区相类似的某些优惠待遇。1985 年 2 月，又确定把长江三角洲、珠江三角洲、闽南的夏、漳、泉三角地区，以及胶东半岛、辽东半岛列为经济开放地区。1987 年之后，培育外贸企业成为真正的

---

① 经济特区是"以市场调节为主的区域性外向型经济形式"。国家对特区各类企业的自用货物免征进口关税和工商统一税；对于国外进口的商品，实行减半征收进口关税和工商统一税；对于国外进口的商品，实行减半征收进口关税和工商统一税；特权资产的商品在区内销售，也减半征收工商统一税。

市场主体，成为开放型经济发展的重点领域。1988 年 4 月，中央决定兴办海南经济特区。

设立特区等也受到当时学者讨论的影响。20 世纪 80 年代末期，常修泽等人基于当时的"协调开放型"思想，曾与青年学者戈晓宇提出"四沿"（即沿海、沿江、沿边境、沿铁路干线包含"丝绸之路"）开放战略。1988 年 5 月 4 日，新华社内参《国内动态清样》第 1182 期，以《常修泽等建议实行"四沿——渗透型"开放战略》为题，上报中央政治局和国务院领导同志参阅。同年 5 月 26 日，新华社《瞭望》周刊（1988 年第 21 期）专题报道"四沿"开放战略的主要内容，并在导语中指出"四沿——渗透型"开放战略对中央的沿海发展战略"提出了重要的补充和修正意见"①。

专栏1-4 经济特区是怎么搞起来的

创办深圳等四个经济特区，是我国对外开放的重大决策和突破口，对中国经济体制改革和现代化建设发挥了重要作用。对于这样一个被正统马列主义者认为是"离经叛道、搞资本主义"试验的举措，如果不是邓小平倡导和全力支持，是根本无法实施的。

1979 年 4 月，中央派谷牧同志带领国务院有关部委的领导同志，到广东、福建作了实地考察。当时担任广东省委主要领导工作的习仲勋、杨尚昆同志向中央汇报工作时，邓小平同志提出了办特区的设想：划出一块地方，叫作特区，陕甘宁就是特区嘛，中央没有钱，你们自己搞。根据邓小平同志的讲话精神，广东、福建两省

---

① 引自《常修泽等建议实行"四沿——渗透性"开放战略》（新华社《国内动态清样》第 1182 期），见新华社《瞭望》周刊，1988 年第 21 期。

委分别于6月6日、6月9日向中央写出了关于对外经济活动实行特殊政策和灵活措施的报告。经过上下反复酝酿、研究，1979年7月，党中央、国务院正式下达文件，批准广东、福建省委的报告，决定在深圳、珠海、汕头、厦门创办出口特区。

中央在批示中指出，广东、福建两省靠近港澳，华侨多，资源比较丰富，具有加快经济发展的许多有利条件。中央确定对两省对外经济活动实行特殊政策和灵活措施，给地方以更多的自主权，尽快地把经济搞上去。这是一项重要的决策，对加强我国四个现代化建设，有重要的意义。这里所说的"特殊政策和灵活措施"，其主要内容有：

一是计划体制以地方为主，经济发展计划以省为主制订，原由中央直属的企业事业单位除铁路、邮电、民航、银行、军工生产和国防科研外，全部下放由省管理。二是财政体制实行大包干，划分收支，定额上交，五年不变。增收部分由省安排用于经济建设。三是扩大外资权限。在国家统一的对外贸易方针指导下，由两省分别自行安排和经营本省的对外贸易。外贸出口收汇，以1978年实际为基数，增收部分上交中央三成，余额留地方使用。四是搞活金融体制。两省可以设立投资公司，吸收侨商和外商投资，自借、自用、自还。五是物资、商业体制运用市场机制，以1978年为基数，保证国家的调入和调出，其余由省灵活统筹安排。六是在劳动工资和物价管理方面，都扩大省级权限。七是关于举办出口特区，特区内允许华侨、港澳商人和外国厂商投资办厂，实行优惠税率。

1980年3月，中央决定将"出口特区"定名为"经济特区"，并决定：对经济特区实行特殊的经济政策和经营管理体制，实行以社会主义公有制为主导的多元化经济结构和市场调节，在建设上以吸引外资、侨资为主，对外商投资给予较大优惠和方便，特区拥有较大的经济管理权限和灵活的机制。后来邓小平同志把特区的作用概括为四个窗口："特区是窗口，是技术的窗口，管理的窗口，知识的窗口，也是对外政策的窗口。"

——根据田纪云的《对外开放是怎样搞起来的》的相关内容编写

（二）对外经济体制改革大大加快了中国开放进程与内外联动

20世纪80年代加快和深化外贸体制改革，是中国外贸体制一次大的带有实质性和突破性的改革。由于全面推行对外贸易承包经营责任制，由地方政府向国家承包出口创汇任务和上交外汇额度，实行自负盈亏，超额创汇实行中央与地方二八分成，从而推动外贸企业和出口生产企业的承包，从根本上解决吃"大锅饭"问题。

对外经济体制改革等大大加快了中国开放进程，也促进了国内的改革和发展。建立和制定各项有利于鼓励出口的制度与政策并逐步降低非关税壁垒，极大地促进了中国进出口发展和关税壁垒下降。据测算，中国关税的平均税率从1982年约56%逐渐降到1992年约43%[1]。并且，沿海、沿江、沿边陆续设立的各类经济特区不仅直接促进了自身经济的快速发展，而且对全国的改革开放、经济建设和区域经济都产生了巨大推动作用，使中国沿海地区基本形成全方位对外开放的总体布局。作为改革开放试验区，有力地促进了经济的快速发展，成为区域经济中最具活力的高速增长区。这些地区发挥内引外联的功能，成为连接内地与国际市场的枢纽，为全国性的经济体制改革积累了经验，提供了借鉴。

---

[1] 数据根据海关总署等相关资料整理计算。

第三节　改革成就与影响

党的十一届三中全会以来，在邓小平同志建设中国特色社会主义理论的指导下，党和人民锐意改革，努力奋斗，中华大地发生了历史性的伟大变化，社会生产力获得新的解放。十一亿人民的温饱问题基本解决，正在向小康迈进。中国经济、人民生活、综合国力都上了一个大台阶。

实践证明，第一轮改革开放通过解放和发展生产力，引起了广泛而深刻的社会变革。中国多种经济成分、多种经济形式特别是合资企业、集体经济、私营个体经济迅速发展，人民得到了很多实惠。改革开放10多年来，市场范围逐步扩大，大多数商品的价格已经放开，计划直接管理的领域显著缩小，市场对经济活动调节的作用大大增强。市场作用发挥比较充分的地方，经济活力就比较强，发展态势也比较好。

正如1992年初邓小平同志在南方谈话中说："从我们这些年的经验看，经济发展隔几年上一个台阶是能够办到的。我们真正干起来是1980年。1981年、1982年、1983年这3年，改革主要在农村进行。1984年重点转入城市改革。经济发展比较快的是1984年至1988年。这5年，首先是农村改革带来许多新的变化，农作物大幅度增产，农民收入大幅度增加，乡镇企业异军突起。"并且，"农产品的增加，农村市场的扩大，农村剩余劳动力的转移，又强有力地推动了工业的发展。这5年，共创造工业总产值六万多亿元，平均每年增长21.7%……这个时期我国财富有了巨额增加，整个国民经济上了一个新的台阶。"[1]

总体上看，中国 20 世纪 80 年代的改革取得了巨大经济社会成就，国民经济快速发展。这不仅增强了党领导人民群众推进改革开放的信心，同时也为 90 年代以后的发展和向社会主义市场经济过渡打下了坚实的基础。分领域看，第一轮经济改革在重点领域也取得了显著成效：首先是农村改革取得了巨大成就，粮食产量、农民收入等持续提高。其次，国有企业改革也取得了阶段性成功，国有企业的活力和效益不断增强；同时，价格改革极大增强了市场的价格形成中的作用，逐渐实现了工、农产品合理的比较关系；此外，"财税承包制"改革取得了阶段性成效；并且，货币金融体系逐步发展、完善。最后，外贸体制改革等加快了全球化进程。

总体来看，20 世纪 80 年代的"增量改革"战略在平滑改革阻力、积累改革动力、缩短改革过渡期以顺利推进改革方面发挥了重大作用，但也不可避免地产生了一些负面后果，除了主要改革领域本身取得的成就并遗留、引发的新的阶段性问题外，还出现了一些影响广泛的、宏观层面的经济社会问题。主要包括：一是通货膨胀的压力增大并经常爆发。80 年代的多次价格改革直接引发的通货膨胀，引发了不良的经济社会影响，这既有转轨经济体通胀压力上升的一般规律，也跟货币发行控制体制机制的不完善等密切相关。二是利用公共权力进行的双轨体制寻租活动日益猖獗，行政腐败迅速蔓延。增量改革战略导致计划经济的命令体制和市场经济的竞争机制双轨并存，为计划体制下公权力干预市场体制交易提供了条件和利益激励，加之缺乏有效的制度和规则约束等，导致寻租腐败盛行。

---

[1] 引自《邓小平文选》第三卷的《在武昌、深圳、珠海、上海等地的谈话要点》。

三是国有企业的经营约束始终未能根本硬化。虽然国有企业经历了"放权让利""利改税""拨改贷"和"承包经营责任制"等多轮改革后，活力有所增强，尽管新崛起的乡镇企业等非国有企业的成长给国有企业带来了更大的竞争压力，但是，国有企业的"软预算约束"和"内部人控制"等现象并没有因为非国有企业的竞争压力而有所改观，国企的经营效益仍然堪忧。四是社会的贫富差距问题日渐突出。在"体制外先行"的改革战略下，由于对不同地区、不同所有制成分经济等采取不同的措施，在客观上造成了政策歧视，进而导致不同社会群体之间收入水平和财富存量分布差距日益扩大；此外，通货膨胀现象突出、权力寻租日益盛行和国有企业经营状况恶化等，也在客观上影响财富分配并拉大了贫富差距。

正是 20 世纪 80 年代第一轮经济改革的增量改革战略带来的一些负面问题和在个别领域逐渐暴露的新问题，促使 90 年代改革不得不进入了"整体推进阶段"，也由此激发了改革的第二轮浪潮。

第二章　以建立社会主义市场经济体制为目标的第二轮改革推动中国基本实现小康

　　党的十一届三中全会以来，中国通过"摸着石头过河"的渐进式改革，顺利实现了从计划经济向市场经济的过渡，城市和农村的活力都被重新激发出来，人民的生活也显著改善。值得一提的是，同一产品计划内部分实行国家定价、计划外部分实行市场调节价的"价格双轨制"，避免了休克式疗法带来的剧烈经济动荡。双轨制既通过照顾既得利益减少了改革阻力，又通过增量改革在边际上让市场价格发挥作用调动积极性，而市场不断扩大又为双轨制最终并轨创造了有利条件。但作为一种过渡性的改革策略，双轨制也有一定弊端，尤其是价格双轨带来的价差与套利，很容易导致腐败，这也是 80 年代双轨制推行遭到诟病的主要原因（华生，2005）。1988 年，在"通货膨胀无害论"驱使下，中央决定加快价格改革，5 年内实现"价格闯关"（杨圣明，2004），于是引发了改革以来第一次严重的通货膨胀，物价涨幅接近 20%。价格改革在刚刚启动不久后就不得不叫停，而此时高通膨已经出现，并给其后中国的经济、社会乃至政治形势带来了非常不利的影响（张卓元，1990）。

　　1989 年爆发了严重的政治风波，中国改革的步伐有所放缓乃至

停滞。有人认为改革开放是政治风波的罪魁祸首。在计划与市场的关系这个重大问题上，出现了反复，国内外关于中国是否能搞市场经济，产生了种种疑虑。1989年6月后，报刊上陆续出现了批判市场化与市场经济的文章，有人认为"市场经济就是取消公有制，否定共产党的领导，否定社会主义制度，搞资本主义"，更有甚者直接把市场问题同基本的社会制度联系起来，认为这是姓"资"还是姓"社"的问题，如果不问姓资姓社，"确实把改革开放引向了资本主义化的邪路"（杨圣明，2004）。事实上，对于市场的大规模批判已经引起社会混乱，改革停滞，企业家人心惶惶，经济滑坡，市场萧条，中国经济陷入极大的困境。1989年经济增长速度突然掉到了4.1%，1990年进一步下滑到3.8%。

而此时国际上更是风云变幻，苏联和东欧国家在短短两三年内发生了剧变。当时社会上流传一个略显夸张的说法：社会主义的垮台在波兰用了10年，匈牙利用了10个月，民主德国用了10周，捷克斯洛伐克用了10天，最后在罗马尼亚只用了10个小时。社会主义阵营顷刻间土崩瓦解，短期内经济剧烈震荡，陷入"休克"状态。

历史又到了关键时刻！中国再次面临着走什么路、向何处去的重大抉择。是回到改革开放之前的计划经济时代？是步苏联东欧后尘搞"休克"疗法？还是走改革开放之路融入全球化进程？能不能在国内外的压力和困难面前，把改革开放和社会主义现代化建设继续推向前进，成为进入20世纪90年代后党着力解决的重大问题（曹普，2016）。1992年即将召开的党的十四大也需要确立新一轮改革浪潮的路线、方针和政策。

第一节　改革逻辑与路径

1992 年初，中国改革开放的总设计师邓小平在暮年之际，以一个普通党员的身份，踏上南下的列车，先后视察武昌、深圳、珠海、上海等地，并发表了一系列重要讲话，"他在这些地方成功点燃了扩大市场开放和加快发展的大火"（傅高义，2013）。邓小平科学地总结了十一届三中全会以来党的基本实践和经验，以一系列振聋发聩的新思想、新观点、新论断回答了长期困扰和束缚人们思想的许多重大认识问题，澄清了前进道路上的迷雾，促进了全党全国人民的又一次思想大解放。在南行的第一站武汉，邓小平对当地领导说："中国不改革开放就是死路一条，谁不改革开放谁就下台"，这是邓小平在南方发出的强硬声音。离开的时候他又说："你们要把我这个话整理送给党中央。"在关于市场经济本质问题的判断上，邓小平指出："计划多一点还是市场多一点，不是社会主义与资本主义的本质区别。计划经济不等于社会主义，资本主义也有计划；市场经济不等于资本主义，社会主义也有市场。计划和市场都是经济手段。社会主义的本质，是解放生产力，发展生产力，消灭剥削，消除两极分化，最终达到共同富裕。"

专栏 2-1　邓小平南方视察谈话要点（节选）

（一）

一九八四年我来过广东。当时，农村改革搞了几年，城市改革刚开始，经济特区才起步。八年过去了，这次来看，深圳、珠海特区和

其他一些地方，发展得这么快，我没有想到。看了以后，信心增加了。

革命是解放生产力，改革也是解放生产力……社会主义基本制度确立以后，还要从根本上改变束缚生产力发展的经济体制，建立起充满生机和活力的社会主义经济体制，促进生产力的发展，这是改革，所以改革也是解放生产力。过去，只讲在社会主义条件下发展生产力，没有讲还要通过改革解放生产力，不完全。应该把解放生产力和发展生产力两个讲全了。

不坚持社会主义，不改革开放，不发展经济，不改善人民生活，只能是死路一条。基本路线要管一百年，动摇不得。只有坚持这条路线，人民才会相信你，拥护你。

（二）

改革开放胆子要大一些，敢于试验，不能像小脚女人一样。看准了的，就大胆地试，大胆地闯。深圳的重要经验就是敢闯。没有一点闯的精神，没有一点"冒"的精神，没有一股气呀、劲呀，就走不出一条好路，走不出一条新路，就干不出新的事业。

改革开放迈不开步子，不敢闯，说来说去就是怕资本主义的东西多了，走了资本主义道路。要害是姓"资"还是姓"社"的问题。判断的标准，应该主要看是否有利于发展社会主义社会的生产力，是否有利于增强社会主义国家的综合国力，是否有利于提高人民的生活水平。

计划多一点还是市场多一点，不是社会主义与资本主义的本质区别。计划经济不等于社会主义，资本主义也有计划；市场经济不等于资本主义，社会主义也有市场。计划和市场都是经济手段。社会主义的本质，是解放生产力，发展生产力，消灭剥削，消除两极分化，最终达到共同富裕。

共同富裕的构想是这样提出的：一部分地区有条件先发展起来，一部分地区发展慢点，先发展起来的地区带动后发展的地区，最终达到共同富裕。

不搞争论，是我的一个发明。不争论，是为了争取时间干。一争论就复杂了，把时间都争掉了，什么也干不成。不争论，大胆地试，大胆地闯。农村改革是如此，城市改革也应如此。

现在，有右的东西影响我们，也有"左"的东西影响我们，但根深蒂固的还是"左"的东西。有些理论家、政治家，拿大帽子吓唬人的，不是右，而是"左"。"左"带有革命的色彩，好像越"左"越革命。"左"的东西在我们党的历史上可怕呀！一个好好的东西，一下子被他搞掉了。右可以葬送社会主义，"左"也可以葬送社会主义。中国要警惕右，但主要是防止"左"。

（三）

抓住时机，发展自己，关键是发展经济。

发展才是硬道理。

经济发展得快一点，必须依靠科技和教育。我说科学技术是第一生产力。近一二十年来，世界科学技术发展得多快啊！

我们搞社会主义才几十年，还处在初级阶段。巩固和发展社会主义制度，还需要一个很长的历史阶段，需要我们几代人、十几代人，甚至几十代人坚持不懈地努力奋斗，决不能掉以轻心。

我们要在建设有中国特色的社会主义道路上继续前进。资本主义发展几百年了，我们干社会主义才多长时间！何况我们自己还耽误了二十年。如果从建国起，用一百年时间把我国建设成中等水平的发达国家，那就很了不起！从现在起到下世纪中叶，将是很要紧的时期，我们要埋头苦干。我们肩膀上的担子重，责任大啊！

1992年2月28日，中共中央将邓小平在武昌、深圳、珠海、上海等地视察期间的谈话要点作为中央1992年二号文件下发，要求尽快逐级传达到全体党员干部。党的十四大，江泽民在政治报告中主要依据邓小平南方谈话，从9个方面概括了建设中国特色社会主义理论的主要内容，并作出了3项具有深远历史意义的决策：一是确立了邓小平建设中国特色社会主义理论在全党的指导地位，二是明确了中国经济体制改革的目标是建立社会主义市场经济体制，三是要求全党抓住机遇，加快发展，集中精力将经济建设搞上去。以邓小平南方谈话和党的十四大为标志，中国特色社会主义改革开放和现代化建设事业进入了加速发展的新阶段。

为落实邓小平南方谈话关于市场经济的一系列指示与党的十四大精神，1993年11月11日至14日十四届三中全会审议通过了《中共中央关于建立社会主义市场经济体制若干问题的决定》（以下简称《决定》）。《决定》系统总结了十几年改革的经验和教训，分析指出了当时中国经济体制改革面临的新形势和新任务，勾勒出了中国社会主义市场经济体制的蓝图与基本框架，是20世纪90年代中国经济体制改革的行动纲领。

这一框架的核心设计是："必须坚持以公有制为主体，多种经济成分共同发展的方针，进一步转换国有企业经营机制，建立适应市场经济要求，产权清晰、权责明确、政企分开、管理科学的现代企业制度；建立全国统一开放的市场体系，实现城乡市场密切结合，国内市场与国际市场相互衔接，促进资源的优化配置；转变政府管理经济的职能，建立以间接手段为主的完善的宏观调控体系，保证国民经济健康运行；建立以按劳分配为主体，效率优先、兼顾公平的收入分配制度，鼓励一部分地区一部分人先富起来，走共同富裕的道路；建立多层次的社会保障制度，为城乡居民提供同我国国情相适应的社会保障，促进经济发展和社会稳定。这些主要环节是相互联系和相互制约的有机整体，构成社会主义市场经济体制的基本框架"。

根据党的十四届三中全会的《决定》，从 1994 年初开始，中国采取了一系列重大改革措施来推进构建社会主义市场经济体制的"四梁八柱"。到 20 世纪 90 年代后期，以上诸方面的改革大体上达到了十四届三中全会的要求（吴敬琏，2018）。

第二节　改革进程与重点

中国在 20 世纪 80 年代的渐进式改革中，计划与市场的双重体制胶着并存，原有的行政权力控制一切的旧体制已经突破，但是市场体制仍没有完全建立起来。到 90 年代后，政府机构的设置仍旧带有较强的行业经营管理属性，给建立社会主义市场经济体制造成了很大的制度性障碍，严重阻碍企业经营机制的转换和新体制的建立进程。转变政府经济管理部门的职能，逐步减少专业经济部门，提升综合经济部门的协调效率，并加强政府的社会管理职能，成为政府与市场关系调整的方向。电力工业部、煤炭工业部等行业经济管理部门被大幅度裁撤，逐步建立了适应社会主义市场经济体制的有中国特色的政府管理体制。除行政管理体制外，为适应市场经济的要求，财税、金融、外贸、投资等体制也在 20 世纪 90 年代进行了大刀阔斧地改革，而国有企业改革成为诸多改革的中心环节，围绕国企改革，与之相适应的社会保障制度也逐渐建立并完善起来。

改革开放40年
中国经济发展系列丛书

一、财税体制改革大幅提高中央政府的调控能力

熊彼特（1918）认为，财政是观察社会的最好切入点之一……尤其在旧形式开始消亡的社会转折点，总是包含原有财政模式的危机。

（一）实施以分税制为核心的财政体制改革调整中央与地方财政关系

20世纪80年代末期，中国产能过剩问题开始显现，地方所属国有企业与乡镇企业的利润下滑，甚至相当一部分企业出现亏损（张文魁、袁东明，2008），下游消费品行业对上游能源、原材料、重化工业的带动作用下降，中央直属企业的利税上缴自然也受到影响。由于实行中央与地方"分灶吃饭"的财政体制，中央财政高度依赖地方上解（李萍等，2010），而地方往往倾向于将本应上缴的财税收入藏匿于企业或从预算内转移到预算外，导致"两个比重"下降：中央财政收入占全国财政收入的份额从1978年的39%下降到1993年的22%，财政收入占GDP份额从1978年的31%下降到1993年的12%，以至有研究者认为，财政分权已超过"底线"，不利于中央政府履行职能，并有可能造成一系列政治、经济、社会危机（王绍光，1995）。1992年中国确立了建设社会主义市场经济的总体目标[①]，市场经济要求财税体制稳定、规范、公平、透明，而频繁变换的财政体制造成了地方政府对中央政府的不信任，"放权让利"的改

[①] 早在1986年中国高层就有实行分税制的动议，但当时的经济与社会发展状况下没有实施分税制的动因，仍然是以双轨制为主，也并不具备实施分税制的市场经济体制。简言之，如果不是中央财政危机已经到了非改不可的时刻，分税制就不会到来。

革不可持续，财税改革思路逐渐从侧重于利益格局的调整转向新型体制的建立。

在上述背景下，中央终止了"分灶吃饭"的财政包干制，开始实施分税制（袁飞等，2008[①]）。1993年12月25日，国务院发布《关于实行分税制财政管理体制改革的决定》，并通过了《工商税制改革实施方案》以及增值税、消费税、营业税、企业所得税、资源税和土地增值税等6个税收条例。分税制改革的主要内容如下：

一是划分中央和地方的事权和支出范围。由于行政管理体制与政府间事权划分没有实质性变革，分税制改革维持了原有的政府间支出格局（详见专栏2–2）。

二是根据事权划分，按税种划分中央和地方的收入。在这轮财政体制改革中，流转税成为税制改革的重点，中央将之前对内资企业征收的产品税、增值税和营业税与对外资企业和外国企业征收的工商统一税合并调整为以增值税[②]为核心的新流转税课税体系，对所有制造业企业统一按照17%的税率征收增值税，[③]并分享其中的75%（但按基数对地方进行了部分返还）。中央政府还专享了关税与消费税。[④]地方税包括针对服务业征收的营业税、个人所得税、城市

---

① 1992年，分税制首先在辽宁省、沈阳市、大连市、浙江省（不含宁波市）、天津市、武汉市、重庆市、青岛市、新疆维吾尔自治区等九省（市、区）进行试点。

② 在分税制改革前，我国1979年引入增值税，1984年利改税时正式建立增值税制度，对部分工业产品征收，有12档税率，最高为45%（化妆品征收），最低为8%（钢材）。

③ 17%为增值税的基本税率，对于基本食品和农业生产资料实行13%的低税率，而对出口产品实行零税率。

④ 在将原征收产品税的产品全部改为征收增值税的基础上，选择少数特殊消费品（烟、酒、化妆品、贵重首饰、摩托车、小汽车、汽油、柴油等）征收消费税，并采取从价与从量两种征收办法。这是因为，增值税改革前烟、酒、化妆品等特殊消费品的税率很高，如果按照17%的增值税税率，无法保持对上述种类产品的特殊调节。

建设维护税、契税等十几个税额不大、但征收难度较大的税种。

为便于税收征管，分设了国税和地税两套税务机构，国税系统负责中央税（消费税、中央所属企业的所得税和部分中央企业营业税）和中央地方共享税（增值税）的征收，地税系统负责地方税（营业税、地方所属企业所得税、个人所得税、城市建设维护税）的征收。

专栏 2-2　分税制财政体制中的事权和财权划分

（一）中央与地方事权和支出的划分

根据中央政府与地方政府事权的划分，中央财政主要承担国家安全、外交和中央国家机关运转所需经费，调整国民经济结构、协调地区发展、实施宏观调控所必需的支出以及由中央直接管理的事业发展支出。具体包括：国防费，武警经费，外交和援外支出，中央级行政管理费，中央统管的基本建设投资，中央直属企业的技术改造和新产品试制费，地质勘探费，由中央财政安排的支农支出，由中央负担的国内外债务的还本付息支出，以及中央本级负担的公检法支出和文化、教育、卫生、科学等各项事业费支出。

地方财政主要承担本地区政权机关运转所需支出以及本地区经济、事业发展所需支出。具体包括：地方行政管理费，公检法支出，部分武警经费，民兵事业费，地方统筹的基本建设投资，地方企业的技术改造和新产品试制经费，支农支出，城市维护和建设经费，地方文化、教育、卫生等各项事业费，价格补贴支出以及其他支出。

（二）中央与地方收入的划分

根据事权与财权相结合的原则，按税种划分中央与地方的收入。将维护国家权益、实施宏观调控所必需的税种划为中央税；将同经济发展直接相关的主要税种划为中央与地方共享税；将适合地方征管的税种划为地方税，并充实地方税税种，增加地方税收入。具体划分如下：

中央固定收入包括：关税，海关代征消费税和增值税，消费税，中央企业所得税，地方银行和外资银行及非银行金融企业所得税，铁道部门、各银行总行、各保险总公司等集中交纳的收入（包括营业税、所得税、利润和城市维护建设税），中央企业上交利润等。外贸企业出口退税，除一九九三年地方已经负担的20%部分列入地方上交中央基数外，以后发生的出口退税全部由中央财政负担。

地方固定收入包括：营业税（不含铁道部门、各银行总行、各总保险公司集中交纳的营业税），地方企业所得税（不含上述地方银行和外资银行及非银行金融企业所得税），地方企业上交利润，个人所得税，城镇土地使用税，固定资产投资方向调节税，城市维护建设税（不含铁道部门、各银行总行、各保险总公司集中交纳的部分），房产税，车船使用税，印花税，屠宰税，农牧业税，对农业特产收入征收的农业税（简称农业特产税），耕地占用税，契税，遗产和赠予税，土地增值税，国有土地有偿使用收入等。

中央与地方共享收入包括：增值税、资源税、证券交易税。增值税中央分享75%，地方分享25%。资源税按不同的资源品种划分，大部分资源税作为地方收入，海洋石油资源税作为中央收入。证券交易税，中央与地方各分享50%（后期调整为中央97%，地方3%）。

资料来源：《国务院关于实行分税制财政管理体制的决定》（国发〔1993〕85号）

三是中央对地方进行税收返还。中央以1993年的地方两税收入

（增值税、消费税）作为基数，对地方按照 1 : 0.3 的比例进行两税增量返还。这一返还比例有利于中央而不利于地方，两税收入增长越快，增量部分被中央集中得也越快。换言之，税收返还是中央为保障激烈的集权改革能顺利进行而设计的渐进式方案。

四是保留了原体制补助与上解。1994 年的分税制改革并没有立即变革原体制的分配格局（许生，2008）。原中央对地方的补助继续按规定发放。原体制中的地方上解仍按照不同体制类型执行。原来中央拨给地方的各项专款，该下拨的也继续下拨。

1995 年后，在稳定分税制基本框架的基础上，中央采取了如下调整措施，不断完善分税制财政体制。

一是调整证券交易印花税的分享比例。分税制改革初期，证券交易印花税由央地对半分享。随着证券交易规模的不断扩大，国务院决定将证券交易印花税税率由交易双方各 3‰提高到 5‰，增加的收入作为中央收入。1997 年 1 月 1 日起将证券交易印花税收入分享比例调整为中央 80%、地方 20%，从 2002 年起再次将分享比例调整为中央 97%、地方 3%。

二是调整金融保险业营业税收入划分。1997 年 1 月将金融保险营业税税率由 5% 提高到 8%。各银行总行、保险总公司的营业税归中央独享，其余金融、保险企业缴纳的营业税增加的 3% 归中央。为支持金融保险行业改革，2001 年起又分三年将金融保险业的营业税税率逐步降至 5%。

三是所得税收入分享改革。2002 年起，中央政府实施了所得税收入分享改革，铁路、邮政、中、农、工、建四大国有银行，国开行、农发行、进出口银行等三大政策性银行以及海洋石油天然气企业缴纳的所得税仍由中央独享，其他企业所得税在保证地方 2001 年的基数后实施增量五五分成，2003 年中央又提高了分成比例，改为中央地方六四分成。

专栏 2-3　所得税分享改革

分税制改革时，为保障地方既得利益，企业所得税并未实行分率共享或比例共享，仍按照企业隶属关系划分。各地地方保护主义与重复建设盛行，不利于全国统一市场的形成。中央决定从 2002 年 1 月 1 日起，推动所得税分享改革。

除少数特殊行业或企业外，对其他企业所得税和个人所得税收入实行中央与地方按比例分享，中央保证各地区 2001 年地方实际的所得税收入基数，实施增量分成。

（1）分享范围。除铁路运输、国家邮政、中国工商银行、中国农业银行、中国银行、中国建设银行、国家开发银行、中国农业发展银行、中国进出口银行以及海洋石油天然气企业缴纳的所得税继续作为中央收入外，其他企业所得税和个人所得税收入由中央与地方按比例分享。

（2）分享比例。2002 年所得税收入中央分享 50%，地方分享 50%；2003 年所得税收入中央分享 60%，地方分享 40%；2003 年以后年份的分享比例根据实际收入情况再行考虑。

（3）基数计算。以 2001 年为基期，按改革方案确定的分享范围和比例计算，地方分享的所得税收入，如果小于地方实际所得税收入，差额部分由中央作为基数返还地方；如果大于地方实际所得税收入，差额部分由地方作为基数上解中央。具体计算办法由财政部另行通知。

（4）跨地区经营、集中缴库的中央企业所得税等收入，按相关

因素在有关地区之间进行分配。具体办法由财政部另行制定。

资料来源：国务院关于印发所得税收入分享改革方案的通知（国发〔2001〕37 号）

总体来看，中国"分灶吃饭"格局下"上有政策、下有对策"引发的中央财政危机，通过激烈的分税制财政体制改革很快得到化解，中央财政收入占全国财政收入的比重很快超过一半，1994 年达到 55.7%，之后中央财政收入比重也一直维持在较高水平（王瑞民、陶然、刘明兴，2016），初步规范了中央和地方政府之间财政收支尤其是收入分配关系，形成了中央财政收入稳定增长格局。

（二）初步建立财政纵向转移支付制度框架

在中国传统财政体制下，并没有转移支付[①]的专门提法。但中央和地方不同层级政府间仍有转移支付性质的资金转移活动。在分税制改革之前，无论是 20 世纪 50 年代初到 70 年代末的高度集权体制，还是 80 年代"分灶吃饭"的分权体制，地方政府预算内支出一般都小于或基本等于地方的预算内收入，并不过度依赖中央的财政转移支付。而中央本级的财政支出除了满足中央机关的运行经费外，主要用于中央控制的重大项目的支出（刘明兴，2013）。中央对地方的补助，计划经济时代主要是用于重大灾荒、非常事故等引起的减收，并以专项拨款的形式补助地方救济、复堤等支出；经济转轨以

---

① 现代转移支付制度最早起源于英美，迄今已经有 180 多年的历史。二十世纪三十年代大萧条后随着凯恩斯主义的盛行，转移支付作为财政政策的重要组成部分，被广泛地运用于市场经济国家。但不同层级政府间的财政资金转移活动则几乎和政府的历史一样悠久。

后除上述支出外，对民族地区和财力较弱的省份进行定额补助，但规模不大，同时受补助的省区仍需要向中央借款或为中央财政作贡献。

中国现行转移支付制度体系是分税制改革的产物。通过分税制改革，重塑了中央与地方关系，中央政府集中了超过一半的财政收入。分税制改革方案[①] 中央对地方的补助主要有以下三类：一是保留了财政包干制下的补助项目，称为"原体制补助"[②]。二是对地方进行税收返还。税收返还实际上是分税制改革中央与地方关于"存量与增量"博弈的结果。在分税制改革中，增值税的75%和消费税被定为中央收入，地方失去了重要的财源。如果不对地方进行相应的返还，分税制改革势必因地方利益的严重受损而难以进行。因此，中央政府在改革中采取了"保存量、调增量"的策略，即保证地方的既得利益不受损，而在未来的税收增量上切蛋糕。关于存量部分，以1993年的增值税、消费税数额为基数，1994年起因分税制改革而净上划为中央收入的部分，由中央全额返还，保证1994年及之后年份地方的两税收入不比1993年少；而在增量部分，增值税和消费税收入实施增量返还，递增率为两税增长率的30%。税收返还本质上是地方自有财力的一部分（王瑞民、陶然，2017）。

三是专项拨款。分税制改革中保留了原体制下的专项拨款，专项拨款实际就是专项转移支付。专项转移支付的设立需在不同中央部委间及不同级政府间进行必要的协商，其用途往往被中央部委所指定，以实现中央政府设定的特定政策目标，在地域上向中西部倾

---

① 详见《国务院关于实行分税制财政管理体制的决定》（国发〔1993〕85号）。

② 需要说明的是，分税制改革后，原体制补助与原体制上解并存，而本文主要研究中央对地方的转移支付。

斜。专项转移支付几乎覆盖了所有的支出项目，由于信息不对称和中央部委与地方政府的共谋问题，专项转移支付可能带来了严重的地方预算软约束效应。

中国分税制中保护既得利益的原则，使得改革初期中央并没有充足的资金进行转移支付。虽然中央政府通过分税制改革迅速集中了财政收入，但大部分集中的收入仍要按照基数返还给各地，中央可用于调节地方财力失衡状况的财力仍然十分有限。随着财权和财力的渐进式集中，中央转移支付的规模和种类逐步扩大。1995 年建立了中央对地方过渡期转移支付。2002 年中央财政因改革所得税收入分享办法，增加的收入全部用于对地方（主要是中西部地区）的一般性转移支付，建立了一般性转移支付资金的稳定增长机制。同时，为弥补中央改革政策对地方财政利益造成的损失或配合改革推进而设立了一些具有专项性质的转移支付。包括 2000 年为配合西部大开发，实施民族地区转移支付，民族地区增值税环比增量的 80% 转移支付给地方；1999 年、2001 年和 2003 年，为配合工资调整而设立了调整工资转移支付等。

（三）改革预算管理制度

政府财政活动主要通过预算来反映，建立民主、高效的财政制度和预算运行机制，是中国市场经济体制改革不断深化的必然选择。中国从 1998 年开始启动部门预算、收支两条线、国库集中收付制度及政府采购制度等预算管理制度改革，从预算编制、执行到绩效评价等各个环节对政府预算管理制度进行改革与创新，初步建立了一套编制有标准、执行有约束、绩效有考评的较为科学规范的现代预算管理制度，同时调整政府与财政职能，优化财政支出结构，以满足市场配置资源和社会经济发展的需要。

一是实行部门预算（综合预算）改革。2000 年，中央政府开始推行部门预算改革。将一个部门所有收入和支出按照统一形式在一本预算中全面反映，实现"一个部门一本预算"；将部门支出划分为基本支出和项目支出，采取不同方式管理。其核心是保障预算的完整性，即各部门在编报预算时，要把其掌握的所有政府性财力，包括预算内资金和预算外资金，一览无余地编入。同时，预算编制时间不断提前，预算编制阶段的时间不断延长，初步形成了"两上两下"的预算编制方式。目前县级以上各级政府都实行了比较规范的部门预算。部门预算改革使得政府预算编制逐步向完整、透明、规范、高效的方向发展，为建设与市场经济相匹配的公共财政提供了最首要也是最基础的制度保障（贾康等，2015）。

二是实行单一账户的国库集中收付改革。国库集中收付制度是以国库单一账户体系为基础，资金缴拨以国库集中收付为主要形式的财政国库管理制度。利于对财政资金进行全程监督。2001 年 8 月从中央部门开始这一改革，后逐步全面推行。中央级一般预算资金、政府性基金及国有资本经营性预算资金全部实施国库集中支付，后又将改革扩大到部分中央补助地方专项转移支付资金。

三是改革预算外资金管理方式。2001 年，中国启动深化收支两条线管理改革，核心是收支脱钩、收缴分离，逐步淡化和取消预算外资金，将预算外资金全部纳入预算管理。行使公权单位的各项收费和罚没收入等，不再与本单位支出、福利待遇挂钩，而是进入财政专户和归为预算统筹，执收单位的支出另由预算规范地作出安排。这不仅强化了综合财政预算管理观念，而且对于完善政府预算体系和规范政府收支行为，促进政府职能转变，强化政府服务意识，也

发挥了积极作用。

四是政府采购制度改革。从 1999 年起在中央单位部门预算中增加政府集中采购内容。总体上实行集中采购与分散采购相结合，以集中为主、分散为辅；公开招标与非公开招标相结合。对政府大宗采购事项采取公开招投标的方式，强化了对政府采购行为的约束，资金使用效率得以提高，有助于防范腐败行为发生。

（四）财税改革的成效：构建中国公共财政基本框架

1994 年以来的财税体制改革，使中国基本建立了适应市场经济基本要求的财税体制框架。以中央固定收入、地方固定收入、中央与地方共享收入为主要内容的分税制度，取代了先前以"分灶吃饭""包干制"为主要特点的中央与地方非规范性的财政分配体制；以经济流量为纳税基础的增值税、营业税、消费税等一大批间接税税种的建立，取代了之前主要以所有制性质为基础、分别确立"利润上缴"和设立所得税税种的做法，建立起增值税和所得税并重的"双主体"复合税制；税制中企业身份差异在逐步弱化的同时，也大大促进了间接税收入地位提升，实现了税收制度与经济增长相互促进；税收返还和转移支付制度的机制化运用，对规范中央与地方的财政分配关系起到了有益补充。

1998 年，时任国务院副总理李岚清在全国财政工作会议上正式提出"构建中国的公共财政基本框架"，自此，公共财政才正式进入中央政府的工作议程。

公共财政与以往生产建设性财政体制的本质差异，主要在于其"公共性"，以满足公共需要、提供公共物品和服务为根本出发点。

专栏 2-4 公共财政的界定

时任国务院副总理李岚清在全国财政、税务工作会议上的讲话（2002 年 12 月 26 日）中给出了中国决策层对于公共财政的定义。

一般来说，公共财政是在市场经济条件下，主要为满足社会公共需要而进行的政府收支活动模式或财政运行机制模式；是国家以社会和经济管理者的身份参与社会分配，并将收入用于政府的公共活动支出，为社会提供公共产品和公共服务，以充分保证国家机器正常运转，保障国家安全，维护社会秩序，实现经济社会的协调发展。公共财政的核心是满足社会公共需要，其涵盖的范围主要有：行政管理、国防、外交、治安、立法、司法、监察等国家安全事项和政权建设；教育、科技、农业、文化、体育、公共卫生、社会保障、救灾救济、扶贫等公共事业发展；水利、交通、能源、市政建设、环保、生态等公益性基础设施建设；对经济运行进行必要的宏观调控；等等。

同时，李岚清也指出了地方财政实践中若干背离公共财政理念和原则的行为。

一些地方政府以满足社会公共需要为名，大搞脱离实际的"形象工程""政绩工程"，大手大脚花钱，而对干部、教师工资等支出该保不保，对许多满足社会公共需要的事情该办不办；用计划经济的思路继续大包大揽，把财政资金过多地投向生产性、营利性的领域，政府大搞"招商引资"，大办"官商"企业，甚至财政资金不够了，就乱集资，由此背上沉重的债务负担；随意肢解公共财政职能，有的以"藏富于民""藏富于企业"为名，搞"先征后返"，变相减免税，公开越权制定减免税政策等。

公共财政是市场经济的必然要求。市场经济要求市场在资源配置中发挥基础性作用，同时也要求政府运用财政、货币手段进行宏观调控。公共财政要求政府不能再像以往一样大包大揽，而是以提供社会公共服务和必要保障为目标。除了其公共性外，公共财政还有公平性、公益性、规范性三个突出特点（楼继伟，2013）。

1998年公共财政基本框架提出以来，支出结构不断优化，政府对一般性竞争领域的投入减少，对公共管理、公共服务领域的财政投入增加，向"三农"倾斜，向弱势群体和基层倾斜的趋势更加明显。

二、金融体制改革搭建起现代金融体系框架

1993年召开的党的十四届三中全会，作出了建立社会主义市场经济体制的重要决定，中国进入了由计划经济向市场经济体制转变的阶段。与此相适应，金融作为现代经济的核心，也进入全面展开的发展阶段。1993年12月，国务院颁布了《国务院关于金融体制改革的决定》，明确金融体制改革的目标是：在国务院领导下，建立独立执行货币政策的中央银行宏观调控体系；建立政策性金融与商业性金融分离，以国有商业银行为主体、多种金融机构并存的金融组织体系；建立统一开放、有序竞争、严格管理的金融市场体系。由此，从1993年到加入WTO后的2002年的10年间，中国开展了以建立与市场经济体制相适应的金融体制改革，并取得了以下进展。[1]

---

[1] 本节关于金融的论述主要参考了郭春丽《我国金融体制改革评述》一文，原文载于国家发改委体改司、国家发改委体改所编著的《改革开放三十年：从历史走向未来》，人民出版社2008年版第482—500页。

（一）金融机构体系和功能趋于完善

大力推动中央银行职能转变。前期改革中，中国人民银行虽然把大量的存贷款业务分别交给工农中建四大银行，但自身依旧承担着一些具体的政策性业务，如农副产品收购资金贷款、开发贷款、专项贷款等，人民银行既履行中央银行职能，又履行政策性银行职能，没有形成真正的中央银行制度。而《国务院关于金融体制改革的决定》指出："深化金融体制改革，首要的任务是把中国人民银行办成真正的中央银行。中国人民银行的主要职能是：制定和实施货币政策，保持货币的稳定；对金融机构实施严格监管，保证金融体系安全有效地运行。"1995 年通过了《中华人民共和国中国人民银行法》，以法律的形式确立了中国人民银行作为中央银行的地位。为提高在货币政策决策中的作用，从 1994 年到 1996 年，中国人民银行先后推出了货币供应量统计监测指标，运行公开市场操作，建立全国统一的同业拆借市场。与此同时，货币政策的中介目标开始了由信贷资金规模向货币供应量转化。1997 年成立了中国人民银行货币政策委员会，作为货币政策决策的咨询议事机构。1998 年，为进一步消除地方政府对货币政策和金融监管可能的干扰，撤销了中国人民银行按行政区划设置的 31 个省级分行，实行行政区域设置，在 9 个中心城市设立大区分行。1998 年，中国人民银行取消了对国有商业银行贷款规模的限制，改为推行资产负债比例与风险管理基础上的间接调控。

金融机构呈多元化发展态势。国家专业银行分开设立之后，身兼政策性信贷业务和商业性信贷业务双重责任，难以办成真正的商业银行，由于两种业务往往发生混淆，专业银行部分信贷财政化的倾向日渐突出，增加了中央银行宏观调控的难度。党的十四届三中

全会指出："建立政策性银行，实行政策性业务与商业性业务分离。"随后，组建了国家开发银行、中国进出口银行、中国农业发展银行三家政策性银行，实现了政策性信贷与商业性信贷的分离。政策性银行的建立，为发展商业性银行创造了条件。也是在1994年，工农中建四大专业银行开始迈出了逐步转变为商业银行的步伐。由于长期以来累积的巨额不良资产使得银行面临很高的金融风险，1997年的亚洲金融危机促使中央政府下决心解决银行的不良资产问题。为此，从1998年开始，财政部发行了2700亿元人民币特别国债，来帮助工农中建四大银行补充资本金。1999年，为剥离四大银行的问题资产，中央又批准成立信达、长城、东方和华融四大国有资产管理公司，用来处理四大银行的不良债务。2000年四大资产管理公司购买了四大商业银行总值1.4万亿元的不良资产，四大国有银行的资产结构得以完善，商业化进程开始加速。这一阶段，国家继续组建了一批股份制银行，如1995年组建的华夏银行、海南发展银行，1996年组建的中国民生银行等。这一时期，在经济特区外资银行及其业务也得到了发展，为适应中小企业和民营经济发展的需要，国家也鼓励发展了一批地方商业银行。此外，信托投资机构在整顿中稳步发展，证券经营机构在调整中规范发展。

（二）建立统一开放、有序竞争、严格管理的金融市场

发展和完善货币市场。1996年4月1日，全国统一的银行间同业拆借市场交易网络系统正式运行，实现了同业拆借的统一报价、统一交易、统一结算。随着拆借会员的不断增多，全国统一的同业拆借市场利率开始形成。随着1996年《中华人民共和国票据法》的正式实施，商业票据贴现和再贴现市场得到了规范发展。1997年6

月，银行间债券回购业务在中国外汇交易市场网络上正式展开，为中央银行开展以债券买卖为主的公开市场业务，以及商业银行灵活调节资金头寸、减少金融风险创造了条件。

多层次资本市场得到发展。这一时期，中国股票市场在发行上市环节采用审批制，通过供给面控制新股发行节奏、限定发行股本数量、划分流通股与非流通股等做法促进股票市场的规范发展。这一时期的债券市场也有所发展，国债是债券市场的主体，但政策性金融债券和企业债券也有所发展。为了遏制期货市场的盲目发展，1993 年 11 月，国务院发出了《关于制止期货市场盲目发展的通知》，至 1998 年，14 家期货交易所重组为大连、郑州和上海 3 家，中国期货市场得到规范发展。

（三）确立强有力的中央银行宏观调控体系

1993 年颁布的《国务院关于金融体制改革的决定》，确定中国货币政策的最终目标是"保持货币稳定，并以此促进经济增长"，突破了中国人民银行长期以来的"稳定货币，发展经济"的双重目标。中央银行货币政策的中介目标由控制信贷规模转向控制货币供应量、信用总量、同业拆借利率和银行备付金率。1994 年，中国人民银行缩小了信贷规模的控制范围，对商业银行实行贷款限额控制下的资产负债比例管理。1998 年 1 月，中国人民银行取消对国有商业银行贷款限额的控制，在推行资产负债比例管理和风险管理的基础上，实行计划指导，自求平衡、比例管理、间接调控的新的管理体制，各商业银行对资金来源与资金运用实行自求平衡，市场化和独立性大大增加，标志着中央银行调控手段由直接调控改为间接调控。在货币政策工具上，1995 年通过的《中国人民银行法》用法律

的形式确定了存款准备金、中央银行基准利率、再贴现、中央银行贷款、公开市场业务五种货币政策工具。1998 年，中国人民银行对存款准备金制度进行了重大改革，基本建立了一套完整的金融间接调控机制。亚洲金融危机之后，为应对当时严峻的经济形势，1998年至 2002 年，中国实行了稳健的货币政策，公开市场业务成为这一时期的重要工具，同时两次下调存款准备金率，8 次下调银行存贷款利率，货币政策实现了由直接调控向间接调控的转变。

（四）建立分业监管的体制框架

随着金融机构和金融市场的发展，中国金融监管的难度日益加大。1993 年颁布的《国务院关于金融体制改革的决定》明确了银行、证券、信托和保险分业经营、分业监管的发展道路与监管模式。1995 年颁布的《商业银行法》，以法律形式确立了银行业分业经营的原则。1994 年，按照分业经营、分业监管的原则，国有商业银行与所属的保险机构、证券公司、信托机构脱钩，重点清查、整顿和规范证券公司、信托投资公司、保险公司。1998 年，根据分业管理的要求成立了证券监督管理委员会。同年 11 月，成立了中国保险监督管理委员会，专司对中国保险业的监管。2003 年成立了银行监督管理委员会。至此，中国人民银行不再行使金融监管职能。

总之，在这一时期，中国的金融体制改革取得了较大的进展，形成了包括中央银行、商业银行、政策性银行、非银行金融机构和外资在华金融机构在内的多样化金融机构体系，建立了由货币、证券、保险、外汇组成的较为完备的金融市场体系，基本建立了以利率等货币政策工具为主的间接调控体系和分业监管体制，在维护经济稳定与金融业安全运行、运用货币政策支持经济增长等方面发挥了重要作用。

三、深化对外经济体制改革大大加快了"引进来"的步伐

20世纪90年代，中国经济的快速发展使农村释放出大量劳动力，而劳动力主要投入在制造业，制造业需要通过改革开放引进外部资金与技术，并通过进出口业务将中国生产的产品融入国际市场，换回持续发展所需要的外部资金。一个稳定的人民币兑美元汇率，能够为外商提供相对稳定的汇率预期，吸引外商投资，保证资本的长期流入，保持制造业优势，促进对外贸易的增长。而贸易领域的自由化改革，又可以为外商投资企业出口减少制度障碍，并促进外汇储备的增加。党的十四届三中全会提出："改革外汇管理体制，建立以市场为基础的有管理的浮动汇率制度和统一规范的外汇市场。逐步使人民币成为可兑换的货币。……实行全方位开放。继续推进经济特区、沿海开放城市、沿海开放地带，以及沿边、沿江和内陆中心城市的对外开放……"。党的十四大提出："深化外贸体制改革，尽快建立适应社会主义市场经济发展的、符合国际贸易规范的新型外贸体制"。因此，围绕对外开放向高层次、宽领域、纵深化方向发展的要求，这一时期重点在外汇、外贸和外资三大领域进行了系统化的改革工作。

（一）改革外汇管理制度，实现人民币经常项目可兑换

改革开放前，中国对外汇实施统一经营，外汇收支按照"以收定支，以出定进"的原则进行计划管理。在这种背景下，人民币汇率仅是计划核算工具。20世纪80年代初期之后，中国开始实行计

划与市场并存的外汇管理制度。在计划管理体制下，外汇使用者是生产中需要进口品的企业，相应的供给者是由政府控制的出口公司。为了便于用户使用，美元的官方汇率被定的很低。由于外汇在中国属于稀缺产品，本应很高的价格在被政府人为压低之后就自然产生了黑市。因此在 80 年代中后期至 1994 年，中国存在两种汇率制度，一种为官方汇率，一种为调剂市场汇率。在官方汇率下，由于美元的价格被定得很低，以至于没有足够的外汇来使用。而在调剂市场，美元兑人民币的汇率波动幅度又非常巨大。

1993 年 12 月，国务院颁布《关于进一步改革外汇管理体制的通知》，提出了以市场化为导向的外汇管理体制改革方向。1994 年，中国外汇交易中心在上海成立，交易中心实行会员制，而且只有金融机构才可以成为会员。外汇指定银行根据结售汇周转头寸管理的规定，在银行间外汇市场卖出多余或购买不足的外汇头寸，进而生成人民币汇率。在银行间外汇市场上，中国人民银行外汇指定银行提供基准汇率并要求其遵守浮动区间限制。具体而言，中国人民银行根据前一日银行间外汇市场加权平均价，公布当日人民币汇率基准汇率，而各外汇指定银行以此为依据，在规定的浮动区间范围内自行挂牌确定对客户买卖外汇的汇率。中国人民银行也以普通会员的身份参与交易，进行必要的干涉，通过直接参与外汇市场交易来影响人民币汇率，以便将人民币汇率稳定在期望的水平之上。1996 年 12 月 1 日，中国接受国际货币基金组织（IMF）第八款，实现了人民币经常项目可兑换，所有正当的、有实际交易需求的经常项目用汇都可以对外支付。相对经常项目而言，虽然之后引入了 QFII 等一些准入制度，但是总体上对资本账户的管制还是十分严格的。中国政府通过强制结售汇、外汇指定银行的头寸上限管理、外汇市场上严格的浮动区间限制，以及资本账户的严格管制，有效控制了企业、银行和个人对于外汇的供给和需求，从而在根本上限制了人民币汇率的浮动幅度，保证了中国人民银行对外汇波动的有效控制。该制度实施以后，最初伴随着国际收支的双顺差和中国人民银行的适度干预，人民币汇率呈现上升势头，对美元的比价从 1 美元合 8.7 元人民币升值至 8.3 元，从而成功地体现了有管理的浮动汇率制度。此后，中国人民银行加大了对汇率的干预力度，使人民币兑美元汇率保持在一个十分稳定的状态，即 8.27 元左右浮动。国际货币基金组织也在 1999 年将中国外汇制度从管理浮动制改编为钉住单一货币的固定钉住制[①]。

（二）外贸体制加速与国际通行规则相对接

党的十四大以后，中国明确提出要建立社会主义市场经济体制，在深层次上启动和加速了对外贸易自由化进程。提高对外贸易自由化程度是对外开放的本质要求，因为无论是积极引进外资，还是扩大进出口贸易规模，都需要增加贸易政策的自由度。而当经济改革的市场化取向明确之后，贸易政策走向自由化的趋势逐渐明朗，步伐明显加快。

1994 年 1 月，国务院发布《关于进一步深化对外贸易体制改革的决定》，确定中国外贸体制改革的目标是：统一政策、放开经营、平等竞争、自负盈亏、工贸结合、推行代理制，建立适应国际经济同行规则的运行机制。据此，外贸体制实施了以下改革：一是取消

---

① 部分参考彭涛《我国外汇管理体制回顾与分析》一文。原文载于国家发改委体改司、国家发改委体改所主编的《改革开放三十年：从历史走向未来》，人民出版社 2008 年版第 407—429 页。

了外贸指令性计划，对进出口额、出口收汇和进口用汇实行指导性计划。二是进一步改进出口商品配额的管理办法。总的原则是凡是国家需要管理的出口商品，一定管住，可管可不管的商品放开。三是进一步完善出口许可证管理办法。主要对实行出口许可证管理的商品目录，根据国内外市场情况进行调整。四是继续调整关税税率结构，降低关税总水平。从 1996 年 4 月 1 日起，中国 4000 多种商品进口关税总水平降至 23%。1997 年 10 月 1 日再降至 17% 左右；改进和完善了出口退税制度，实行了有利于外贸出口发展的信贷政策。五是授予具备条件的生产企业、商业企业、物质企业和科研院所进出口经营权，改变外贸企业经营机制转换滞后的状态。六是鼓励和加快海外投资企业的发展，确定今后中国在海外开办合营企业的重点，并确定了开办海外企业的条件、申报和审批程序。七是结合国际惯例建立健全对外贸易法律法规，积极推行国际质量认证标准，加快外贸体制与国际接轨。

（三）对外资开放的领域逐步扩大

积极利用外资，是邓小平提出的加速中国社会主义现代化建设的一项大政策。党的十四大提出要"利用外资的领域要拓宽。采取更加灵活的方式，继续完善投资环境，为外商投资经营提供方便的条件和更充分的法律保障"。

为鼓励外商直接投资，中国给予外商企业超国民待遇，在涉外税法中设置了一系列税收减免。按照《外商投资企业与外国企业所得税法》，外商投资企业只要设在经济特区，就减按 15% 的所得税税率征收企业所得税。如设在沿海经济开放区、经济技术开发区或经济特区，则减按 24% 征收企业所得税。对于生产性外商投资企业，只要其经营期在 10 年以上，则除了上述优惠外，还可以从开始获利年度实施"两免三减半"的税收优惠政策。这些优惠的税收政策，提高了中国对外资的吸引力。自 1993 年开始，中国多数年份均成为世界第二的外商直接投资的东道国，也成为发展中国家实际吸收外资最多的国家。中国成为世界各国对外投资的热点地区之一，但吸引外资的总体规模还比较有限。1997 年亚洲金融危机爆发以后，欧美投资者开始将资本转移到风险较低的域外其他国家，此时中国国有企业和商业银行也正处于改革攻坚阶段，亏损的国有企业和巨额的不良资产，都对外商直接投资形成了负面影响。由于政府针对以往投资方面存在的问题制定了相应政策予以规范和协调，在税收方面出台了外商投资企业的相关政策，同时基于加入 WTO 的需要，中国也在商业、金融、保险、电信、旅游等部门对外商实行了一定程度的国民待遇，使得外商投资规模总体保持了稳定增长。

值得一提的是，1997 年亚洲金融危机之后，中国出现了过剩产能，1999 年国务院办公厅转发了外经贸部、国家经贸委、财政部通过的《关于鼓励企业开展境外带料加工装配业务的意见》，提出支持中国企业以境外加工贸易方式"走出去"。2000 年初，江泽民总书记在中央政治局的讲话中，在全面总结中国对外开放经验的基础上，首次把"走出去"战略上升到关系中国发展全局和前途的重大战略之举。

（四）形成了沿海沿江沿边和内陆地区多层次、全方位的开放格局

推进沿边、沿江及内陆省会城市的全面开放。以 1992 年邓小平同志视察南方重要谈话和党的十四大为标志，中国的改革开放进入

了一个新的历史阶段。1992 年国务院批准海南省开发建设洋浦经济开发区，1992 年 8 月，国务院又先后批准了 13 个沿边城市、6 个长江沿岸城市、18 个内陆省会城市。此后，又陆续开放了一批符合条件的内陆城市。在 1992 年到 2002 年的 10 年间，国务院先后批准了 32 个国家级经济技术开发区、52 个高新技术开发区、13 个保税区，开放了 34 个口岸。2000 年，国家实行西部大开发战略，国家制定了更加优惠的政策，鼓励外商投资企业向中西部地区进行投资，由此形成了沿海、沿江、沿边和内陆地区多层次、全方位的开放新格局。

1992 年至 2002 年的开放经济体制改革，是中国面临苏联解体、东欧剧变、乌拉圭回合谈判取得重大进展等外部环境巨变下的改革选择，顺应了中国参与融入经济全球化的发展需要，在引进外资、促进外贸、扩大开放空间等方面均取得了巨大成效，带动了中国市场化进程的全面系统化展开，为中国的入世及之后的发展奠定了良好的基础。与此同时，中国依旧在一系列的制度领域迫切需要进行系统性的变革，以实现与 WTO 规则的对接。将人民币汇率固定在 8.27 元左右的固定汇率制度，由于持续时间较长，也对入世之后的中国经济造成了不少负面影响。一是没有按市场供需关系进行汇率调整，不利于中国运用强大的外汇储备购买所需要的技术与资本品。二是形成的巨额外汇占款导致中国货币供给急速提升，加剧了中国经济的通胀和投资的过热。

四、投资体制改革推动投资主体资金方式多元化

党的十四大和十四届三中全会确立了中国投资体制的市场化改革方向。随着投资管理体制改革的不断深入开展，长期以来所形成

延续的高度集中统一的投资管理模式逐渐被打破，政府的投资职能得到较大程度改变，企业逐步成为投资主体，在基本建设领域初步形成了投资主体多元化、投资资金来源多渠道、投资方式多样化的新格局。

（一）投资体制的市场化程度不断提升

为贯彻落实党的十四届三中全会《关于建立社会主义市场经济体制若干问题的决定》中提出的在投资领域要实现市场对资源配置的基础性作用等内容。1994 年，国家计委在《进一步深化投资体制改革的实施方案》中，将投资项目划分为竞争性项目、基础性项目和公益性项目投资 3 类。1997 年，国家计委与中国建设银行等 4 大专业银行联合发布《关于完善和规范商业银行基本建设贷款管理的若干规定》中提出，允许项目建设单位和贷款的商业银行有互相自由选择的权力。2001 年，国家计委宣布，对于部分城市基础设施、不需要国家投资的农林水利项目、地方和企业自筹资金建设的社会事业项目、房地产开发建设项目、商贸设施项目等 5 大类投资项目，投资总额在国务院审批限额（2 亿元）以下的基本建设项目，不必报国家计委审批，按"谁投资，谁决策"的原则，地方政府出资的由地方计划部门审批，企业出资的由企业自主决策。为了充分调动和发挥民间投资者的积极性，同年 12 月国家计委发表《促进和引导民间投资若干意见》，提出鼓励民间投资参与基础设施和公用事业建设，要改进政府对民间投资的管理，创造公平竞争的条件，依法保护民间投资者的合法权益等。通过上述投资体制改革，以及强化投资风险约束机制，实行项目法人投资责任制，建设项目资本金制和招投标制等，原有的投资计划体制得到大幅度改观，投资体制的市

场化程度不断提升。

（二）投资主体从单一投资主体向多元投资主体转变

随着国家投资体制改革的不断深入，中国的投资主体多元化程度不断增强。1993 年《公司法》开始颁布施行，为各类公司的投资决策权提供了充分的法律保障，投资主体的多元化开始起步。按照党的十四届三中全会确立的"公益性项目由政府投资建设，基础性项目以政府投资为主，并广泛吸引企业和外资参与投资，竞争性项目由企业投资建设"投资原则，从 1993 年开始，国家相继出台了一系列政策和措施，致力于通过体制机制创新理顺投资领域中的政府和市场的关系。对于竞争性项目，一律按照市场经营方式进行操作，凡能由企业自主决定、由中介机构提供服务的，政府投资坚决退出。而对于基础性项目，则以政府投资为主，并广泛吸引企业和外资参与投资。在公益性项目上，为引导社会投资方向，扶持国家支柱产业形成并发展，1994 年国务院决定以 6 个国家专业投资公司的自有资产合并组成国家开发投资公司，负责按照中央的政策进行政策性投资行为。1995 年 5 月，组建了国家开发银行作为政策性银行，主要运用政策性投融资引导社会投资方向，以满足社会重要基础设施和基础产业建设对资金的需求。

（三）资金来源从单一财政预算向多渠道资金来源转变

在从计划经济时代的单一投资主体向多元投资主体的转变过程中，由于各级地方政府、国内外各类企业、个人都可以成为项目建设的投资者，由此实现了资金来源的多渠道。在资金的来源上，根据项目建设的不同主体，既有来自政府的财政预算内资金，也有国内和国外银行的贷款。改革开放大大促进了外商投资的发展，外商使用自有资金也成为项目建设资金来源的重要方面。除此之外，企事业单位和个人自有资金、企业发行股票和债券获得的资金等，都可以成为项目投资的资金来源渠道。投资的方式除了由建设单位直接投资进行基本建设和技术改造之外，还出现了项目融资、股权投资、项目并购、租赁投资、BOT 等国际上比较广泛采用的多种投资方式。到 2000 年，国家预算内固定资产投资占比已经从 1978 年的62.2% 下降到 2000 年的 6.4%。

需要指出的是，尽管党的十四大和十四届三中全会确立了投资体制改革的市场化方向，如"逐步建立法人投资和银行信贷的风险责任。竞争性项目投资由企业自主决策，自担风险，所需贷款由商业银行自主决定，自负盈亏。用项目登记备案制代替现行的行政审批制，把这方面的投融资活动推向市场，国家用产业政策予以引导"。由于投资项目审批是当时国家宏观经济管理的重要手段，党的十四大和十四届三中全会确立的市场化导向的投资体制在这一时期并没有真正建立起来，为进入 21 世纪之后下一轮投资体制改革指明了方向。

五、国有企业改革开启建立现代企业制度进程

20 世纪 90 年代后，中国逐渐告别"短缺经济"，随着制造业产能扩张，消费品乃至能源、原材料短缺的局面开始得到根本扭转。国有企业"躺着都能赚钱"的时代悄然逝去。虽然 80 年代以来历经放权让利、利改税、承包制等改革，但国有企业活力不足、企业与国家关系不顺等问题始终没有得到有效解决，并在日趋激烈的市场竞争中逐渐显化。决策层意识到，在国有企业亏损面不断扩大的情况下，搞活每一个国有企业，已经成了不可能完成的使命（张文魁、

袁东明，2008），"抓大放小"成为顺理成章的策略选择。所谓"抓大放小"，就是继续保持大企业的国有性质，通过建立现代企业制度增强其在市场经济中的竞争力，并硬化其预算约束；而小企业则"放"掉，即通过出售等方式实现整体或部分非国有化。

与此同时，国家开始下决心硬化国有企业的预算约束：企业不交利，国家不补亏。1994年分税制改革中，原来按照不同所有制和产品征收的增值税和产品税统一为增值税。国有企业仅履行交税义务，停止向各级政府上缴任何形式的税后利润，国家则停止对国有企业的亏损补贴。从此，国家和企业的关系简明化，国有企业如发生亏损，主要由企业自身承担，如果资不抵债，则可能退出市场。

（一）大型企业建立现代企业制度

1992年10月，党的十四大提出明确建立社会主义市场经济体制。1993年11月，党的十四大三中全会指出，中国国有企业的改革方向是建立产权清晰、权责明确、政企分开、管理科学的现代企业制度。这一改革确立了企业法人财产权的概念，突破了分权让利的框框，为政企分开创造了条件（国家发改委体改司，2008）。

专栏2-5 《中共中央关于建立社会主义市场经济体制若干问题的决定》中提出国企改革的目标是建立现代企业制度

建立现代企业制度，是发展社会化大生产和市场经济的必然要求，是我国国有企业改革的方向。其基本特征，一是产权关系清晰，企业中的国有资产所有权属于国家，企业拥有包括国家在内的出资者投资形成的全部法人财产权，成为享有民事权利、承担民事责任的法人实体。二是企业以其全部法人财产，依法自主经营，自负盈亏，照章纳税，对出资者承担资产保值增值的责任。三是出资者按投入企业的资本额享有所有者的权益，即资产受益、重大决策和选择管理者等权利。企业破产时，出资者只以投入企业的资本额对企业债务负有限责任。四是企业按照市场需求组织生产经营，以提高劳动生产率和经济效益为目的，政府不直接干预企业的生产经营活动。企业在市场竞争中优胜劣汰，长期亏损、资不抵债的应依法破产。五是建立科学的企业领导体制和组织管理制度，调节所有者、经营者和职工之间的关系，形成激励和约束相结合的经营机制。所有企业都要向这个方向努力。

一个月后，国家出台了第一部《公司法》，并明确规定公司是企业法人，有独立的法人财产，享有法人财产权，并以其全部财产独立承担债务责任。当时最广泛的理解是，现代企业制度就是以股份制度为基础的现代公司制度；建立现代企业制度，就是要将传统的全民所有制企业改造为公司制企业。国有企业公司化，有助于厘清企业与政府间的财务边界。

1994年，国务院决定选择100户大中型企业进行现代企业试点：完善企业法人制度，确定试点企业的国有资产投资主体与公司组织形式，并按照《公司法》健全治理结构。到1996年底，分别按多元股东持股的公司制、国有独资公司、纯粹控股型国有独资公司，先改组后改制等四种形式进行改制，其中有84家成立了董事会，72家成立了监事会。但遗憾的是，从股权结构来看，这一试点并未取得预期成效，大部分试点企业仅偏重于企业法律形式的改变，即过去按照《全民所有制工业企业法》登记变为按照《公司法》进行登记，股权结构并未发生重大调整，仍为国有独资或国资绝对控股。

这一时期那些没有纳入试点的国有企业，反而在投资多元化方面迈出的步子更大一些，地方上对股份制的热情也空前高涨，全国掀起了股份制热潮。一些国企选择在新成立的上海和深圳的证券交易所公开发行股票，更多的则是通过向职工等特定对象定向发行股票的方式进行股份制改造，形成了大量职工参股、国家控股的国有企业。为满足职工股的交易需求，全国开设了数十家所谓的产权交易中心，形成了中国特色的柜台交易市场；此外，还自发形成了大量的场外交易，例如四川成都的红庙子街，几百米的街道，数万人云集，买卖高峰期挤进去就需要一个小时。

1997年以后，按照党的十五大精神，中央多次提出要用3年左右的时间，力争使大多数国有大中型企业初步建立现代企业制度。此后，党和政府在推动政企分开，实现"三改一加强"，鼓励兼并、规范破产、下岗分流、减员增效和再就业工程，加快社会保障制度建设，增资减债、降低资产负债率，禁止"三乱"、减轻企业负担等方面，采取了一系列措施，加快国有大中型企业公司化改革。此后，国有大型企业改制面不断扩大，企业内部劳动、人事、分配制度改革步伐不断加快，现代企业制度的基本框架初步得以建立。

（二）国有小型企业采取灵活的方式推进改革

按照国有企业"抓大放小"的改革思路，国有小型企业采取灵活的方式推进改革。1994年，重庆最先确立"抓大放小"的战略，重点抓好综合实力最强的50家国有企业，一些经济效益不好的小企业被出售或者关闭，取得了良好的政策效果。值得一提的是，无"大"可抓的山东诸城，则几乎把小企业全部"放"光。时任诸城市委书记陈光大胆改革，将诸城市282家国有和集体企业全部改制，其中 90% 以上的企业改成股份合作制，即将企业净资产卖给内部职工。15 个月内，基本全"卖给"了内部职工。诸城的举措，引起巨大争议，1996 年时任国家副总理朱镕基亲抵诸城，对诸城采取多种形式探索搞活小企业的做法表示肯定。此后，国企改制在全国范围内全面展开。

1996 年 7 月，国家经贸委出台《关于放开搞活国有小型企业的意见》，以加快推动各地放开搞活国有小型企业。该意见指出，国有小型企业进一步改革的方向是实行政企分开，使企业自主走向市场，转换经营机制，使企业成为自主经营、自负盈亏，自我发展，自我约束的法人实体。《意见》要求，小企业改革要因地制宜、因行业制宜，因企业制宜、允许企业依据自身特点，选择适合企业生产力水平的改制形式，区别对待，分类指导，形式多样，不搞一个模式，不"一刀切"，在改革实践中，部分国有企业通过破产，整整体出售退出市场，部分企业实施联合、承包、租赁、委托经营、托管、股份合作制等不彻底变动产权的改革形式，也有部分企业实行股份制改造。国有小型企业改革取得了一定成绩。1997 年，国家统计局基于 5 万户国有工业企业的调查显示，当时已有超过 20% 的小型企业完成了改制，另有 30% 的小型企业正在改制。部分地区国有小型企业的改制面达到 80% 以上。

（三）调整国有经济布局

随着多种所有制经济的发展，中国国有经济需要重新定位，1995 年 9 月党的十四届五中全会提出"要着眼于搞好整个国有经济，通过存量资产的流动和重组，对国有企业实施战略性改组"，党的十五大提出"要从战略上调整国有经济布局"，十五届四中全会提出

国有经济要"有进有退，有所为有所不为"。按照以上部署，国有经济开始以发挥主导作用和提高控制力为目的，逐步从竞争性领域退出，向关系国民经济命脉的重要行业和关键领域集中，国企改革也发生了从存量资产到流量资本，从改革单个企业到改革整体国有经济的方式转变。此后，国企改革同时在三个层面上推进：宏观层面上，推进国有经济布局结构的战略性调整；微观层面上，推进国有企业建立现代企业制度；制度层面上，不断改革政府管理国有企业的方式。

（四）政府管理国有企业的方式发生了一系列重大变化

以组建专司国有资产管理行政机构为中心的国有资产管理体制改革在这一阶段发生了一些变化。由于1988年成立的国有资产管理局没有真正行使国有资产的所有权，且是隶属财政部的副部级机构，不能独立行使专司国有资产管理职能，在1998年的政府机构改革中被撤并，其业务转到财政部。但这并不意味着1988年以来国有资产管理体制改革的终结，中国的国有资产管理体制在地方上仍然沿着政资分开和政企分开的基本思路继续探索和改革，1999年9月，针对行政部门管理国有企业存在的问题，党的十五届四中全会通过《关于国有企业改革和发展若干重大问题的决定》，明确政府职责今后要由"管理"企业变为"履行出资人职责"。

以中央直接抓"大"为中心的国有资产管理体制改革在这一阶段发生了一系列重大变化。1995年中央提出国有企业"抓大放小"的改革思路后，逐步确定了512家国有大中型企业和120家国有大型企业集团，作为重点扶持的对象，并授权其运营国有资产，1998年在政府机构改革中，机械、化工、内贸、煤炭等15个主管行业的专业经济部门被改组为隶属于国家经贸委的"局"，其职能转换为行业管理，不再直接管理企业，从而在组织上实现了政企分开，同年，颁布实施《国务院稽察特派员条例》，国务院对国有重点大型企业派出稽察特派员，加强对国有资产运营的监督。1999年12月，成立中央大型企业工作委员会，负责国有重要骨干企业领导班子建设和领导人员管理工作，2000年3月，国务院发布了《国有企业监事会暂行条例》，逐步依法健全和规范国有大中型企业的监事会制度。

以上一系列重大举措，从不同角度推进了中国国有资产管理体制改革，但在实际运行中，却形成了分部门管理国有资产的管理架构，各个部门从自身的部门利益出发对企业行使权力，出现财政部、中央企业工委、国家经贸委、国家计委、劳动部"五龙治水"的局面。国有资产产权主体缺位，没有人对经营承担责任。原来一些主管部门的职能，没有明确新的机构承接下来，处于悬空状态。这些问题在地方国有资产管理中也存在着。

总体来看，中国20世纪90年代国有企业抓大放小，在大型国有企业建立现代企业制度、硬化预算约束、优化资本结构，将传统的全民所有制企业转变为公司制企业，国家和企业的财务边界得以厘清。国有企业成为市场经济中自负盈亏的主体，如发生亏损，主要由企业自身承担，资不抵债时甚至可能会退出市场。国有企业的社会职能也在优化资本结构改革中被逐步剥离。这一时期，中国国有经济布局也出现重大调整，逐步从竞争性领域退出，向关系国民经济命脉的重要行业和关键领域集中。政府管理国有企业的方式发生了一系列重大变化，其职责从"管理"企业变为"履行出资人职责"。

六、社会保障制度建设使单位保障向社会保障转变

20世纪80年代，随着经济体制改革从高度集中的计划经济向

市场经济的转轨，中国原来与计划经济相配套的养老保险、医疗保障等制度与市场经济体制不相适应。1993年11月，党的十四届三中全会通过的《中共中央关于建立社会主义市场经济体制若干问题的重大决定》中提出，社会保障制度改革是市场经济体制改革的重要组成部分，建立多层次的社会保障体系，对于深化企业和事业单位改革，保持社会稳定，顺利建立社会主义市场经济体制具有重大意义。与此同时，对社会保障进行了界定，明确社会保障体系应包括社会保险、社会救助、社会福利等，城乡居民的社会保障办法应有区别。

（一）城镇社会保险制度开始建立

职工养老保险制度初步形成。1994年底，国务院召开养老保险工作会议，会后于1995年3月下发《关于深化企业职工养老保险制度改革的通知》，提出基本养老保险费用由企业和个人共同负担。社会统筹与个人账户相结合。加快个人收入工资化、工资货币化的过程中，逐步提高个人缴费比例。但在社会统筹与个人账户如何结合方面，《通知》给出了两套试点方案。在试点过程中，各地试点方案不一、个人账户不统一、企业负担不平等，也使得养老保险的社会统筹层次降低。鉴于上述问题，国务院于1997年7月颁布《关于建立统一的企业职工基本养老保险制度的决定》，统一个人账户规模，并规定在1997年、最晚不得超过1998年完成并轨[1]。上述《决定》，成为建立起与社会主义市场经济体制相适应的、独立于企事业单位

---

[1] 需要指出的是，养老保障制度的转轨形成了大量的隐性债务，中央通过减持国有股份等多种方式进行偿还。2000年，成立全国社会保障基金，以国有上市公司的非流通国有股减持收入的10%划入全国社会基金。

之外、资金来源多元化、保障制度规范化和管理服务社会化的养老保障体系的重要标志。

新的养老保障制度，扩大了制度覆盖面，实施范围扩大到城镇各类企业职工和个体劳动者，使养老保险完成了从企业保险到国有部门职工保险，再到城镇劳动者保险的跨越，养老保险与企业所有制形式、职工就业身份完全脱钩，真正实现了养老保险的社会化。

城镇基本医疗保险制度初步确立。中国计划经济下公费医疗与劳保医疗相结合的传统医疗保障制度在经济转轨后逐步失去了自身存在的基础。20 世纪 80 年代起，各地进行了一系列医疗保障改革探索。1994 年，国家体改委、财政部、劳动部、卫生部等四部委共同制定了《关于职工医疗制度改革的试点意见》，并在江西九江和江苏镇江进行试点。后又逐渐扩大了试点范围。试点过程中，逐步明确了医疗保险"统账结合"（社会统筹与个人账户相结合）的原则。1998 年 12 月，国务院召开全国医疗保险制度改革工作会议，下发《国务院关于建立城镇职工基本医疗保险制度的决定》，标志着中国城镇基本医疗保险制度的确立。《决定》规定，新的城镇职工基本医疗保险制度实行社会统筹与个人账户相结合的模式，覆盖城镇所有用人单位。基本医疗保险基金原则上实行地级市统筹。单位缴纳的基本医疗保险费，一部分用于建立统筹基金，一部分划入个人账户，个人缴纳的基本医疗保险费计入个人账户；统筹基金主要用于支付住院费用和部分慢性病门诊治疗费用，个人账户主要用于支付一般门诊费用。

（二）城镇最低生活保障制度逐步建立

20 世纪 90 年代，随着市场化进程的推进，大量国企职工下岗，

城市贫困问题凸显。建立独立于企业、单位的社会救助体系，是市场经济下社会发展所必需的。从"社会救济"到"社会救助"的转变，不仅意味着制度化、规范化，其覆盖对象也扩大到所有贫困人群，与此同时，更加强调积极救助的意义以及受助人的权利。这一重大转变的主要成果是城市最低生活保障制度的建立。从保障居民基本生活出发，科学、合理地确定最低生活保障标准，当家庭成员的人均收入低于这一标准时给予差额补助。1993年，这一制度率先在上海进行试点，1999年推广到全国。

1993年初，上海市民政部门基于与物价水平挂钩的思路，采用市场菜篮子法和恩格尔系数法，提出确立最低生活保障线作为各行各业实施困难补贴基本标准，并于6月1日起，宣布实施最低生活保障制度。规定人均收入低于最低生活保障线（月均120元）的上海市城镇居民家庭，可以申请社会救助。当年，7680位城镇居民从这一制度中获益。上海低保制度的实施，取得了良好的效果，也引起了全国的普遍关注。1995年，厦门、青岛、大连、福州、广州等5个大中城市也根据自身情况，相继建立了城市居民最低生活保障制度。此后，低保制度逐渐向全国推广。除了沿海发达城市外，大中型国有企业比较集中的城市（如武汉、合肥）或者中西部地区较为发达的城市（如重庆、昆明）也建立了城市低保制度。到1997年8月底，建立低保制度的城市达到206个，占到当时全国城市总数的1/3。1997年2月，国务院颁发了《国务院关于在全国建立城市居民最低生活保障制度的通知》，提出1999年底之前，城市最低生活保障制度在全国所有城市和县城实现全覆盖。1999年9月，时任国家总理朱镕基签署国务院令，宣布《城市居民最低生活保障条例》于当年10月1日正式实施，标志着低保工作进入法制化、规范化管理轨道。为解决困扰城市最低生活保障制度落实的资金问题，2001年起，国务院决心大力增加中央财政投入，同时要求地方政府特别是省级政府也加大资金投入力度。与此同时，对低保户进行动态管理，"有进有出"，把资金切实发放到需要救助的家庭与人员。此后，最低生活保障经费实现了连续两年翻番的井喷式增长，保障对象也从 2000 年的 403 万人，增加到 2002 年的 2065 万人。

此外，20 世纪 90 年代，针对灾民的紧急救助和面向城市流浪乞讨人员的救助也不断完善。尤其是 1998 年长江流域特大洪水的考验，使得中国现代救灾体制快速走向成熟和完善，涵盖应急响应、紧急救援、灾后灾民救济等各个方面。

总体来看，中国 20 世纪 90 年代的社会保障制度改革是为适应社会主义市场经济的总体要求而进行的。上述改革成效显著。首先，实现了国民社会保障观念的革新。原有制度下形成的是国民靠国家、靠单位、靠集体的传统保障观念，改革以来则逐渐形成了政府、企业、个人及社会各方共同分担保障责任的意识。其次，实现了新旧制度的整体转型。从计划经济时代的国家—单位（集体）保障制到新型的国家—社会保障制。最后，创建了独特的统账结合型基本养老保险模式，即在基本养老保险制度中引入了个人账户（郑功成，2012）。

七、科技和教育体制改革助力"科教兴国"

为了适应"建设社会主义市场经济体制"的基本要求，中国展开了以"科教兴国"为目标的科技体制改革。同时，在市场经济体制被正式确立之后，一大批"体制内"人才开始"脱公衣"，正式踏上了"发财致富之路"，形成了改革开放以来的中国第二次创业浪潮。

（一）大力实施"科教兴国"战略

为了更好地实现中国现代化建设三步走战略目标，着力解决好产业结构不合理、技术水平落后、劳动生产率低、经济增长质量不高等问题，从而加速国民经济增长从外延型向效益型的战略转变，1995年5月，江泽民同志在全国科技大会上提出要实施"科教兴国"战略，确立科技和教育是兴国的手段和基础的方针，明确提出到2000年要初步建立适应社会主义市场经济体制和科技自身发展规律的科技体制。科教兴国战略的核心是在科学技术是第一生产力思想的指导下，把科技和教育摆在经济、社会发展的重要位置，增强国家的科技实力和科学技术向现实生产力转化的能力，把经济建设转移到依靠科技进步和提高劳动者素质的轨道上来。

为了全面实施科教兴国战略，中共中央、国务院先后发布了《关于加速科学技术进步的决定》、《国务院关于"九五"期间深化科学技术体制改革的决定》和《关于加强技术创新，发展高科技，实现产业化的决定》，1996年颁布了《促进科技成果转化法》，并在1999年围绕企业成为创新主体出台了一系列政策。该阶段中国科技体制改革走向是"稳住一头，放开一片"，各级政府增加了对科技活动的财政投入，优化科技投入结构，推进研究所制度改革，鼓励各科研机构变为企业，与企业结合，实施技术创新工程等。另外，国家改革投入方式，实行公开公平评估选题制，由对科研机构、科技人员的一般支持，变为以课题和项目为主的重点支持；对10个国家局所属242个应用型科研机构进行管理体制改革，通过转成企业、进入企业和转为中介机构等方式全部实行企业化转制；大力发展科技型中小企业特别是民营科技企业，加速科技成果产业化；改革内部管理体制和分配制度，按照《促进科学技术成果转化法》的要求，制定了有关政策，落实技术与管理参与分配的原则；在教材、教学和考试等关键环节加大改革力度，全面推行素质教育；按照"共建、调整、合作、合并"等多种方式，加快高等教育管理体制改革的步伐，全国由 612 所高校合并组建为 250 所。

（二）科技体制改革和经济体制改革交汇释放巨大能量

这个时期的科技体制改革更加迅速，从国家科研体制、科研投入、企业科研发展到科技与企业结合都有长足进步。从科研体制来看，院所转制之后科研机构面向市场发展的积极性和主动性明显增强，科研机构、高校和企业之间合作明显增多，多数转制院所的经济效益和科研课题经费都有提高，呈现良好发展势头。高等教育改革极大地缓解了长期存在的条块分割、行业部门办学校、学科偏窄、学校规模偏小、力量分散等问题。从投入来看，研究与开发（R&D）经费支出占 GDP 比重从 1993 年的 0.54% 增长到 2000 年的 0.89%，增长了近一倍；科技拨款占公共财政比重从 1992 年的 3.2% 增长至 2000 年的 3.6%，增长了 13%。与此同时，企业研发活动空前繁荣，大中型企业平均研发投入占主营业务收入比例从 1992 年的 0.35% 提高至 2000 年的 0.55%，增幅达到近 60%。此外，科技与企业结合度逐步提高，科技对经济发展贡献的转化路径初步形成，为下一步提高科技对经济贡献打下了坚实基础。

在这一时期，科技体制与经济体制改革进一步深度交汇，释放了巨大能量。尤其在 1992 年初，中国改革开放的总设计师邓小平视察南方途中，明确指出计划和市场都是经济手段并提出"三个有利于"标准。他的讲话进一步打破了人们的思想禁锢，激发人们跳出体制，投身市场经济浪潮的热情。于是全国各地开始掀起以下海经

商为特征的创业浪潮，其中最为典型的是"国企员工下海"，但面对充满未知数的商海，公职人员更多以"停薪留职"或请长假的方式"下海"，为自己留后路。据人社部数据，1992 年，有 12 万公务员辞职下海，1000 多万公务员停薪留职。这其中不乏一些颇为引人注目的事例，例如，1987 年潘石屹（现 SOHO 集团董事长）放弃石油部管道局"铁饭碗"，揣 80 元钱南下广东；国家体改委下属研究所的干部冯仑，先是被派往海南省筹建改革发展研究所，但到达海南不久，冯仑与潘石屹等四个同伴成立公司，做起房地产生意。

八、政府机构改革大幅精简了政府行业直接管理职能

20 世纪 90 年代初至 2001 年加入世贸组织前这一阶段，中国尚处于由计划经济向市场经济转型阶段。国务院行政机构当时的设置仍旧带有较强的行业属性，且普遍存在机构臃肿，人浮于事，职能交叉，效率低下的问题，给政企分开造成了很大的制度性障碍，严重障碍企业经营机制的转换和新体制的建立进程。适应建立市场经济体制的要求，需要继续深化政府机构改革，转变政府经济管理部门的职能，逐步减少专业经济部门，提升综合经济部门的协调效率，并加强政府的社会管理职能。

（一）适应建立社会主义市场经济体制需要大力改革政府机构

党的十四大明确提出了建立社会主义市场经济体制的目标，要求建立适应社会主义市场经济需要的组织机构。围绕这一目标，在 1993 年 3 月召开的十四届二中全会上讨论通过了国务院机构改革方案。这是第一次在中央全会讨论通过机构改革方案。随后的八届人大一次会议审议通过了《国务院机构改革方案》，改革方案的内容主

要有四个方面[①]：

转变职能，坚持政企分开。要求把属于企业的权力下放给企业，把应该由企业解决的问题交由企业自己去解决，减少具体审批事务和对企业的直接管理，做到宏观管好，微观放开。要求国家计委、财政部、人民银行以及新组建的国家经贸委等综合经济部门，把工作重点认真转移到搞好宏观管理上来，集中精力搞好国民经济发展战略、发展规划和经济总量平衡，制定产业政策，培育与发展市场，有效调控社会经济活动。明确专业经济部门的职能主要是规划、协调、服务和监督，大力转变职能，简政放权，推动企业进入市场。

理顺关系。要求理顺国务院部门之间，尤其是综合经济部门之间以及综合经济部门与专业经济部门之间的关系，合理划分职责权限，避免交叉重复。理顺中央和地方关系，合理划分管理权限，充分发挥中央和地方两个积极性，使地方在中央方针政策的指导下因地制宜地发展本地区经济和各项社会事业。

精简机构编制。对专业经济部门，一类改为经济实体，不再承担政府行政管理职能，如在原航空航天工业部的基础上，分别组建航空工业总公司和航天工业总公司；一类改为行业总会，作为国务院直属事业单位，保留行业管理职能，如撤销了轻工业部，组建了中国轻工总会。撤销了纺织工业部，组建了中国纺织工业协会等；还有一类是保留或新设的行政部门，这些部门的机构也要精干。如

[①] 本节两次行政机构改革部分主要参考了王澜明《改革开放以来我国六次集中的行政管理体制改革的回顾与思考》一文部分内容，该文载于《中国行政管理》2009年第10期，作者撰写此文时系中央机构编制委员会办公室副主任。同时，该部分也参考了孙长学《我国行政管理体制改革评述》一文，原文载于国家发改委体改司、国家发改委体改所主编的《改革开放三十年：从历史走向未来》，人民出版社2008年版，第407—429页。

撤销商业部和物质部，组建了国内贸易部等。对国务院直属机构、办事机构，除保留的外，一部分改为部委管理的国家局，一部分并入部委，成为部委内设的职能司局。经过改革，国务院设置组成部门41个，直属机构13个，办事机构5个，共59个工作部门。另设常设机构26个。通过本次政府机构改革，国务院部门从86个减少至59个，人员编制减少20%。

规范机构类别。明确原由部委归口管理的15个国家局不再作为国务院直属机构，而是由部委管理的国家局，并进一步规范了国家局与主管部委的关系。1993年国务院机构改革到位之后，地方政府机构改革开始在全国展开。

需要指出的是，本次改革尽管不彻底，国务院很多政府部门的设置依旧带有较强的行业属性，政企分开的制度性障碍依旧没有完全清除。但本次改革是围绕建立适应社会主义市场经济体制要求的首次改革，并为1998年第五次国务院机构大改革提供了经验，发挥了"试金石"的良好作用。

（二）社会主义市场经济体制基本框架下的深化机构改革

随着经济体制改革的不断深入，中国市场配置资源的基础性作用日益增强。1997年召开的党的十五大，再次提出了进行机构改革的要求。十五届二中全会审议通过的《国务院机构改革方案》认为，过去虽然进行过多次机构改革，取得了一定进展，但由于历史条件限制和宏观环境制约，很多问题未能得到根本性解决，机构改革同社会主义市场经济发展需要之间的矛盾日益突出，改革势在必行，不改革没有出路。九届全国人大一次会议审议通过关于国务院机构改革方案的决定，提出建立办事高效、运转协调、行为规范的行政管理体系，完善国家公务员制度，建设高素质的专业化行政管理队伍，逐步建立适应社会主义市场经济体制的有中国特色的行政管理体制。改革的主要内容有：

转变职能。明确政府宏观调控部门的主要职能是保持经济总量平衡，抑制通货膨胀，优化经济结构，实现经济持续快速健康发展；专业经济管理部门的主要职能是制定行业规划和政策，进行行业管理，引导本行业产品结构的调整，维护行业平等竞争秩序。

调整部门分工。按照权责一致的原则，在部门之间划转了100多项职能，相同或相近的职能尽可能交由一个部门承担，过去长期存在而没有解决的职能交叉、多头管理、政出多门、权责不清等问题有了很大改进。

精简机构编制。主要是大力精简行业经济部门，在行业经济管理部门得到大幅度裁撤的同时，通过机构合并增强了综合协调部门。撤销了电力工业部、煤炭工业部、冶金工业部、机械工业部、电子工业部、化学工业部、国内贸易部、邮电部、劳动部、广播电影电视部、地质矿产部、林业部、国家体育运动委员会、国防科学技术工业委员会和国家经济体制改革委员会等15个部委，新组建国防科学技术工业委员会、信息产业部、劳动和社会保障部以及国土资源部等4个部委，国家计划委员会、科学技术委员会和国家教育委员会分别更名为国家发展计划委员会、科学技术部和教育部。这次改革是一次涉及面较广、改革力度较大的政府机构改革，通过本次改革，与计划经济相关的9个行业管理部门得以精简并使之转化为国家经贸委下属的局，2001年又撤销了其中的7个局，从而消除了政企不分的组织基础。这样国务院组成部门减少到29个，直属机构17个，办事机构5个，加上国务院办公厅，共计52个，人员编制

减少了 47.5%。此外，还有部委管理的国家局 19 个。与此同时，对各部门的内设机构和人员编制都作了较大幅度的调整和精简。1999年之后，省级党委和政府的机构改革分别展开。2000 年底，市县乡机构改革开始启动。

本次政府机构改革，主要着眼点在于从制度上推进市场经济体制的建立和打破政府机构对国有企业、银行体系等方面的过多行政干预。通过减少政府行业管理部门，并对政府和企业关系进行规范，本次改革进一步理顺了政企之间的关系，减少了政府对行业的微观管理程度，同时该轮政府机构改革也开始从专业管理体制向综合管理体制转变，建立并完善了国家公务员制度，为政府机构转变行政职能奠定了良好的基础。但是，在本次改革中，很多政府职能改由事业单位承担，从而加剧了日后政事分开的难度，也为后来的行政管理体制改革指出了方向。

经过 20 世纪 90 年代的两次政府机构改革，中国政府职能定位逐步走向完善与科学。政府对微观经济活动的干预不断减少，以间接管理手段为主的宏观调控体系框架初步形成。政府的职能转变突出的表现在三个方面：一是政府行业管理部门的逐步撤销与合并，政府机构在部门数量和人员编制上均得到了较大幅度的精简，为减少微观经济部门所受到的日常行政干预，政府行政管理开始以宏观调控为主；二是政府从许多竞争领域退出来，让更多的民间资本和社会力量进入，以充分释放民间资本与社会力量的竞争活力；三是政府职能重点由经济建设转向社会管理和公共服务，政府职能开始着眼于保障和改善民生，加强社会管理和公共服务部门建设，建立健全从就业到养老的服务和保障体系建设等。不容忽视的是，中国这一时期的行政管理体制改革仍存在诸多需要解决的问题，如政府职能转变没有完全到位，政府机构设置有待进一步调整和完善，适应社会主义市场经济体制要求的政府经济社会管理方式还需要加快改进和提高（孙长学，2008）。

第三节　改革成就与影响

从1992年初邓小平南方谈话到2001年中国加入世贸组织的10年间，按照建立社会主义市场经济体制的要求，大步推进了财政、税收、金融、外贸、外汇、计划、投资、价格、流通、住房和社会保障等体制改革，社会主义市场经济体制初步建立。正是由于目标明确，体制改革大幅推进，促使国民经济持续快速健康发展，国家的综合实力大幅跃升，国内生产总值从1992年的2.4万亿元增加到2002年的10.2万亿元。1994年至2002年，国家财政收入从5218.1亿元增加至18903.64亿元，年均增长17.5%（现价）。分税制财政体制改革扩大了中央财政收入的增量，建立了保证中央财政稳定增长的财政初次分配机制，形成了中央财政占主导地位的分配格局。中央财政占全国财政收入的比重从1993年改革前的22%上升至2002年的54.9%。社会生产力跃上新台阶，国家的经济实力、抗风险能力和国际竞争力明显增强。

开放经济取得了较大发展。外贸外汇等开放领域新体制的建立，进一步改善了中国的对外贸易和投资条件，促进了开放经济的发展。中国的外汇储备从1994年的516亿美元增加到2002年的2864.07亿美元。2001年，中国外贸进出口总额达到5089亿美元，比改革开放初期增长20多倍。从1992年到2002年的10年间，中国批准

外商直接投资企业 39 万多个，实际利用外资 30 多亿元，世界大多数零售商已进入中国市场。以加入世贸组织为标志，中国开始全面参与经济全球化进程。从沿海到内地，从东部到西部，全方位、宽领域、多层次对外开放的内部空间格局已经形成。值得提出的是，这一时期的开放体制改革在申请恢复关贸总协定缔约国地位及加入世贸组织进程中，中国的开放体制不断向国际规范靠拢。

以建立现代企业制度为核心的国有企业改革取得积极进展。在党中央和国务院的一系列部署下，中国的国企改革取得了显著成效。大多数国有大中型企业初步建立了现代企业制度，在实现政企分开、转换经营机制、加强科学管理等方面迈出了重要步伐（曹普，2016）。截至 2000 年底，国有企业改革与脱贫的目标基本实现。国有及国有控股企业工业实现利润大幅度增长。2000 年，国有及国有控股工业实现利润 2392 亿元，为 1997 年的 2.9 倍（现价），重点监测的 14 个行业中有 12 个行业利润继续增长或扭亏为盈，仍然亏损的煤炭、军工行业亏损额度也大幅减少。各省自治区和直辖市全部实现整体盈利。全国 31 个国有及国有控股工业实现整体盈利，其中 12 个省、区、市国有及国有控股工业扭亏为盈，19 个继续盈利或盈利增加。大多数国有大中型亏损企业实现脱困。1997 年亏损的 6599 户国有大中型企业，已经通过多种形式减少至 4799 户，这些企业有的实现了扭亏为盈，有的被兼并重组或进行改制，有的通过关闭破产退出市场。

在经济增长较快、物价水平较低的情况下，人民群众得到了更多实惠。城乡居民收入持续增加，城镇居民家庭人均可支配收入，由 1992 年的 2027 元增加到 2002 年的 7703 元，平均每年实际增长 14.28%。农村居民家庭人均纯收入由 784 元增加到 2476 元，平均每年实际增长 12.18%。城乡居民人民币储蓄存款余额由 1.2 万亿元增加到 8.7 万亿元。居民拥有的股票、债券等其他金融资产也有较多增加。家用电器进一步普及，电脑、轿车越来越多地开始进入居民家庭。公共服务设施、人均绿地面积不断扩大。法定节假日增加，外出旅游人数大幅度增长。体育健身和文化娱乐消费明显增多。医疗保健条件不断改善，人民群众健康水平进一步提高，人均期望寿命在 2002 年达到 71.8 岁，接近中等发达国家水平。农村贫困人口减少到 2820 万人。在 13 亿多人口的国家，在短短的十几年时间里，人民生活总体上实现由温饱到小康的历史性跨越，这是社会主义制度的伟大胜利，也是中华民族发展史上一个重要的里程碑（刘国新，2016）。

在 1992 年至 2002 年的 10 年间，是中国养老保险、医疗保险和失业保险等制度框架初步建立的关键时期，初步建立多层次的社会保障体系，对于促进国企改革等国家一系列体制改革进程，保障经济社会稳定，顺利建立社会主义市场经济体制具有深刻历史意义。到 2002 年底，参加全国基本养老保险的人员达到了 1.4 亿人，企业离退休人员基本养老金社会化发放率从 1996 年的 12% 提高到 2002 年的 96.3%，不仅保证按时足额发放，也更为便捷。全国基本实现普及九年义务教育、2002 年基本扫除青壮年文盲的人口地区覆盖率提高到 91%。高等学校从 1999 年起连续扩大招生规模，高考录取率从 36% 提高到 59%。基本建成结构比较完整、专业门类齐全的职业和成人教育体系。特殊教育、早期教育得到重视。民办教育迅速发展。

总之，1992 年以来中国经济体制的全方位改革，为 20 世纪 90 年代中国经济社会的快速发展奠定了基础，中国经济社会取得的巨

大成就，又为新一轮的改革开放奠定了基础，指明了方向。通过中国的市场化改革和顺应贸易自由化的开放发展，在促使中国外贸体制不断向国际规范靠拢的同时，也加速了中国财税体制、投资体制、科技体制乃至教育体制的变革。这些改革又反过来不仅为外贸外汇外资体制改革提供了保障，又推动了中国经济体制的市场化进程，从而成为促进国民经济和社会高速发展并取得较大成就的动力源泉。

第三章　以"入世"接轨为特征的第三轮改革确立了中国世界经济大国的地位

2001年，中国正式成为世界贸易组织（WTO）第143个成员，中国经济以此为重要节点，开启了一轮长达10多年的快速国际化的长周期黄金增长时期。这一轮改革以完善社会主义市场经济体制为总体要求，以科学发展观为统领，以对外经贸体制改革为代表，辅以金融体制改革开放、区域开发开放、财税体制改革、国有企业做大做强、初步构建社会民生保障网络等多维改革，彼此之间互为依托、互相促进，共同推动中国经济深度融入全球贸易分工体系、产业分工价值链，实现了跨越式发展。

第一节　改革逻辑与路径

改革开放以来，中国针对不同时期的社会经济发展态势，制定并实施了不同的经济发展战略和相应的经济体制改革方案。在邓小平同志南方谈话关于社会主义市场经济的一系列论断和党的十四大精神的指引下，十四届三中全会审议通过了《中共中央关于建立社会主义市场经济体制若干问题的决定》，确立了20世纪

90年代中国经济体制改革的框架与行动纲领，在《决定》的引导下中国在政治、经济、社会各个方面展开了一系列的改革，取得了不错的成绩。但是，在取得成绩的同时我们也遇到了一系列的困难与挑战。20世纪90年代末，中国经济发展内外交困，一方面，遭遇了改革开放以来最大的外部冲击，1997年亚洲金融危机严重冲击了中国东南沿海省份正处于孕育发展期的外向型经济，大量制造业员工失业返乡；另一方面，国内经济处于剧烈的下行调整期，国有企业下岗潮到来，经济增长陷入低谷。面对外需萎缩、内需不足两面夹击，经济回稳复苏迫切需要寻找新的经济增长点和市场空间。

2001年，中国正式成为世界贸易组织（WTO）第143个成员国。为了履行加入WTO所做出的承诺，中国需要在很多方面做出改变以适应国际经贸规则。与此同时，面对内外交困的境况，中国经济以加入WTO为重要节点，开启了一轮长达10多年的快速国际化的黄金增长时期，以国际化积极融入国际社会为手段促进改革开放。这一轮改革以科学发展观为统领，以开发开放为抓手，以全方位对外经贸体制改革为代表，辅以金融体制改革开放、区域开发开放、财税体制改革、国有企业做大做强、初步构建社会民生保障网络等多维改革，彼此之间互为依托、互相促进，共同推动中国经济深度融入全球贸易分工体系，产业分工价值链实现了跨越式发展。总体来看，中国不同领域的改革实践往往是交叉进行，相互影响，各领域改革相互助力为经济增添新动力。

多方位推动外贸外资体制改革。2001年至2012年是中国对外贸易快速发展的10年，也见证了中国对外开放迈入新的历史阶段。2001年12月11日，在经过长达15年的充满艰难险阻的入世谈判后，中国终于正式成为世界贸易组织（WTO）第143个成员国。在中国改革开放历史进程中，入世是一个关键转折。入世不仅让中国与世界的联系更加紧密，也让中国融入世界的步伐更加坚定。入世以来，中国在充分依托和运用WTO国际贸易规则的同时，及时兑现承诺，仅用了12年时间就从世界第六大贸易国跃居全球首位。自2013年跃居世界货物贸易第一大国以来，中国连续5年保持世界第一的位置，创造了中国和世界经济发展史的奇迹。

金融体制改革为经济发展提供重要支撑。作为经济的核心，金融在这段时期加快改革和调整，与当时紧迫的国内外经济环境密不可分：国内方面，亚洲金融危机之后国内的企业普遍出现了经营恶化，债务违约加剧，企业连环借贷的三角债现象更是十分严重，银行体系的坏账率因而居高不下，整个国内金融体系面临严峻的挑战；国际方面，亚洲金融危机带来金融改革的压力，而随后的加入世界贸易组织则是增加了金融业改革开放的紧迫性。随着中国加入WTO，"引进来，走出去"战略的实施，中国经济日益国际化和现代化，原有的转轨经济时代的金融体系已不再适用于当时日益国际化的中国经济现实。2007年的全球金融危机又是一个转折点，危机冲击了全球经济，带来国际贸易衰退和经济衰退。随着中国强劲刺激政策的出台，中国金融体系开始了土地金融化和基建驱动的模式，从而带来了金融业的变革。而这其中更深层次的问题，是中国转轨经济下的体制不成熟与不健全。以国有银行为主的金融机构在20世纪90年代还不是完全市场化的行为主体，它们受行政干预较多，大量的资金配给了业绩恶化的国有企业，造成金融业坏账率高。利率和汇率还远远没有市场化，金融管制还比较严，与迅速发展的市场经济形成了鲜明的对比。股票市场、债券市场、保险

市场都还是初步建立的新事物，处在发育期。企业证券的发行更多的采用行政指标摊派的模式，股权分置更是造成了资本市场的巨大割裂。对外金融方面，经常账户和资本账户还处于较大限制阶段。总而言之，无论是国内经济的改革要求还是对外经济发展的需求，都直指转轨时期金融业的市场化改革与对外开放。在进入二十一世纪后的十几年，中国金融业开始了波澜壮阔的改革，从行为主体到市场构建、从金融要素价格定价到监管体系搭建，覆盖现代金融体系的方方面面。金融改革带来的红利进一步为经济发展提供了动力。

区域开发开放以协调发展为主。由于资源环境瓶颈约束日益明显，中国传统的粗放式工业化、城市化模式难以为继，人民生活质量水平有待进一步提高，区域协调发展战略日益重要。这个时期区域政策已经引起中央政府的高度重视，出台了一系列区域政策，明确提出要充分发挥各地区比较优势，优先推进西部大开发，全面振兴东北地区等老工业基地，大力促进中部地区崛起，积极支持东部地区率先发展，构建了以均衡协调发展为核心思想的一套完整的国土开发战略空间框架。与此同时，针对各类特殊区域和重点区域设置了各类特殊政策区，开发区进入快速规范的发展阶段。开发区利用国家优惠政策，完成了增长的积累，也逐步摸索出了建区的基本模式和充分利用外资、对外经济合作的基本套路。此外，为适应发展规律以及为增长添加动力，满足人民对美好生活的需求，开始推动以城乡一体化为导向的中国特色城镇化战略。2001年，"十五"规划第一次把积极稳妥地实施城镇化战略列入国家战略。伴随着市场化改革的逐步深入，中国城市化对中国经济增长和社会形态变革的带动作用日益明显。党的十六大报告明确提出："农村富余劳动力向非农产业和城镇化转移，是工业化和现代化的必然趋势。要逐步提高城镇化水平，坚持大中城市和小城镇协调发展，走中国特色城镇化道路"，党的十七大报告进一步指出："走中国特色城镇化道路，按照统筹城乡、布局合理、节约土地、功能完善、以大带小的原则，促进大中城市和小城镇协调发展。"

国企改革以理顺管理体制为重点。经过 1999 年至 2002 年的国有企业"三年脱困"阶段后，伴随着加入 WTO，中国国企改革的步调趋于"平稳"。这段时期改革的重点在于如何提高国有企业的经营效率，在保证国有企业经营稳定的情况下，促使国有资产做大做强，国企改革侧重点转向了国有资产管理体制改革，需要着重解决产权不明晰以及责任不明确的问题，使得国企管理者能够专心从事企业经营，并强化预算约束作用。这段时期，国家经贸委、财政部、人民银行协力配合，通过债转股、政策性破产等方式，有效改善了企业资产状况，在企业重组、负债结构调整、富余人员安置、社会保障建设等方面均取得了显著进展，间接推动了国有企业产业布局调整，极大地改变了此后国有企业经营状况和管理体制改革，形成了一大批在全球有影响力的国有企业。

民生领域以居民享受更多福利为目标。加入世贸组织之后，中国在财政税收、社会福利保障、城镇化相关制度、教育、医疗、生态等领域改革的重要性和紧迫性不断提升，迫切需要大力度的改革，促使中国财税制度不断走向规范，社保体系日趋健全，在城镇化快速推进中各主体权益得到较好保障，教育质量和效率不断提升，医疗卫生服务有了大幅改进，生态文明理念逐步深入人心。这些社会性领域的改革推进，为中国经济社会在快速发展中仍保持相对健康的状态提供了很好的保障。

第二节 改革进程与重点

一、深化涉外体制改革激发开放红利快速释放

尊重和运用国际规则实施改革开放，是中国在国际舞台取得辉煌成就的关键所在。加入 WTO 成为国内改革和对外机制改革的重要推动力：一方面，中国紧紧抓住全球化快速发展的历史机遇，积极履行入世时的各项承诺，大幅削减关税和非关税壁垒，推进外贸体制改革，激发了企业积极性和创造性；另一方面，伴随着对外贸易开放程度的不断提升，中国努力打通境内外投资渠道，金融体系改革稳步前进，金融开放程度不断提高。

（一）放开贸易经营权，打破外贸垄断制度

中国外贸体制改革首先体现在放开贸易经营权，对外贸易经营主体从独家垄断转变为多元化公平竞争。改革开放以前，中国的对外贸易被 100 多家国有外贸公司垄断。1978 年前，全国对外贸易公司只有 130 多家，总公司设在北京，省一级的外贸公司只是分公司，没有独立的法律地位，这与 WTO 的公平竞争和自由贸易的市场经济要求存在明显差距。要缩短这些差距，就必须对中国的外贸体制进行改革，使其最终与国际接轨。

加入 WTO 后，为建立适应国际通行规则的外贸运行机制，中国先后修订并颁布实施了 2002 年的《中华人民共和国货物进出口管理条例》和 2004 年的《中华人民共和国对外贸易法》，进出口经营

权全部初步建立放开，对外贸易管理制度从审批制过渡到等级制，初步建立了符合世贸组织规则和中国国情的进出口管理法律框架，并全面放开外贸经营权。

外贸经营权的放开极大地激发了国内改革的力量，解放了中国企业长期被束缚的进出口意愿，从而激发了整个对外贸易内在的力量，出口贸易出现连续多年井喷式高速增长，极大地促进了外向型经济的发展。2008年5月底，中国对外贸易经营者达到65.8万家。其中，国有企业2.44万家，外资企业28万家，民营企业34.3万家，三者在2007年中国进出口贸易总额中所占的比重分别为22.8%、57.8%和19.5%。此后，民营企业进出口不断保持增长，外商投资企业和国有企业进出口持续下降。截至2012年底，民营企业进出口占外贸总值的比重大幅提升至31.6%；外商投资企业和国有企业进出口总额占外贸总值比重则分别下降至49.9%和19.4%。随着外贸主体多元化程度不断提升，中国经营外贸业务的主体发生了质的飞跃，进出口贸易作为一个曾经高度垄断的行业已成为历史，外国商品与每个普通百姓日常生活的关系日益紧密。

（二）积极履行入世承诺，降低贸易壁垒

加入世界贸易组织，对中国外贸体制和经济发展产生了重大影响。与其他发展中国家相比，中国在申请加入WTO的过程中的承诺更为全面，并与之配合进行了一系列大刀阔斧的改革：对外包括降低几乎所有部门的贸易壁垒，提供国民待遇，改善商品和服务的市场准入，加强知识产权（IPR）保护，提升透明度以及消除非关税壁垒；对内包括加速国内经济体制改革，提高经济主体的全球竞争力，对外贸体制进行适应调整，提高外贸政策的统一性和透明度等。

改革开放 40 年
中国经济发展系列丛书

　　事实上，早在准备入世的 10 年中，中国对进口商品的关税就已下降近一半。2001 年底入世后，中国积极履行入世时的各项承诺，大幅削减关税和非关税壁垒，使其与 WTO 多边贸易规则相一致。2001 年至 2010 年 10 年间，中国通过落实入世时做出的承诺进一步将关税降低约一半，并逐步降低、规范非关税壁垒，逐步取消了商品进口数量限制。其中，中国对绝大部分进口产品的降税承诺在 2005 年 1 月 1 日已经执行到位；2010 年，在降低鲜草莓等 6 个税目商品进口关税后，中国入世时所承诺的所有关税减让义务已经全部履行完毕，已基本建立了符合 WTO 规则要求的经济贸易体制。

　　在 2001 年至 2010 年 10 年间，中国兑现承诺不断降低总体关税水平，为海内外企业创造了巨大的发展契机。截至 2010 年，中国对于大多数产品的关税已经降至等于或低于承诺的水平，即农业产品为 15.9%，非农业产品为 9.1%。中国平均关税总水平从入世前 2001

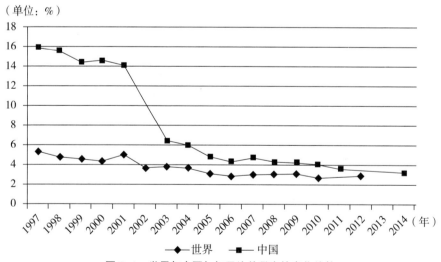

图 3-1　世界与中国加权平均关税率的变化趋势

数据来源：世界银行数据库。

年的 15.3% 降到 2010 年的 9.8%，农产品平均税率由 18.8% 下降至
15.2%，工业品平均税率则由 14.7% 下降至 8.9%。2010 年，最惠国
关税最高为农业 65%，制造业 50%。到 2016 年，中国平均关税降为
9.9%，加权平均税率 4.4%，不仅低于其他发展中国家，并十分接近
发达国家，其中美国贸易加权的实际进口关税是 2.4%，欧盟为 3%，
澳大利亚为 4%，可以说中国总体关税水平已降至国际公认的适宜水
平，已成为全球最开放的市场之一。

表 3-1　中国对农业及工业产品的关税

	最惠国关税				约束关税
	1992	2001	2009	2010	2001
动物及动物产品	47.2	19.8	15.1	15.1	15.0
饮料和酒	102.0	46.5	21.0	20.3	21.0
化学品和摄影材料	28.4	10.4	6.3	6.3	6.8
咖啡、茶、咖啡 / 茶伴侣以及可可	55.0	23.9	14.7	14.7	14.9
奶制品	53.9	35.9	12.0	12.0	12.2
电气机械	35.4	15.6	8.1	8.4	9.0
鱼类和鱼类制品	41.4	19.5	10.9	11.0	11.0
花卉、植物、植物材料等	37.6	10.9	9.6	9.6	9.2
水果和蔬菜	52.3	21.5	15.8	15.8	16.0
粮食	1.5	54.3	30.5	30.5	27.1
皮革、橡胶、鞋类和旅行用品	50.5	18.8	13.3	13.3	13.7
制成品（不在其他类别内）	51.3	16.8	12.0	12.0	12.5
金属	24.7	9.0	6.7	6.7	7.0
破产品以及宝石和贵金属	35.7	11.5	8.8	8.9	9.7
非电气机械	27.5	13.8	7.9	8.0	8.4
油籽、油脂和油	36.3	29.6	10.9	10.9	11.3
其他农产品	34.6	13.1	11.5	11.4	12.0

	最惠国关税				约束关税
	1992	2001	2009	2010	2001
石油	7.7	8.8	4.4	4.8	5.2
香料、谷物及其他食品配制品	44.6	30.4	20.4	20.5	20.6
糖	49.3	41.9	27.4	27.4	27.4
纺织品和服装	74.8	21.0	11.4	11.4	11.5
烟草	116.7	49.3	30.7	30.7	33.3
运输设备	44.7	21.1	11.7	11.7	11.8
木材、纸浆、纸张和家具	34.7	13.2	4.4	4.4	5.0
农产品（WTO 定义）	46.6	24.5	15.8	15.7	15.9
非农产品（WTO 定义）	41.4	14.5	8.7	8.7	9.1

资料来源：OECD（2012）《聚焦中国：经验与挑战》。

（三）逐步扩大农业、制造业和服务业开放

制造业是中国入世后最早实现基本开放的领域，保留的限制主要集中于汽车、船舶、飞机等少数敏感性行业。以汽车行业为例，中国自 2001 年入世就分阶段取消汽车及管件零部件的进口配额，至 2005 年底完全取消配额。2006 年 7 月 1 日，中国加入 WTO 的保护期正式结束，渡过幼稚工业保护期的汽车业真正站到了国际化的门口，入世 5 年内，中国进口汽车关税下降到 25%，汽车零部件的进口关税由 13.8% 至 16.4% 降到 10%，并全面取消进口配额，最终国产车价格 5 年内下降了 34% 以上。对此，世界银行的研究报告曾经悲观预测：市场一旦开放，中国汽车工业必将因为低质高价迅速被进口产品替代，汽车产量将会从未加入 WTO 时的增长 190% 逆转为加入 WTO 后将下降 4%。

但令世人惊讶的是，"狼来了"后中国汽车产业非但没有陷入灭

顶之灾，反而迎来了高速发展的黄金期，汽车销量由 2001 年的 70 万辆提高至 2006 年的 721.6 万辆。中国汽车市场的竞争程度和规范化水平大为提升，中国汽车产业用优异的表现打开了国际市场的大门，2012 年，中国汽车整车出口量达到 105.61 万辆。中国汽车产业这一曾经的"幼稚产业"在"与狼共舞"中不断发展壮大的例子充分表明：对外开放才是对国内产业最好的保护。

作为发展中国家，农业一直是中国 WTO 谈判的关键领域。入世时，中国就承诺将对敏感农业产品的计划配额改为贸易扭曲作用较小的关税配额，并将部分配额分配给非国营贸易企业。除此之外，中国还同意消除出口补贴，逐步去除贸易商品的许可证控制，遵守 WTO 关于贸易中技术壁垒的规定，将农业生产补贴控制在农产品产值的 8.5%。截至 2012 年，中国对农产品的关税已经降至等于或低于承诺的水平，即 15.9%。

服务业方面，2001 年至 2010 年，中国服务业尤其是现代服务业的快速发展、服务业态的日渐丰富和服务业开放水平的不断提升，是中国入世 10 年产业结构调整的突出特征。在入世时，中国承诺通过消除现有的众多市场准入限制，广泛开放服务业，但采取渐进式开放路径，循序渐进地、分阶段推进服务业开放进程。客观而言，相对于货物贸易，中国服务贸易部门开放的审慎程度较高，开放深度和广度仍存在较大拓展空间。

从服务业开放类别看，2001 年入世时，中国在 WTO《服务贸易总协定》155 个（WTO 后将服务贸易分部门从原来的 155 个调整为 160 个）服务分部门中，针对 94 个分部门做出了具体承诺。截止到 2010 年，102 个服务贸易分部门已实现，开放覆盖率为 62.5%。其中，金融、保险、商业零售、旅游、民用航空、交通运输、广告

服务、邮电通讯、建筑设计、法律服务、会计服务、咨询服务等部门均已不同程度地对外开放。

从服务贸易量看，中国服务贸易规模不断提升，服务业开放对世界服务贸易的贡献度也在不断增大。2001年，中国在世界服务出口和进口贸易中的排名分别为第12位和第10位，占世界服务出口和进口贸易的份额分别为2.3%和2.7%。到2010年，中国在世界服务出口和进口贸易中的排名就已上升为第4位和第3位，占世界服务出口和进口贸易的份额也上升至4.6%和5.5%。同时，中国对世界服务出口和进口贸易的贡献率也从2002年的5.6%和8.2%分别上升为2010年的14.9%和11.8%。随着中国在服务贸易总协定中承诺的全面落实，将进一步为中国及其贸易伙伴带来意义深远的收益。

（四）加强并扩大参与多边贸易体系的战略合作

中国加入世贸组织的10年也是在多边贸易体系中的地位快速提升的10年。入世后经过10余年的发展，中国在世界经济和贸易中的地位显著提升，在全球贸易治理中的影响力大大增强，同时其他国家对中国在全球贸易治理中的作用也有了更高的期待。2007年，全球金融危机和欧洲主权债务危机的相继爆发，发达经济体普遍遭遇发展困境，国际经济形势发生重大变化，以WTO为代表的多边贸易体制一度受到冲击，中国在多边贸易体制中的重要性日益凸显。

入世以来，中国始终是多边贸易体制的坚定支持者，自由贸易原则的忠实维护者，多哈回合谈判的积极推动者。作为发展中国家，同时也是贸易大国，中国在努力维护发展中国家利益的同时，更加注重与发达国家之间的政策协调，多次在谈判的关键时刻担当了协调者的角色，促进成员间的相互沟通、减少分歧，为推进谈判向前发展、维持国际贸易体系内的平衡发挥了建设性的桥梁作用。

2003 年，中国加入了发展中国家重要的谈判集团 G20，努力与集团成员进行沟通，提出"农产品削减关税公式""发展中成员国营贸易企业"与"新成员的待遇"等建议，在 G20 内部均得到采纳。在多哈农业谈判中，中国所处的 G20 阵营很快占据了谈判的中心位置，中国在其中所起的作用备受瞩目。2008 年 7 月日内瓦部长会议上，中国受邀参与了 WTO 最核心的 G7（仅由美国、欧盟、日本、巴西、印度、澳大利亚和中国 7 方组成）小范围磋商，首次进入多边贸易谈判核心决策圈，在弥合各方分歧方面做了大量工作，这是中国在多边贸易体系地位提升的重要历史性进展。中国进入多边贸易谈判的核心决策圈不仅增加了中国在国际规则制定中的话语权，更显著改变了谈判的多方力量对比，成为平衡多边谈判的重要力量。

（五）改革引进外资和对外投资体制，直接投资向双向流动转变

中国加入世贸组织到党的十八届三中全会召开前的这一时期，引进外商直接投资和对外直接投资领域的改革举措，主要受两方面力量推动，一是落实加入世贸组织相关承诺，二是以"走出去"战略写入党的十六大和十七大报告为标志的对外开放战略导向调整。加入世贸组织推动中国直接投资领域开放进一步扩大，"走出去"战略则促使直接投资由以流入为主转向双向流动。

一是引进外资方面的制度改革。加入世贸组织促使中国引进外资方面的制度和政策在两个重要方向上调整转变，一是放宽外资准入限制，二是由此前给予外资超国民待遇转向内外资一致待遇。放宽外资准入限制方面，中国在 2002 年、2004 年、2007 年和 2011 年对《外商投资产业指导目录》进行了四次修改。其中，2002 年、

2004 年和 2007 年的修改主要是适应履行加入世贸组织承诺、分期开放的要求，也结合了国内经济发展、产业结构调整的实际需要。2011 年进一步修改调整，发布的 2011 年修订版《外商投资产业指导目录》，总条目 473 条，其中鼓励类增至 354 条，限制类和禁止类则分别减至 0 条和 39 条，除条目增减外，还取消了部分领域对外资的股比限制。简政放权、提高外商直接投资的便利化程度，也是支持放宽准入的重要改革举措。其中一项关键性改革，是外商投资项目由审批制改为核准制。2004 年，《外商投资项目核准暂行管理办法》出台实施，形成了按照《外商投资产业指导目录》类别和投资规模标准、分级核准的新制度。其后，核准权限经过调整，更大程度上下放给地方政府。到 2010 年，《外商投资产业指导目录》中总投资（包括增资）3 亿美元以下的鼓励类、允许类项目及总投资（包括增资）5000 万美元以下的限制类项目，均已由地方政府负责核准。此外，一批外商投资企业设立、变更事项相关的审批也实现了取消或下放。另一项重要改革，是外商投资外汇管理制度改革。2012 年 11 月，中国实施了简化外商投资外汇管理的改革，取消行政审核事项多达 35 项，同时简化合并了 14 项，被认为是继货物贸易外汇管理制度改革后又一项促进贸易投资便利化的重大改革。

内外资一致待遇方面，2000 年至 2001 年，中国修订了《中外合资企业法》《中外合作企业法》《外资企业法》及其实施细则或实施条例，修改了与世贸组织《与贸易有关的投资措施协定》相违背的规定。另一重要内容是统一内外资企业税收政策。2007 年 3 月 16 日，十届全国人大五次会议通过了《企业所得税法》，该法于 2008 年 1 月 1 日起施行，自此，企业不再因其外资属性而享有优惠的所得税税率。

　　从改革的内容可以看出，以上两方面改革，其效应并不都是促进外商直接投资，如统一内外资企业所得税改革，实际上提高了外商投资企业的所得税率。但是，改革的整体效果，是明显改善了营商环境，更加稳定、透明的政策和更加高效、便捷的流程，使中国对外资的吸引力有增无减，外商直接投资规模的变化也印证了改革的积极效果。

　　二是对外直接投资方面的制度改革。中国对外开放战略导向的调整，是促成这一时期对外直接投资方面改革的根本原因。2001年，"走出去"出现在《国民经济和社会发展十五计划纲要》中，2002年党的十六大报告明确提出："实施'走出去'战略是对外开放新阶段的重大举措。"在双向开放思路的引领下，2004年，实施外商直接投资核准制时，同步实施了《境外投资项目核准暂行办法》，对中国企业进行境外投资放松限制、简化程序。其后，也同样对核准权限进行了下放，到2011年，投资1亿美元以下的非资源开发类项目、3亿美元以下的资源开发类项目由地方政府负责核准，较2004年确定的1000万美元、3000万美元的标准有了较大幅度的调整。2012年11月，开始在部分省市开展简化境外投资核准程序的试点，为进一步简化程序、提高企业对外投资便利化程度做了探索和准备。此外，这一时期相关部门和政策性金融机构还建立起"境外投资专项贷款"等境外投资信贷支持机制，以优惠的出口信贷支持国家鼓励的境外投资重点项目。从对外直接投资的增长情况看，"走出去"战略的提出及相关改革的推进，是符合这一时期中国经济发展实际的，也使国内企业得以抓住2008年国际金融危机带来的机遇，以"走出去"的方式利用国内国外两种资源、两个市场。

　　在以上改革举措的推动下，2001年至2012年期间，中国外商

直接投资和对外直接投资总体保持了较快的增长势头。外商直接投资流量从 2001 年的 468.8 亿美元增加到 2012 年的 1117.2 亿美元，年均增速达到 8.2%。到 2012 年末，外商直接投资存量达到 21596 亿美元。对外直接投资从 2001 年的 69 亿美元跃升至 2012 年的 878 亿美元，年均增速高达 26.0%。到 2012 年末，对外直接投资存量为 5028（5319）亿美元，共有约 1.6 万家境内投资者在 179 个国家和地区，投资设立了约 2.2 万家企业。这一时期中国的对外开放单向转变为双向，由"引进来"为主转变为"引进来"与"走出去"并重，在直接投资领域反应十分鲜明。20 世纪 90 年代到 2004 年间，大部分年份对外直接投资流量还不到外商直接投资流量 10%，但自 2005 年起，两者之比快速上升，到 2012 年已经接近 80%。

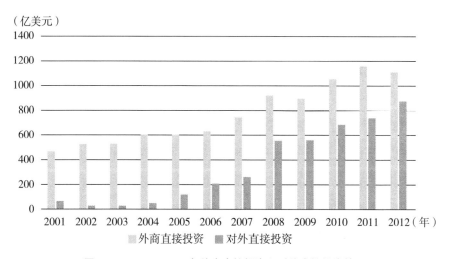

图 3-2　2001—2012 年外商直接投资和对外直接投资情况

数据来源：国家统计局，商务部：《中国对外投资合作发展报告》。

不论是外商直接投资，还是对外直接投资，这一时期在投资增长的同时，还实现了结构的逐步优化。外商直接投资投向服务业的比重上升，产业分布更加均衡。对外直接投资中非国企的投资比重上升，投资主体向多元化发展。双向直接投资规模的增长和流入流出更加平衡的结构优化，是中国经济开放迈上新台阶的重要标志，这种变化也为党的十八届三中全会提出构建开放型经济新体制奠定了基础。

（六）汇率市场化改革重新启动

汇率是一个国家对外经济均衡最关键的变量。发展中国家出于对国内产品市场的保护，往往采用高估本国汇率的模式，这也是进口替代战略的主要特色。中国实施工业化赶超战略的过程中，曾采用了高估汇率的方式来保护本国产业。在改革开放以后，一度存在汇率双轨制的阶段。汇率市场的非市场化均衡将严重扭曲国内外资源的配置，减弱经济的发展韧性。随着中国经济日益国际化和现代化，汇率市场化改革也被提上了日程。

1994 年的汇改取消了汇率双轨制，人民币与美元非正式地挂钩，汇率只能在 1 美元兑 8.27 元至 8.28 元人民币非常窄的范围内浮动。在 2005 年 7 月 21 日，美元兑人民币官方汇率由 8.27 元调整为 8.11 元，人民币升幅约为 2.1%，同时废除原先钉住单一美元的货币政策，开始实行以市场供求为基础、参考一篮子货币进行调节、有管理的浮动汇率制度。经过 2007 年、2012 年和 2014 年三次调整，人民币兑美元交易价每天浮动幅度由 3‰逐步扩大至 2%，同时人民银行逐步退出常态化的外汇干预，人民币汇率的形成机制也进一步市场化。

伴随着汇率改革的推进，中国外汇管理体制也日益完善。加入世贸组织以后，外贸出口获得的外汇迅速增长。同时，由于资本回

报率远高于成熟的发达国家，中国成为国际资本输入的重要目的国。因此，在 2001 年以后，外汇储备管理的改革尤为重要。2001 年，建立了投资基准经营管理模式和风险管理框架，初步完善了大规模外汇储备经营管理的体制机制。2005 年 7 月，企业和个人持有和使用外汇的政策更加便利。与此同时，外汇管理方式加快从重点管外汇流出转为流出入均衡管理，逐步建立起资本流动双向均衡管理的制度框架。2008 年，《外汇管理条例》重新修订，确立了均衡监管思路，并在行政法规层面明确取消了强制结售汇制度。2009 年以来，跨境资金流向复杂且规模增大，市场主体便利化需求不断增长，为了适应这一现实变化，外汇管理加快了理念和方式的"五个转变"，从重审批转变为重监测分析、从重事前监管转变为强调事后管理、从重行为管理转变为更加强调主体管理、从"有罪假设"转变到"无罪假设"、从"正面清单"（法无明文授权不可为）转变到"负面清单"（法无明文禁止即可为）。中国外汇管理体制的改革，促进了外汇储备的保值增值，完善了跨境资金流动体制，使得中国初步具备了应对国际资本冲击的能力。随着改革的推进，中国既抵挡住了金融危机以后国际热钱对国际资本流动的冲击，又保障了外汇储备的安全和增值。

2005 年重启汇改以来，人民币兑主要国际货币汇率均显著升值。2005 年至 2013 年，人民币兑美元、欧元、日元的升值幅度均在 20% 左右，显著改善了人民币汇率低估状态。由于过去人民币汇率持续低估导致的内外失衡，也有所改善。随着全球金融危机爆发以来的全球外需由强转弱，以及人民币有效汇率的强劲升值，中国经常账户顺差占 CDP 的比率，在 2011 年至 2013 年 3 年间持续低于3%。服务品相对于制造品的价格低估的问题也得以纠正，一定程度促进了服务业的发展。事实上，自 2012 年开始，中国第三产业产值占 GDP 比重已经超过第二产业产值的 GDP 占比，内部产业结构失衡也得到了一定程度的纠正。

（七）人民币国际化起步扬帆

人民币国际化的进程也在这段时期内开启，主要路径为双边货币互换协议的签署和人民币跨境试点。一方面，依托中国强大的国际贸易优势，与国际贸易伙伴签署双边货币互换协议，逐渐摆脱美元和欧元的中介限制，是人民币国际化的重要方式。另一方面，允许试点地区直至全国的企业进行人民币跨境结算，将人民币可交易的点扩展到全球各地。2007 年 6 月，首支人民币债券登陆香港，此后内地多家银行先后多次在香港推行两年或三年期的人民币债券。2008 年 7 月，人民银行新设立汇率司，其职能包括"根据人民币国际化的进程发展人民币离岸市场"，这是主推人民币国际化的实体行政部门。此后，中国分别与俄罗斯、韩国、蒙古国、越南、缅甸、马来西亚、白俄罗斯、印度尼西亚、阿根廷、南非等国签订自主选择双边货币结算协议。2009 年 7 月，六部门发布跨境贸易人民币结算试点管理办法，中国跨境贸易人民币结算试点正式启动。2010 年 6 月，六部门发布《关于扩大跨境贸易人民币结算试点有关问题的通知》，跨境贸易人民币结算试点地区范围将扩大至沿海到内地 20 个省区市，境外结算地扩至所有国家和地区。至此，跨境贸易人民币结算境内地域范围扩大至全国。

人民币国际化进程的起步和推进，极大地便利了企业的境外结售汇，提高了人民币在国际货币中的地位，也间接地提升了中国在国际经贸中的地位，为国际金融秩序的重构提供了条件。

（八）推进开放证券市场的制度创新，打开双向投资渠道

由于证券市场开放与短期资本流动、汇率稳定及相关金融风险关系密切，加之中国证券市场发展时间不长、还不成熟，与对贸易、直接投资开放的态度有所不同，中国对证券市场开放的态度更加审慎，采取了渐进的方式。到 2012 年末，中国外来证券投资存量为3364 亿美元，对外证券投资存量为 2406 亿美元，与直接投资规模相比有较大差距。

证券市场开放具有标志性的改革，是建立合格境外机构投资者（QFII）和合格境内机构投资者（QDII）制度。这两项制度中，QFII是境外资金投资境内证券市场的渠道，中国 2002 年 11 月《合格境外机构投资者境内证券投资管理暂行办法》，2003 年 7 月 QDII 交易启动。2012 年 12 月，对主权基金、央行及货币当局等机构放开了QFII 累计投资额度等值 10 亿美元的上限要求。到 2012 年末，已批准 169 家机构合计约 374 亿美元 QFII 投资额度。QDII 是境内资金投资境外证券市场的渠道，中国 2003 年 6 月起允许保险外汇资金投资中国企业在境外发行的股票，2006 年 5 月允许社保基金开展境外投资，2007 年 7 月发布《合格境内机构投资者境外证券投资管理试行办法》，正式推出 QDII 制度。到 2012 年末，已批准 107 家机构合计约 856 亿美元 QDII 投资额度。除了这两项制度，2011 年又建立了人民币合格境外机构投资者（RQFII）制度，这一制度主要是适应人民币国际化的需要，为香港市场的人民币提供投资渠道，支持离岸人民币市场发展。到 2012 年末，已批准 24 家机构合计 670 亿元RQFII 投资额度。

总体来看，这一时期中国在证券市场双向开放方面实现了突破，但基于防范外部冲击、大规模资本外流等风险的考虑，开放程度仍较为有限。

（九）推动地区开放体制变革加速前进

开发区作为发展外向型经济的重要窗口，是中国价值链中具备良好的辐射、示范和带动作用的重要环节，成为推动区域经济发展的强大力量。开发区在特殊优惠政策的支持下发挥体制创新的功能，在利用外资、引进技术和管理、进出口贸易等方面，不断尝试和探索各种产前的改革和试验，积累了丰富的发展经验。开发区种类很多，与对外直接关联的开发区种类主要有保税区、边境合作开发区和出口加工区等三个类型。此外，为了加强对外合作，中国还在境外设立了中国境外经贸合作区。

一是保税区。保税区是经中华人民共和国国务院批准的开展国际贸易和保税业务的区域，类似于国际上的自由贸易区，区内允许外商投资经营国际贸易，发展保税仓储、加工出口等业务。到2012年12月30日，中国共有15个保税区已全部启动运营，如上海外高桥保税区、汕头保税区、海口保税区、厦门象屿保税区等，它们已经成为中国经济与世界经济融合的新型连接点。

二是边境合作开发区。边境经济合作区是中国沿边开放城市发展边境贸易和加工出口的区域。沿边开放是中国中西部地区对外开放的重要一翼，自1992年以来，经国务院批准的边境经济合作区15个，对发展中国与周边国家（地区）的经济贸易和睦邻友好关系、繁荣少数民族地区经济发挥了积极作用。到2013年底，中国国家级边境经济合作区共有15家。如黑河边境经济合作区、珲春边境经济合作区、满洲里边境经济合作区、丹东边境经济合作区、瑞丽边境经济合作区、河口边境经济合作区等。

三是出口加工区。出口加工区是为促进加工贸易发展，规范加工贸易管理，将加工贸易从分散型向相对集中型管理转变，给企业提供更宽松的经营环境，鼓励扩大外贸出口。2000 年 4 月 27 日，国务院正式批准设立由海关监管的出口加工区。为了有利于运作，国家将出口加工区设在已建成的开发区内，并选择若干地区进行试点。到 2013 年底，共有国家级出口加工区 63 家。如大连出口加工区、天津出口加工区、昆山出口加工区、烟台出口加工区、厦门出口加工区、金桥出口加工区等。此外中国在改革开放过程中，还设立了 12 个综合配套改革试验区。

四是中国境外经贸合作区。随着各国政府积极推行全球化和自由化经济政策，缔结双边、多边国际投资协定对跨国投资的保护和促进作用日益增强。但数目繁多、内容繁冗的国际投资协定并不能有效地应对快速上升的制造业成本和复杂多变的海外投资环境。基于此，中国商务部从 2006 年开始筹建境外经贸合作区，通过建立境外产业集群工业园区的形式为中国企业境外投资权益提供更好的保障，从而为中国企业"走出去"搭建了新的平台。中国境外经贸合作区是指在国家统筹指导下，由国内企业在境外建设或参与建设的基础设施较为完善、产业链较为完整、辐射和带动能力强的各类经济贸易合作区，如开发区、工业园区、物流园区、工业新城、自由贸易区、自由港以及经济特区等。2006 年至 2007 年，经过商务部两批招标投建，中国已批准建设 19 个境外经贸合作区，主要集中在东南亚、非洲、南美洲和东欧等地区。经过 6 年多的稳步推进，这些境外经贸合作区均取得了阶段性进展。截至 2012 年 7 月底，中国企业已在 13 个国家开工建设了 16 个合作区，其中 9 个通过中国商务部和财政部确认考核。

二、统筹城乡区域协调发展体制机制推动公共资源均衡配置和要素自由流动

党的十一届三中全会后，东部地区利用国家政策倾斜和区位优势先行发展，成为中国经济成长的先导区域，引领中国经济保持了20多年的高增长。但是，广大中西部地区与东部地区的差距越来越大，资源环境约束日益明显，传统粗放增长模式难以为继，区域协调发展战略日益重要。经过20多年快速城镇化过程，中国城乡二元分割对增长的不利影响越来越大，迫切需要统筹城乡发展的改革来消除城乡二元分割的不利影响；开发区经过一系列清理整顿后，需要体制机制创新来规范开发区的建设，为经济增长增添动力。因此，这段时期中国区域开发开放主要从两个方面着力开展工作：一是以区域协调发展为导向，实现共同发展；二是以体制机制创新的开发区建设和以中国特色城镇化道路为方向加快城镇化进程，努力破除要素流动障碍，为经济增长添加动力。

（一）以城乡一体化为突出方向推进中国特色城镇化进程

进入21世纪，我国逐步开始进入到人口和产业在城市和农村之间的转移处于相对均衡的状态。在充分认识这一客观规律的情况下，党中央认真总结了新中国成立以来我党在处理城乡关系上的经验教训，结合中国城乡二元结构突出的具体国情，把城市和农村一起纳入中国城镇化范畴，把两者的统筹发展作为中国特色城镇化道路的一条基本原则，这既是解决"三农"问题的重大战略，也是增强城市发展后劲的有效措施。统筹城乡发展既包括制度层面统筹，也包括经济发展要素层面统筹，还包括城乡关系层面统筹。中国特色城

镇化道路按照统筹城乡发展的原则，以户籍制度作为突破口，加快推进劳动就业制度、教育制度、社会保障制度、城乡规划、产业布局、基础设施建设、公共服务一体化等方面改革，促进公共资源在城乡之间的均衡配置，生产要素在城乡之间的自由流动，基本公共服务在城乡人口之间的均等享有；加大城市工业对农业的反哺力度，从资金、技术、人才、信息等多方面、多渠道扶助和支持农业，切实做到"以工带农"；加快中心城市和城市群的建设，通过城市群和中心城市的辐射带动作用，推动农村经济和社会的发展，切实做到"以城带乡"。地级及以下城市逐渐放开了户籍管理，北京、上海等特大城市，在农民工劳动条件，保障生产安全，扩大农民工工伤、医疗、养老保险覆盖面，放开义务教育、保障房等方面，不断推出新举措，随着城市政府公共服务能力的提高，城镇户籍制度改革迈出实质性步伐，阻碍城镇化发展的制度藩篱逐步打破。

进入 21 世纪，中国大量城市群发展规划被提升到了国家战略层次，集群化、网络化发展已经成为中国区域空间布局的重要形式。在快速城镇化的带动下，以特大城市为依托、辐射作用大的城市群已经是中国重要的经济增长极，成为主导中国经济发展、参与国际竞争的重要地区，彰显和提高了国家综合竞争力。京津冀、长江三角洲、珠江三角洲三大城市群已成为中国经济的增长极，是经济社会进步最明显的地区。随着国家西部大开发和中部崛起等战略的实施，中国其他地方的城市群也在发育和壮大。目前中国正在形成京津冀、长三角、珠三角、山东半岛、辽中南、中原、长江中游、海峡西岸、川渝和关中等城市群。这些城市群的形成，不仅使该区域的城镇化水平大大提高，而且使中国城镇化的空间结构呈现出新的特征。截止到 2012 年，三大城市群区域面积为 27.37 万平方公里，以不足 3% 的国土面积（占全国国土面积的 2.85%），聚集了全国 13% 的人口（总人口达到 1.6 亿），创造了 37.4% 的国内生产总值，吸引了 79% 的外来投资，在辐射带动城乡和区域发展中发挥了重要作用。

（二）以区域协调发展战略为导向实现共同发展

加入了 WTO 后，全球化进程加快，但是我国资源环境约束日益明显，传统的粗放式工业化、城市化模式难以为继，人民生活质量水平有待进一步提高，区域协调发展战略日益重要。这个时期中央出台了一系列区域政策，明确提出要充分发挥各地区比较优势，优先推进西部大开发，全面振兴东北地区等老工业基地，大力促进中部地区崛起，积极支持东部地区率先发展，构建了以均衡协调发展为核心思想的一套完整的国土开发战略空间框架。

这一时期，我国深入推动了西部大开发战略。1997 年亚洲金融危机爆发，面临着外需萎缩和内需不足两面夹击，为了保证中国经济持续稳定健康发展需要新的增长点和市场空间，西部地区丰富的资源、广阔的市场、独特的区位优势恰好可以为东部地区的发展提供新的资源接续和开拓西部地区与中亚、南亚、东南亚的市场。以 2000 年西部开发会议的召开为标志，中国西部大开发战略进入了奠定基础阶段的实施阶段。2001 年至 2005 年，西部大开发进入了"十五"西部规划具体实施阶段。针对前期开发进程中出现的问题，国家在制定"十一五"规划和西部"十一五"规划时明确了新形势下西部大开发的新思路、新方法，成了新时期新阶段指导西部大开发的纲领性文件。2002 年，党的十六大又对新时期新阶段进一步提高对西部大开发战略地位的认识、继续有重点地推进西部大开发提

供了重要思想基础和理论指导。《西部大开发"十一五"规划》在贯彻以人为本的科学发展观基础上，明确了"十一五"时期的目标、优先发展的领域、保证开发的机制。为增强西部地区自我发展能力和经济实力，实现西部地区又好又快发展，促进资源优势向产业优势和经济优势转化。

2008 年全球性的金融危机爆发后，投资和消费构成的"双轮驱动"经济模式成为中国经济发展所依靠的支柱。2009 年 8 月国务院专门出台了《关于应对国际金融危机保持西部地区经济平稳较快发展的意见》，提出举措来化解国际金融危机对西部地区经济发展的影响，在应对国际金融危机的一揽子计划中，中央扩大内需投资的 43% 以上的资金投向了西部地区民生工程、基础设施、生态环境、产业振兴、技术创新和灾后重建等领域。经过 10 年的西部大开发，西部大开发的主要目标变为"奋力将西部大开发推向深入，为实现全面建设小康社会奋斗目标、为实现中华民族伟大复兴做出新的更大贡献"。2010 年 8 月中共中央国务院发布了西部大开发深入推进的纲领性文件《关于深入实施西部大开发战略的若干意见》（中发〔2010〕11 号）。新一轮西部大开发把民生作为核心突显出来，意味着将开启民生发展的新时代。

这一时期，中国以中部崛起为代表的增量战略为区域开发开放开拓了新空间。继东部率先发展、西部大开发以及东北振兴战略等相继上升为国家重大发展战略之后，如何谋划中部地区发展，成为社会各界尤其是中部各省探讨和关注的焦点问题。"中部塌陷"说、"中部边缘化"说、"不东不西、不是东西"说等充分反映了促进"中部崛起"的紧迫性、必要性和重要性。2004 年 3 月，时任国务院总理温家宝在《2004 年政府工作报告》中首次提出"促进中部地区崛起"

概念。2006年4月15日，促进中部地区崛起的纲领性文件《中共中央国务院关于促进中部地区崛起的若干意见》正式出台，提出将中部地区建设成为全国重要的粮食生产基地、能源原材料基地、现代装备制造及高技术产业基地和综合交通枢纽，即"三基地一枢纽"。2007年4月，国家促进中部地区崛起办公室在国家发改委正式挂牌，标志着中部崛起的组织协调机构成立。2007年12月，国家发改委正式批准武汉城市圈和长株潭城市群为全国"两型社会"综合配套改革试验区。2008年1月，国务院正式批复国家发改委牵头的"促进中部地区崛起工作部际联席会议制度"。2009年9月，国务院通过了《促进中部地区崛起规划》，从粮食生产基地建设、能源原材料基地建设、现代装备制造及高技术产业基地建设、综合交通运输枢纽建设、重点地区发展、资源节约和环境保护、社会事业发展等方面，提出了促进中部崛起的主要任务和工作重点。2012年8月，国务院发布了《关于大力实施促进中部地区崛起战略的若干意见》，提出了新形势下促进中部崛起，要推动重点地区加快发展、大力推进改革创新、全方位扩大开放等新要求。同时，为配合和深化中部崛起战略，在2007年批复武汉城市圈和长株潭城市群"两型社会"综合配套改革试验区后，国务院以及有关部委又先后批复了一系列的区域规划和方案。

区域经济协调性显著增强。正是在国家一系列方针政策指导下，中国西部地区抓住国家实施积极财政、扩大内需、拓展市场空间的机遇，以特色优势产业发展、重点地区发展为着力点，取得了明显成效，扭转了东西差距扩大的趋势。据统计，2006年至2010年GDP年平均增速为13.9%，比全国平均增速高0.9个百分点，比东部和中部地区高1.3个和0.7个百分点。西部地区的GDP占全国的

比重逐年提高，5年间其所占的比重分别为17.1%、17.4%、17.8%、18.3%、18.6%。累计完成固定资产投资达197758亿元，年均增长28.2%，高于同期全国2.7个百分点。新一轮西部大开发把民生作为核心突显出来，意味着将开启民生发展的新时代，即从解决重点民生问题到全面推进民生发展。自2011年起，西部各省已经把发展民生作为施政的核心，在一些民族地区，饮水难、行路难、住房不安全、用电不便捷等一系列长期困扰各族群众的民生难题，在2011年得到了改变。这一年仅新疆用于民生建设的财政资金高达1670.5亿元，占地方一般预算支出的73.2%，同比提高2.2个百分点，完成了22类80项重点民生工程。中国中部崛起战略成效明显。中部崛起战略实施以来，在国家的政策支持和中部六省的共同努力下，中部地区经济实力显著增强，发展速度加快。据历年《中国统计年鉴》数据，2004年至2013年中部地区GDP年均增长率高达12.46%，远超全国10.18%的平均水平。产业结构进一步优化，中部地区在提升自身经济实力的同时，也带动了产业结构的优化升级，经济结构调整成效显著。2013年中部地区三次产业结构为11.8∶52.1∶36.1，与2004年相比，第一产业占比下降6.4个百分点，第二产业和第三产业占比分别上升5.6个和0.9个百分点。基础设施建设加快和技术创新能力提升，截止到2012年底，中部地区铁路营业里程数达到2.24万公里，比2004年增长29.1%；公路里程数达到115.54万公里，比2004年增长151.3%；教育事业快速发展，2012年普通高等学校644所，比2005年增加176所；本专科在校生规模达到653.9万人，比2005年增长53.4%；创新能力显著提高，2012年中部地区三项专利授权数达到13.30万件，比2004年增长860.56%；发明专利授权达到1.58万件，与2004年相比增长677.99%。人民生活水平持续提高，2012 年中部地区城镇居民人均可支配收入达到 20697 元，与 2004 年相比增长 135.95%，高于同期东部地区 13.52 个百分点；农民人均纯收入达到 7435 元，与 2004 年相比增长 150.92%，高于同期东部地区 20.85 个百分点。

（三）以体制机制创新促进开发区质量速度双提升

进入 21 世纪，中国开发区经过清理整顿，加上中国加入 WTO 之后需要体制机制创新，开发区建设逐步进入迅速和规范发展阶段。在完成清理工作后，国务院先后颁布了一系列文件，规范各类开发区的建设。此外，在清理整顿成果完成了基本的工作以后，为了保证开发区改革彻底，不出现反弹，国务院制定了《国务院办公厅关于暂停审批各类开发的紧急通知》（国办发〔2003〕30 号）。

2008 年的金融危机使世界的整个经济陷入了一个低潮，中国开发区的出口急剧降低，为了扩大内需、满足市场的需求，自主创新成为各个开发区的目标。在优惠政策的指引和资源要素的驱动下，中国的开发区完成了第一轮创业，并在借鉴世界发达国家的发展经验和国家自主创新的战略指导下，开始了第二次创业。开发区逐渐从依靠吸引外资、引进先进的技术为重点向自主技术创新和完善产业结构来带动高新技术产业的发展上来。2010 年，27 家省级高新区经过国务院的审批升级成为国家高新区，这次是中国高新区的第二次扩容。在全球化大格局下，高新区的主导产业以新一代信息技术、新材料、新能源为主。实现自主创新是中国实现产业转型的中心，充分发挥高新区的引导和示范作用。

开发区建设提质增效显著。经过清理整顿以及一系列规范化操作，这段时间中国开发区建设取得了不俗的成就，在规模和质量上

优势明显，开发区对高新技术产业发展贡献突出，开发区建设成为区域协调发展的重要力量。开发区规模和质量上升明显。"十五"期间，54个国家级开发区地区生产总值年均增长34.51%，对全国国内生产总值增长的贡献率达到6.2%以上。"十一五"期间，国家级开发区实行集中开发、集中供应、合理规划的运作方式，利用产业集群的优势成为土地和能源节约利用率最高的区域之一。国家级开发区万元工业增加值综合能耗仅占全国同期水平的约25%，单位工业用水消耗不足全国平均水平的9%。与此同时，国家级开发区已经形成了电子信息、交通运输设备、电子器动械及器材、生物医药、化学原料及制品、航空航天和食品饮料等产业集群，在国内同行业中所占比重日益提高，逐渐形成了中国现代制造业的核心集聚区。开发区高新技术产业发展迅速。开发区引进的外资项目规模迅速扩大，外资项目的技术含量和技术水平显著提升，不但带来了先进的生产技术、管理经验、经营理念和企业运行规则等，还促进了人们思想观念的更新，培养了大批高素质的技术人才、管理人才和产业工人。2007年，54个国家级开发区经认定的省级以上高新技术企业4039家，同比增长23.21%。高新技术企业工业总产值18898亿元，同比增长32.47%，高于国家级开发区总产值2.19个百分点，占国家级开发区工业总产值的49.2%。开发区为区域平衡贡献力量。以2007年为例，中西部地区开发区大多数主要经济指标的增幅都高于东部地区开发区。西部13个国家级开发区增速最快，地区生产总值、工业增加总值、工业总产值、税收收入、实际使用外资的国内主要经济指标的增幅都超过了40%，远高于全国54个国家级开发区20%左右的平均增幅。中西部22个国家级开发区绝大多数经济指标占全国54个国家级开发区的比重都上升了1个百分点，东中西部开发区之间的差距正在缩小。

三、金融体制改革使金融发展步入快车道

21世纪的头10年，是中国金融市场发展突飞猛进的时期。在金融机构培育发展方面，国有商业银行主推剥离坏账、股份制改革整体上市，私募基金、公募基金、信托和保险等非银行金融机构也出现快速发展态势。在资本市场发展方面，股权分置改革带来了全流通时代，多层次资本市场也逐步建立。在金融定价方面，利率市场化和汇率市场化稳步推进。在金融开放方面，人民币国际化进程起步，外资金融机构准入放宽。在金融监管方面，一行三会的监管体系不断成熟，分业监管质量不断提升。可以说，这10年是中国金融体系从弱小逐渐走向成熟、由单一走向多元、由封闭走向开放的关键时期。

（一）国有银行股份制改革激发经济活力

由财政部注资、于1999年成立的四家国务院直属资产管理公司正式肩负起剥离银行坏账的任务，为银行业脱困开辟了道路。四家公司在1999年和2003—2005年两次大规模接受中国银行、中国建设银行、中国工商银行、中国农业银行的政策性债务和不良贷款。剥离坏账后，国有银行抛掉了沉重的历史包袱，资产负债状况明显改善，盈利水平大幅提升，为股份制改革和整体上市打下了良好基础。2002年召开的第二次全国金融工作会决定对国有商业银行进行股份制改造，并于2003年成立了"国有独资商业银行股份制改造领导小组"，负责对国有独资商业银行股份制改革的领导工作。此后7年内，五大行陆续完成了股份制改革和上市，改革进展迅速。

中国银行率先完成股份制改革，中国银行股份有限公司于2004

年 8 月 26 日挂牌成立。2006 年 6 月和 7 月，中国银行先后在香港联交所和上海证券交易所成功挂牌上市，成为国内首家分别在 A 股和港股上市的商业银行。2005 年 10 月，中国工商银行整体改制为股份有限公司。2006 年 10 月 27 日，工商银行成功在上交所和香港联交所同日挂牌上市。中国建设银行股份有限公司成立于 2004 年 9 月 17 日，并于 2005 年 10 月 27 日在香港联合交易所挂牌上市，成为首家实现公开发行上市的国有商业银行。2007 年 9 月 25 日建设银行又在上海证券交易所挂牌上市。交通银行于 2004 年完成股份制改革，是五大国有银行中第一家完成财务重组的银行，并于 2005 年成功在香港联交所主板挂牌上市；2007 年成功发行 A 股并在上海证券交易所挂牌上市。中国农业银行是最后一家完成股份制改革的银行，2009 年 1 月，农行整体改制为股份有限公司。2010 年 7 月，农行分别在上海证券交易所和香港联合交易所挂牌上市。至此，五大国有控股银行全部实现了上市交易。

中国五大国有银行的股份制改革和上市为金融体系的市场化道路提供了基石，此后国有银行业务行为受地方政府的行政干预明显减少，市场化运作占据了主导，坏账率明显下降。五大行的改制，客观上摆脱了亚洲金融危机带来的不利经济影响，为中国经济发展提供了坚实的基础，也为新一轮的高速经济增长提供了条件。与此同时，各大股份制商业银行、地方城商行和农商行陆续开始股份制改革，农村信用社也开始进行产权制度和管理体制改革，银行体系的运转效率不断提升，服务实体经济能力不断提高。

（二）非银行金融机构创新发展

与商业银行改革深化同步发生的，是中国证券市场、保险市场的飞速发展，证券公司、保险公司、基金、信托、担保等非银行金融机构改革也出现了井喷式的发展。非银行金融机构的出现和迅速发展，开创了金融竞争和创新的新局面，也开创了金融业发展的新阶段。

银行业与证券业、保险业的合作愈加密切，混业经营悄然成为潮流。2004年9月，中国建设银行首先获得了金融衍生品交易的特许经营权。2005年2月20日，《商业银行设立基金管理公司试点管理办法》的颁布和实施，标志着银行获准进军证券市场，商业银行可以直接出资设立基金管理公司。银行参与混业经营的途径越来越多样化，银证银保合作、海外分公司、银行控股公司、金融控股公司、总行投资银行等形式纷纷涌现。

基金业的发展也在这段时期内迎来了首轮高潮。2004年，深圳中小企业板正式启动，为私募股权投资在国内资本市场提供了IPO这一退出方式，私募股权投资的成功案例开始大量出现。2004年6月，美国著名的新桥资本以12.53亿元人民币从深圳市政府手中收购深圳发展银行17.89%的控股股权，这是国际并购基金在中国的第一笔重大投资。由此发端，很多相似的私募股权投资案例接踵而来，私募股权投资市场渐趋活跃，规模和数量都超过了以前任何时期。与此同时，随着居民理财需求的增长，公募基金的数量和规模也在不断扩张。公募基金公司从2001年的14家增长到2017年的113家，基金数目从2001年的59只增长到2017年的4742只，基金在管资产从2001年的837亿元增长到2017年的11.6万亿元。

信托业实现突破式发展。2001年，《中华人民共和国信托法》正式实施，为中国信托业的发展奠定了基本的制度框架。2002年，中国人民银行对《信托投资公司管理办法》进行修订，对信托投资

公司业务开展的可操作性方面进行了重大调整，信托投资公司在发起设立投资基金、设立信托新业务品种的操作程序、受托经营各类债券承销等方面的展业空间均有了实质性突破。《信托投资公司资金信托业务管理暂行办法》也于 2002 年颁发和实施。信托融资为中国金融服务实体经济开拓了新的道路，成为信贷融资的重要补充，并在以后发挥了重要作用。

担保行业也取得了长足发展。尤其是 2008 年以来，为了缓解中小企业资金紧张压力以及融资难等问题，国家在担保机构建立方面的推动力度逐渐加大，在此背景下各类资金看到契机，纷纷进入担保行业。2002 年中国拥有担保机构数量为 848 家，而到了 2009 年底，全国信用担保机构已达 5547 户。随后《融资性担保公司管理暂行办法》出台，行业进行整顿，融资性担保也进入了规范发展的阶段。到 2016 年，全国融资性担保法人机构共计 8000 多家。

金融混业经营和其他非银行金融机构的发展，极大地促进了中国各类金融业态之间的融合发展，也逐渐改变了单纯的银行信贷驱动式的实体资金供给模式，丰富了金融供给渠道，满足了企业和居民日益增长的理财投资需求，更好地为多层次、多主体的实体经济服务。

（三）资本市场改革和创新

在金融机构进行重大改革的同时，金融市场本身也在不断改革创新和完善，而这段时期最重要的金融市场改革莫过于股权分置改革了。股权分置是指上市公司的股权一部分在市场上流通、可交易，称为流通股；而另一部分不在市场上流通，不可交易，称为非流通股，一般为国有股和法人股。在中国资本市场起步期，设置非流通股主要是为了防止国有资产流失。而随着资本市场的发展，股权分置成为困扰中国股市发展的最大难题。流通股由于在市场上有交易、有流动性，价格较高，而非流通股的价格极低，使得两种股本的持有成本具有显著差异，同价不同权问题严重，大大降低了资本市场的资源配置效率。

2005 年 4 月，经国务院批准，中国证监会发布《关于上市公司股权分置改革试点有关问题的通知》，正式启动了股权分置改革的试点工作。2005 年 8 月 23 日，中国证监会、国资委、财政部、中国人民银行、商务部联合发布《关于上市公司股权分置改革的指导意见》。9 月 4 日，中国证监会发布《上市公司股权分置改革管理办法》，股权分置改革进入全面铺开阶段。随着股权分置改革的推进，资本市场内各类股权的价格趋于一致，极大地激发了资本市场的活力。

伴随着制度性的股权分置改革的推进，中国资本市场的架构也在日益完善。中小板、创业板以及全国中小企业股权交易系统（以下简称为新三板）陆续设立，旨在助力更多创新型有潜力的中小创业企业，让这些企业也能够享受资本市场发展的红利。2004 年 5 月，深圳证券交易所在主板市场内设立中小企业板块。2006 年，新三板开始试点，中关村科技园区非上市股份公司进入代办转让系统进行股份报价转让。2009 年 10 月 23 日，创业板正式启动。2013 年 12 月 31 日起，股转系统面向全国接收企业挂牌申请，至此全国中小企业股权交易系统诞生。与此同时，区域性股权交易平台（以下简称为四板）也在各地区蓬勃发展，构成了多层次资本市场的重要组成部分。由主板、中小板、创业板、新三板和四板组成的多层次资本市场的主体架构基本形成。

股权分置改革带来了全流通时代，真正实现了价格在资本市场

配置资本要素的职能；而多层次资本市场的建立则是完善中国资本市场的必然路径。中国资本市场逐渐走上了成熟化的道路。

（四）外资金融机构准入放宽

中国金融市场存在巨大潜力，吸引着众多外国投资者，因此，金融市场方面的市场准入也一直是中国加入世贸组织多边经济谈判的焦点问题。加入世贸组织之前，对外资金融机构的管理遵循1994年颁发实施的《中华人民共和国外资金融机构管理条例》，规定申请设立外资财务公司、合资财务公司的最低注册资本为2亿元人民币的等值自由兑换货币，实收资本不低于其注册资本的50%。这一时期的外资金融机构进入国内还是十分困难，单独设立全资外资金融机构几乎不可能。基于此，外资金融机构普遍有两条选择：设立驻华代表处，或者入股中资金融机构。截至1999年9月，中国共有155家外资银行（其中25家获准办理三资企业人民币业务），7家中外合资银行，248家外资银行代表处，外资银行拥有的人民币资产、贷款和存款分别为64.9亿元、32.3亿元和38.2亿元。外资银行在华总资产和总贷款分别为315亿和227亿美元。尽管外资银行在1998年底总资产仅占中国银行体系总资产的2%，但外资银行办理的国际结算和国际收支业务量却占总业务量的40%。

中国加入WTO后，于2002年和2003年先后制定发布了《外资金融机构驻华代表机构管理办法》和《境外金融机构投资入股中资金融机构管理办法》。这两份文件允许外资金融机构进入中国，在此之后，经过系统和大量的改革努力，外资金融机构在中国的业务范围不断扩大，外资银行数量、资产总额、服务品种、贷款规模等指标均有显著增长。截至2012年底，外资银行分行数比加入世界贸易组织前增加将近 200 家，支行数则从 6 家增加到将近 400 家，外资法人银行数已是加入世界贸易组织前的 3 倍。外资银行资产总额年均复合增长率高达 20%，人民币资产份额则从加入 WTO 前的 12% 稳步提高到 70%，排名前 5 位的外资法人银行资产均超过千亿元，达到全国性股份制商业银行水平。

（五）利率市场化改革迈出实质性步伐

利率和汇率是金融市场最重要的两种价格，分别对应了国内金融市场均衡和国际金融市场均衡。推动利率市场化既是当时经济发展的客观要求，也是适应加入 WTO 的需要，中国的利率市场化改革在 2000 年开始迈出实质性步伐。

早在 2000 年 9 月的外汇利率管理体制中，外币贷款利率就已放开，同时放开了 300 万美元以上的大额存款利率。2002 年 3 月，农村信用社利率市场化改革试点启动，允许地区农信社的贷款利率幅度由 50% 扩大到 100%，存款利率最高可上浮 50%。2002 年 9 月，改革试点进一步扩大到直辖市以外的所有省份和自治区，温州利率改革开始实施。2004 年 1 月，商业银行、城市信用社的贷款利率浮动区间上限扩大到贷款基准利率的 1.7 倍，农村信用社贷款利率的浮动区间上限扩大到贷款基准利率的 2 倍。同时明确了不再根据企业所有制性质、规模大小分别确定贷款利率浮动区间。2004 年 10 月，金融机构（不含城乡信用社）人民币贷款利率上限和存款利率下限同时放开。

2005 年，利率市场化改革迈出了关键步伐。1 月的利率调整中，取消了房地产抵押贷款优惠利率，房贷利率恢复到与同期商业贷款利率相一致的水平，并允许在基准利率基础上下浮 10%，彻底改变

了长期以来贷款利率不能下浮的历史。同年3月，放开金融机构同业存款利率，对比照超额准备金存款利率执行的机制进行了改革，实行由存款双方自由协商确定的市场化机制，为商业银行自主定价提供了更广阔的空间。从2005年9月21日开始，各家商业银行可以自主决定存款的计息方式，存款利率的市场化终于迈出了历史性的一步。

继2005年中国利率改革实现"贷款利率设定下限、存款利率设定上限"之后，利率市场化步伐稳步推进。2012年6月7日，金融机构存款利率浮动区间的上限调整为基准利率的1.1倍，同时将金融机构贷款利率浮动区间的下限调整为基准利率的0.8倍，并在7月6日进一步调整为0.7倍。2013年7月20日，金融机构贷款利率管制全面放开，商业银行的贷款基础利率集中报价和发布机制开始正式运行，标志着贷款利率市场化取得了突破性进展。

市场化基准利率的培育也在这段时间取得了重要突破。2007年以前，基准利率的缺失一直是制约中国金融市场发展的瓶颈因素。2007年1月4日，上海银行间同业拆放利率（Shibor）正式运行，由信用等级较高的银行组成报价团，自主报出人民币同业拆出利率，通过计算得出算术平均利率。2007年后，Shibor的基准性地位逐步提高，逐渐成为金融市场上重要的指标性利率，在浮动利率债券以及衍生产品方面发挥了定价基准的作用。同时，以培育Shibor为突破口，市场化产品定价机制、贷款定价管理机制、内部转移定价管理机制等逐步被建立完善，金融市场的风险定价水平不断提高。

利率市场化的推进有着重要意义。商业银行盈利模式转型初显成效，非利息收入占营业收入比例持续提高。同时，人民银行逐步加强公开市场操作对商业银行日常流动性的调控，对货币市场利率的间接调节能力不断提高。得益于市场利率联动性增强，对市场政策的灵敏性提高，货币市场和债券市场快速发展，市场规模屡创新高，交易产品和交易方式不断创新。尽管信贷市场虽然已放开存贷款利率的上下限管制，但是仍存在利率市场化传导机制偏弱的问题，利率市场化还有一段路要走。

（六）金融监管框架逐渐完善

尽管从 2005 年开始，混业经营已经悄然成为潮流，但这段时期建立的却是"一行三会"分业金融监管体系。分业监管模式与混业经营模式的矛盾在此后愈来愈突出，但是金融监管改革提高了金融机构准入门槛和标准，监管的专业性显著提升。

人民银行金融监管职能优化调整。2003 年《中华人民共和国中国人民银行法（修正案）》通过，有关金融监管职责调整后，人民银行新的职能正式表述为"制定和执行货币政策、维护金融稳定、提供金融服务"。同时，明确界定："中国人民银行为国务院组成部门，是中华人民共和国的中央银行，是在国务院领导下制定和执行货币政策、维护金融稳定、提供金融服务的宏观调控部门。"自此人民银行的货币政策职能突出，中国宏观调控中的货币总量调控得到强化，国家治理的现代化迈出了重要步伐。银监会成立推动了银行业发展。2003 年的国务院机构改革，将中国人民银行对银行、金融资产管理公司、信托投资公司及其他存款类金融机构的监管职能分离出来，并和中央金融工委的相关职能进行整合，成立中国银行业监督管理委员会。2003 年 4 月 25 日，中国银行业监督管理委员会成立；2003 年 4 月 28 日起正式履行职责。专门监管银行的银监会成立以后，迎合了国有银行股份制改革和上市的大趋势，促进了银行业的

大发展。同样在 2003 年，中国保监会由国务院直属副部级事业单位改为国务院直属正部级事业单位，并相应增加职能部门、派出机构和人员编制。

人民银行、银监会、证监会、保监会的"一行三会"的金融监管体制正式拉开序幕。在作为政府机关的一行三会以下，还有行业自律性的各类协会，这些协会受一行三会监管，进行证券业、银行业、基金业等的专门行业自律管理。中国金融监管体制的改革，完善了中国金融基础设施建设，提高了金融机构准入门槛和标准，促进了金融分业监管下的各行业金融大发展。

四、财税体制改革推动健全和完善公共财政体制

1994 年分税制改革后，中央和地方财政关系得到很大程度的优化调整，中央财政收入压力很快得到缓解，宏观调控能力得到加强，地方受增收目标及干部晋升激励驱使，发展经济的动力进一步增强，地方锦标赛式竞争模式逐步强化。进入 21 世纪，更高的经济开放度要求中国税收制度和预算体系进一步强化规范性，进而适应这一时期的全球化发展特征，进一步巩固完善国家治理的基石。2001 年至 2012 年，中国财税体制改革主要在税收制度和预算体制两方面发力，税收种类和制度得到优化调整、日渐规范，预算体系也开始迈出向规范方向前进的步伐，这为党的十八大后开启新一轮财税体制改革打下较好基础，同时也积累了一些经验启示。

（一）税制改革大幅提升税制规范性

在 1994 年工商税制改革基础上，这一时期的税制改革进展十分明显，中国税制公平性、规范性大幅提升。主要包括：

全面取消农业税。"十五"（2001 年至 2005 年）之初，中国开始了以减轻农民负担为中心，取消"三提五统"等税外收费、改革农业税收为主要内容的农村税费改革。2000 年起从安徽开始，通过逐步扩大试点省份，到 2003 年在全国全面铺开，2004 年改革进入深化阶段。2005 年，全国有 28 个省份全面免征了农业税，河北、山东、云南也按中央要求将农业税税率降到 2% 以下。2005 年 12 月 29 日十届全国人大常委会第十九次会议通过从 2006 年 1 月 1 日起废止农业税条例的草案。2006 年 3 月 14 日，十届人大四次会议通过决议，庄严宣布在全国范围内彻底取消农业税。不少评论认为，取消农业税具有划时代意义，这标志着在中国延续 2600 年的"皇粮国税"正式成为历史。从经济工作的视角看，第一，这是中国农业发展与世界惯例接轨的标志性事件。从国际上看，当一个国家经济发展到一定程度，无一例外地要对农业实行零税制，并给予相当的财政补贴。第二，这是中国政策基调由"农业反哺工业"向"工业反哺农业""城市支持农村"转变的标志性信号。此后，三农工作的地位更进一步凸显，连续十几年中央一号文件持续关注三农问题，党的十九大报告提出"乡村振兴战略"，更是重视农村农业农民问题的重要表现，而全面取消农业税是政策基调转变的重要标志。

统一内外资待遇。主要实施了两项改革，一是 2007 年 1 月 1 日，新版《城镇土地使用税暂行条例》实施，将外商投资企业和外国企业纳入城镇土地使用税的纳税人范围；二是 2008 年 1 月 1 日《企业所得税法》正式实施，结束企业所得税法律制度对内外资分立的局面，统一了内外资所得税制度。实际上，这也拉开了削弱外资超国民待遇的序幕，此后外资与内资在各个方面逐步实现平等待遇，吸引外资也逐步从给予各类优惠政策转向优化营商环境。

稳步推进多项费改税改革。一是车辆购置税替代车辆购置附加费。2000年10月22日国务院颁布了《中华人民共和国车辆购置税暂行条例》，自2001年1月1日起在全国范围内征收车辆购置税，同时取消车辆购置附加费。此后费改税改革工作加快推进，对整个"费改税"改革产生重要而深远的影响。二是燃油税改革。2009年实施成品油税费改革，在不提高现行成品油价格的前提下，将成品油消费税单位税额相应提高；同时取消原来在成品油价外征收的公路养路费等6项收费，并逐步有序取消政府还贷二级公路收费。

调整规范多税种税制。一是资源税由从量计征改为从价计征。2011年底，原油、天然气资源税在全国范围内由从量计征改为从价计征，并实行5%的税率，为此后资源税全面从价计征改革打下基础。二是个人所得税适应性调整。2011年6月30日，全国人大常委会通过修改个人所得税法的决定，自2011年9月1日起将个人所得税减除费用标准由2000元/月提高到3500元/月，并将最低的一档税率由5%调为3%。三是增值税转型改革。2009年起，实施增值税转型改革，消除了生产型增值税制存在的重复征税因素，降低企业设备投资的税收负担。2011年中国确定了营业税改征增值税的试点方案，2012年1月1日起，在部分地区和行业开展深化增值税制度改革试点，逐步将目前征收营业税的行业改为征收增值税。

（二）预算体系改革成效显著

预算体系改革主要围绕规范化和公开化做了一些推进工作，为党的十八大之后全面启动预算管理体制改革打下一定基础。主要包括：

继续完善国库集中收付制度改革。国库集中收付制度改革，规范了政府收支的缴付办法，解决了财政资金层层拨付流经环节多的问题，加快了财政资金的周转，有助于提高财政资金的使用效率和透明度。到 2011 年，所有中央预算单位和所有一般预算、政府性基金和国有资本经营预算资金都已实行国库集中支付。

全面实施政府采购制度。2003 年，以《中华人民共和国政府采购法》正式实施为标志，中国政府采购制度改革进入法制化时代。纳入政府采购的资金规模不断扩大，公开透明的采购运行机制逐步形成，政府采购的功能由规范采购行为和提高资金使用效益的单一管理目标向促进经济社会发展的多重目标转变。中国政府采购规模从 2002 年的 1009 亿元增长到 2012 年的 1.4 万亿元，监管运行机制更加透明、政策功能作用成效显现。

实施政府收支分类改革。中国政府收支分类是按照一定的原则、方法对政府收入和支出项目进行类别和层次划分，以全面、准确、清晰地反映政府收支活动。政府收支分类科目是编制政府预决算、组织预算执行的重要依据，是财政预算管理的一个重要基础，直接关系到财政预算管理的科学化和规范化。2007 年中国正式实施了政府收支分类改革：一方面扩大收支分类范围，包括预算收支、预算外收支和社会保险基金收支。另一方面是调整了分类办法，建立新的收支分类体系。按照收入分类、支出功能分类（反映政府的各项职能）和支出经济分类（反映支出的具体用途），对政府各项职能活动和财政支出情况予以清晰反映。

搭建起复式预算体系的基本框架。为了规范政府收支行为和提高财政资金使用效率，参照国际经验，中国按照复式预算体系的要求，初步形成了国有资本经营预算和社会保险基金预算，搭建起复式预算体系的基本框架。2007 年中国开始建立国有资本经营预算制

度，国家以所有者身份依法取得的国有资本收益编入收入预算，对所得收益进行的分配编入支出预算。财政部和地方财政部门负责中央和地方国有资本经营预算的编制。2010 年中央本级国有资本经营预算首次提及全国人大审查。同年国家试行社会保险基金预算，按照统筹地区编制执行，主要分险种编制汇总基金收入和基金支出预算，通过对社会保险基金筹集和使用实行预算管理，增强政府宏观调控能力，强化社会保险基金的管理和监督，促进社会保险制度可持续发展。2013 年社会保险基金预算首次提交全国人大审查。国有资本经营预算和社会保险基金预算的建立，标志着中国基本上构建起了复式预算体系的框架。

预算公开和监督制度得到增强。2009 年全国两会后，财政部首次在其网站公布了经全国人大审议通过的预算报告和中央财政预算四张主要表格。2011 年全国两会后，中央各部门陆续公开部门预算。2012 年 5 月 1 日，《财政部门监督办法》开始施行，财政监督将覆盖所有政府性资金，监管范围可达乡镇，财政监督贯穿于财政资金的分配、使用、绩效到内部控制各个环节。

中国预算体制改革尽管成效显著，但相较其他方面的改革明显滞后，总体上是一种被动性、局部性、技术性的规则与程序改革，并没有在计划性、全面性、公开性和法治性方面取得实质进展。比如，保障预算公开的基础工作"政府收支分类改革"启动较晚，增大了后续改革战略进一步展开的难度。同时，也未能构建较为完备的监督制衡机制，影响预算管理的统一性。因此，在预算体制等更加基础性的改革领域，长期以来"先易后难""以增量带动存量"的渐进改革经验不再奏效，而更需要全面科学地进行顶层设计。

总体而言，这一时期的财税体制改革措施推动中国税收制度和预算体系朝着规范、统一、公平、透明的税收制度迈进，对于构建完善现代化财税体系具有重要意义，也有力配合了加入世贸和扩大开放的改革主线，对于推动中国经济社会平稳健康发展发挥了重要作用。

五、国有企业改革促进了国有经济布局战略性调整

在中国政府发起的 1999 年至 2002 年的国有企业"三年脱困"阶段，国家经贸委、财政部、人民银行协力配合，通过债转股、政策性破产等方式，有效改善了企业资产状况，在企业重组、负债结构调整、富余人员安置、社会保障建设等方面均取得了显著进展，间接推动了国有企业产业布局调整，极大地改变了此后国有企业经营状况和管理体制改革，形成了一大批在全球有影响力的国有企业。

（一）国有企业管理体制改革

进入 21 世纪，伴随着中国加入 WTO，国企改革的步调趋于"平稳"，侧重点转向国有资产管理体制改革阶段。

如何在管住国有企业不乱作为的同时，保证国有资产做大做优做强，是政府面临的大课题。在各级国资委成立前，中国国有资产管理是"五龙治水"。这个阶段，财政部、经贸委、中组部和中央企业工委、人力资源和社会保障部都是国有企业的"婆家"，在不同方面约束国有企业。财政部作为国有企业和国有参股企业中企业国有资产所有者的代表，对企业国有资产进行宏观管理，负责企业国有资产的产权界定、产权登记、监督企业国有资产产权收益，会同有关部门批准国有企业的设立、合并、分立、终止中的产权变动和财务处理等重大问题；经贸委对国有企业、国有控股企业的重大生产

经营决策进行监管，会同有关部门批准所属国有企业的改制、重组等工作；中共中央组织部与中央企业工委任免所属国有企业、国有控股企业的领导班子，并管理派驻国有独资企业的监事会主席；计委管立项；劳动与社会保障部门管理劳动与工资。

"五龙治水"的局面，造成企业国有资产所有者的职能被政府部门分割行使，造成所有者代表的多元化，产权不明和责任不明，进而使得国有企业管理者无所适从，甚至会导致形成预算软约束的空间。在这种背景下，各方对国有资产集中统一管理的呼声益高。2002 年党的十六大报告指出："国家要制定法律法规，建立中央政府和地方政府分别代表国家履行出资人职责，享有所有者权益，权利、义务和责任相统一，管资产和管人、管事相结合的企业国有资产管理体制。""中央政府和省、市（地）两级地方政府设立企业国有资产管理机构。继续探索有效的企业国有资产经营体制和方式。"根据党的十六大精神，2003 年 4 月，经第十届全国人民代表大会第一次会议批准，国务院成立企业国有资产监督管理委员会，将原由经贸委行使的指导国有企业改革和管理的职责；财政部有关企业国有资产管理的部分职责；中央企业工委、劳动和社会保障部拟订中央直属企业经营者收入分配政策、审核中央直属企业的工资总额和主要负责人的工资标准的职责划入国资委，授权其代表国家履行出资人职责，监管范围确定为中央所属企业（不含金融类企业）的企业国有资产。由此，国资委作为履行企业国有资产出资人职责的特设机构，承担起了对企业国有资产的监管职责。

国务院国资委的成立，意味着中国国有企业的改革和运营在一个全权履行出资人职责的权威机构的领导下进行，在改变"五龙治水"的状况方面前进了一大步，继而，各地国资委按照国务院国资委的相应配置纷纷成立，形成了全国以国资委管理国有企业和国有产权的管理体系。全国国资委系统形成以来，主要以五大措施奠定了新的高效的国有资产和国有产权管理体制：包括建立企业国有资产出资人制度、建立企业国有资产经营责任制度、建立有效的企业董事会制、优化国有经济布局结构、以管资本为主完善国有资产监管。

（二）国有企业优化产业布局

党的十六大报告提出，完善国有资本有进有退、合理流动的机制，进一步推动国有资本更多地投向关系国家安全和国民经济命脉的重要行业和关键领域，增强国有经济的控制力。其他行业和领域的国有企业，通过资产重组和结构调整，在市场公平竞争中优胜劣汰。国有企业从中下游行业尤其是下游行业退出，而大量集中于煤炭、电力、通信、运输等上游商业，实现了国有经济对宏观经济的控制力的同时，允许民营企业充分进入下游行业，实现下游行业充分竞争。

国有企业在上游行业大量兼并重组，形成了国务院国资委履行出资人职责的 100 家左右的中央企业和一定数量的地方国有企业集团。在加入 WTO 的背景下，在对国外出口大幅增加的同时，下游民营企业效率得到充分提升，上游国有企业也因向下游民企提供大量原材料和服务，获得大量利润。在这一阶段，国有企业通过产业布局的调整获得了企业超常规发展壮大。

六、公共服务体制改革让发展成果更多惠及广大人民群众

加入 WTO 之后，国内财税、社会保障、城镇化相关制度、教

育、医疗、生态等领域改革的重要性和紧迫性也不断提升。经过这一时期较大力度的改革，中国财税制度不断走向规范，社保体系日趋健全，在城镇化快速推进中各主体权益得到较好保障，教育质量和效率不断提升，医疗卫生服务有了大幅改进，生态文明理念逐步深入人心。这些社会领域的改革推进，为中国经济社会在快速发展中仍保持相对健康的状态提供了保障条件。

（一）社会保障体系加速构建，社会安全网进一步筑牢

在前期社保制度初步成形的基础上，这一时期的社保体系相关改革力度必须加大。一方面，随着经济社会发展程度的提升，人民群众对社保体系的建立健全提出了更多、更高的内生需求；另一方面，加入 WTO 对中国强化社保体系建设有一定倒逼作用。可以说，进入 21 世纪，社保制度改革已然成为亟须提上日程、快马加鞭的重要领域。

2001 年至 2013 年，中国社会保障体系经历了一个加速构建的过程，不少缺失的社保种类开始建立，社保体系也逐步实现全民覆盖。养老保险方面，2001 年，国务院颁布《完善城镇社会保障体系试点方案》，开始在辽宁省进行完善城镇社会保障体系试点工作，2003 年扩大到黑龙江和吉林两省，2006 年又将试点改革扩大到天津、上海、山东、山西、湖北、湖南、河南和新疆等 8 个省（市、区），逐步做实个人账户。2005 年，国务院发布《关于完善企业职工基本养老保险制度的决定》，将城镇企业职工基本养老保险的覆盖面进一步扩大到个体工商户和灵活就业人员，调整个人账户规模和基本养老金计发办法，扩大做实个人账户试点。2009 年，新农保试点启动，农民在 60 岁后首次享受到国家普惠式的养老保障。同年

国务院办公厅印发《关于转发人力资源社会保障部财政部城镇企业职工基本养老保险关系转移接续暂行办法的通知》（国办发〔2009〕66号），部署改变久被诟病的"碎片化"格局，也为2014年实施城乡养老保险衔接政策打下基础。2011年，启动城镇居民养老保险试点，填补了养老保险制度最后的空白。医疗保险方面，2002年，中共中央、国务院发布《关于进一步加强农村卫生工作的决定》（中发〔2002〕13号），农村新型合作医疗制度由此拉开帷幕。2007年国务院发布《关于开展城镇居民基本医疗保险试点的指导意见》，医疗保障开始覆盖城镇非就业人群，从制度上实现了医疗保险对城乡居民的全面覆盖。其他方面，2003年，国务院颁布《工伤保险条例》，为发展工伤保险制度确立了基本的法律框架，2011年做出修订，扩大保障范围，提高保障标准，优化相关程序。2007年，国务院决定在农村建立最低生活保障制度。此外，这一时期社会保障体系得到进一步规范。2002年，成立社会保障基金理事会，专门管理社会保障基金。2010年10月28日，全国人大常委会通过了《社会保险法》，这是中国第一部社会保险综合性法律，是中国社会保障法制建设的一个里程碑。

经过这一时期完善社保种类和相关制度体系的努力，中国社会保障体系的相关法律法规、规章以及规范性文件基本形成，社会保障体系建设全面纳入法制化轨道，社保覆盖范围迅速扩大，参保人数持续增加，社保基金规模不断扩大。中国社会保障体系基本建立，进一步筑牢了社会安全网。社会保障体系的健全完善，对于中国提振内需、更好融入国际经贸规则体系，更好赶上世界现代化进程起到重要推动作用。

（二）城镇化及相关配套改革有效维护了相关主体权益

以农民工向城市转移为主要表现的城镇化进程，是中国经济快速发展过程中的一个重要特征。进入 21 世纪，中国城镇化进程开始加速推进，原本适应城乡二元割裂的各项制度体系开始面临越来越大的挑战，快速城镇化进程中出现的农民工权利保护、户籍待遇差异、留守老人和儿童等诸多问题都需要加快推进各方面制度改革，以适应新的城乡融合发展的历史新特征。

2002 年，党的十六大报告明确提出，要逐步提高城镇化水平，坚持大中小城市和小城镇协调发展，走中国特色的城镇化道路。2003 年，十六届三中全会提出统筹城乡发展，要求加快城镇化进程，逐步统一城乡劳动力市场，形成城乡劳动者平等就业的制度。2007 年，党的十七大报告进一步指出，走中国特色城镇化道路，要按照统筹城乡、布局合理、节约土地、功能完善、以大带小的原则，促进大中小城市和小城镇协调发展。

中国农民工制度改革主要集中在营造良好的就业、落户及相关保障环境上。2004 年 12 月，国务院办公厅下发《关于进一步做好改善农民进城就业环境工作的通知》，要求进一步解决建设等领域拖欠农民工工资问题，加快清理和取消针对农民进城就业的歧视性规定、不合理限制和乱收费，加大劳动保障监察执法力度，改善就业服务，加强农民工职业技能培训，整顿劳动力市场秩序，大力推进农民工工伤保险工作。2006 年初，《国务院关于解决农民工问题的若干意见》围绕统筹城乡发展，保障农民工合法权益，改善农民工就业环境，引导农村富余劳动力合理有序转移等提出了系统性意见。2012 年 2 月，《国务院办公厅关于积极稳妥推进户籍管理制度改革的通知》发布，提出要分类明确户口迁移政策，继续探索建立城乡统一的户口登记制度，逐步实行暂住人口居住证制度。

以农民工向城市转移为主要表现的城镇化进程，是中国经济快速发展过程中的一个重要特征。2001年至2012年，中国城镇化率从37.7%提高到52.6%，特别是2011年城镇化率达到51.27%，这是中国历史上第一次城市人口超过乡村人口，城乡人口结构发生了逆转。这是经济发展的客观规律使然，更是在相关改革措施大力推动下所取得的显著成效。城镇化的快速推进构成中国经济增长的强劲动力，大量劳动力从生产率较低的农业部门转移到生产率相对较高的工业和服务业部门，实现了劳动力要素的优化配置。依靠这一时期的人口红利，完成了大量基础设施建设，社会事业也得到长足发展，中国经济实现了多年持续高速增长。

（三）深入推进教育体制改革，全面提升教育质量效率

入世前，中国已经推进了20多年教育改革，主要努力解决教育在总体上落后的局面问题。入世后，在新的开放条件下，教育改革与发展要纳入全球视野来考虑，教育理念、教育运行机制等都要发生变化，对培养人才的教育结构、培养模式、质量、流向等提出新的要求。表现在，一是教育市场竞争加剧，加入WTO放宽了一些条件，我们的教育要面对来自发达国家的竞争，包括生源市场、办学市场、人才市场。二是教育发展中的区域非均衡性问题可能进一步突出。三是近20多年来相继颁布的诸多针对教育管理的法律法规，可能与WTO中服务贸易"共同规则"要求有明显冲突。在这样的背景下，教育开启了适应WTO规则要求的全面深化改革和提升期，改革的目标是进一步促进教育公平，合理配置公共教育资源，加快缩小教育差距，增强教育发展的生机与活力。

2001年，教育部出台新政策，允许25周岁以上公民参加高考，彻底放开高校招生的年龄限制。国务院印发《关于基础教育改革与发展的决定》，大力推进基础教育的改革和健康发展。2002年，国务院印发《关于完善农村义务教育管理体制的通知》，要求各地建立义务教育经费保障机制，保证农村义务教育投入，确保农村中小学教职工工资按时足额发放。2003年，北大、清华等22所高校被赋予5%的自主招生权。同时，教育部允许香港高校在内地自主招生。2004年，国务院印发《国务院关于进一步加强农村教育工作的决定》（国发〔2003〕19号），坚持把农村教育摆在重中之重的地位，加快农村教育发展，深化农村教育改革，促进农村经济社会发展和城乡协调发展。教育部印发《2003—2007年教育振兴行动计划》，重点推进农村教育发展与改革，重点推进高水平大学和重点学科建设。2010年，中共中央、国务院印发《国家中长期教育改革和发展规划纲要（2010—2020年）》，提出到2020年，基本实现教育现代化，基本形成学习型社会，进入人力资源强国行列，根据此规划纲要，为进一步深化教育体制改革，国务院办公厅印发了《国家教育体制改革试点的通知》，在部分地区和学校开展国家教育体制改革试点。2011年，国务院印发了《关于进一步加大财政教育投入的意见》，加大对教育的投入。2012年，国务院印发了《关于深入推进义务教育均衡发展的意见》，巩固提高九年义务教育水平，深入推进义务教育均衡发展。2012年，教育投入实现历史性突破，国家财政性教育经费首次突破2万亿元，占GDP比例首次超过4%。

经过21世纪初10多年的改革，中国免费九年义务教育全面普及，高中阶段教育毛入学率超过80%，高等教育毛入学率达到26.5%，教育发展能力显著提升，初步形成了公办教育与民办教育共同发展的办学格局、多元化的教育投入体制、适应素质教育要求的教学体制以及权责明确的教育管理体制，高等教育大众化水平和人才培养质量进一步提升，教师队伍素质进一步提高，教育信息化全面推进，教育对外开放水平显著提升，教育国际合作交流全面推进，国际影响力稳步增强。教育改革推动中国教育实现从人口大国向人力资源大国的转变，迈上由大到强的历史新征程，为党的十八大后教育改革发展奠定了坚实基础。

（四）建立健全医疗保障体系，实现基本公共卫生服务均等化

入世使中国卫生事业面临许多挑战。国外医疗机构大量进入中国医疗服务市场，由于其具有充足的财力、尖端的医疗技术设备、优质的服务、先进的信息手段、科学的经营管理，国内医疗机构面临激烈竞争。中国公立医疗机构的管理体制与经营模式基本上仍是计划经济时代延续下来的产物，加入 WTO 对公立医院管理体制与经营模式造成一定冲击。加入 WTO 后随着医疗服务市场的开放，医疗卫生机构由单一的国有制向多种所有制并存转化，医疗卫生行业的监管将面临许多新问题。进口药品的市场份额加大导致仿制药品的产销量将受到限制，质量较低、疗效较差的国产西药品的市场份额进一步减少，有些企业将破产或被收购。在这个大背景下，再加上 2003 年 SARS 事件，中国公共卫生领域的问题直接暴露，促使政府对现行卫生政策和体制进行了深刻反思，推动了卫生体制改革的深化。

2001 年开始，作为贯彻中共中央、国务院《关于卫生改革与发展的决定》的总体文件，国务院办公厅转发国务院体改办、卫生部等 8 部委《关于城镇医药卫生体制改革的指导意见》。之后陆续出台了 13 个配套政策，包括《关于城镇医疗机构分类管理的实施意见》、

《关于卫生事业补助政策的意见》、《医院药品收支两条线管理暂行办法》、《关于医疗机构有关税收政策的通知》、《关于改革药品价格管理的意见》、《关于改革医疗服务价格管理的意见》等。这一阶段改革导向是市场化，市场化在发挥很大作用的同时，也显露出了一些弊端。2009 年，中共中央国务院印发《关于深化医药卫生体制改革的意见》，强调了坚持公共医疗卫生的公益性质，为深化医药卫生体制改革指明了方向。新一轮医改方案正式出台，并提出建立健全医疗保障体系，基本公共卫生服务的均等化，实现"重治疗"向"重预防"转变的前提，《基本药物制度实施方案》也相应出台，国家基本药物制度工作正式实施。这次改革是建立中国特色医药卫生体制，逐步实现人人享有基本医疗卫生服务的目标，提高全民健康水平。有以下五个方面重大创新：一是在改革的理念上，首次提出"把基本医疗卫生制度作为公共产品向全民提供"。二是在改革的基本原则上，明确强调政府主导与发挥市场机制作用相结合，强调坚持公平与效率的统一。三是在近期改革的重点上，突出基本、基础和基层，强调面向农村，惠及群众。四是在改革的基本思路上，远近结合，把解决群众看病就医突出问题与建立完善基本制度体系结合起来。五是在改革的方法步骤上，强调试点先行，稳步推进。根据意见，国务院印发了《医药卫生体制改革近期重点实施方案（2009—2011 年）》，从 2009 年至 2011 年的三年内，改革的重点是加快推进基本医疗保障制度建设、初步建立国家基本药物制度、健全基层医疗卫生服务体系、促进基本公共卫生服务逐步均等化和推进公立医院改革试点，改革的目标是使"看病难、看病贵"问题切实得到缓解。这一阶段的任务是改革医药卫生体制中群众反映最突出，迫切需要解决的基本问题，保障群众的基本医药卫生需求，使医改迈出坚实步伐，为下一步改革打好基础。医疗改革纠正了前一阶段医疗卫生服务体制改革的市场化取向，医疗卫生重新回归到公益性质，基本建立起以大病统筹为主的城镇居民基本医疗保险制度和新型农村合作医疗制度，"看病难、看病贵"问题初步得到缓解。

（五）日益重视生态环境保护，推动生态环保领域改革

加入 WTO 后，尽管给中国带来贸易繁荣，但同时也带来新的环境污染和生态破坏，中国环境保护也面临新的挑战。一是发达国家通过贸易和投资直接转移污染物。加入 WTO 后，中国与国际间的各类经贸活动会更加频繁，由于中国环境标准相对较低环保意识相对薄弱，污染处理成本小，环境法规不健全，以及中国有些地方和企业存在持续的投资饥渴和特有的速度偏好，有可能会利用贸易自由化的名义，通过跨国公司经营、直接投资等渠道直接贸易把"洋垃圾"转移到中国。二是利用初级产品低关税过渡开发资源。发达国家从保护自身资源和能源储存出发，采取对原材料和资源性产品的低关税政策，通过国际贸易从发展中国家进口木材、能源和矿产品等初级产品，而把自然资源开发过程中对生态环境的破坏和损失留给发展中国家承担，实质上构成对发展中国家的"资源掠夺"或"生态掠夺"。三是中国的环境标准与国际标准存在较大差距，这包括产品的环境标准、企业环境管理标准、当地的环境质量标准等。在此背景下，中国亟须转变"先污染后治理"的传统观念，积极探索适应中国经济发展阶段的生态文明建设理念和制度。

2001 年以后，随着社会主义现代化进程的加快，中国经济社会发展对资源、生态环境的条件要求越来越高，生态环境日益成为经济进一步发展的制约因素，对生态文明建设的探索进入了一个深化

阶段。党的十六大首次提出了全面建设小康社会，并把建设生态良好的文明社会作为全面建设小康社会的重要目标之一，十六届三中全会明确提出坚持以人为本、全面协调的可持续发展观，具体要坚持统筹人与自然和谐发展等"五个统筹"。在发展目标上更突出了人的地位和价值，在发展思路上更注重经济、人口、资源和生态环境协调发展。生态文明概念在2007年党的十七大报告中被首次提及，并第一次明确提出当代中国建设生态文明的基本目标："基本形成节约能源资源和保护生态环境的产业结构、增长方式、消费模式。循环经济形成较大规模，可再生能源比重显著上升。主要污染物排放得到有效控制，生态环境质量明显改善。生态文明观念在全社会牢固树立。"2007年，财政部、环保总局批准在太湖流域开展水污染物排污权有偿使用和排污交易试点工作。同年，国土资源部等部门在山西、内蒙古等8个产煤省份开展煤炭资源有偿使用制度改革试点。这些试点将为健全资源有偿使用制度和环境补偿机制积累宝贵的经验。2012年党的十八大报告进一步把生态文明建设纳入社会主义现代化建设"五位一体"的总体布局当中。2013年在十八届三中全会审议通过的《中共中央关于全面深化改革若干重大问题的决定》首先以纲要的形式明确提出，建设生态文明，就必须建立系统完整的生态文明制度体系，用制度保护生态环境。

在这一阶段，中国加强能源环境立法，将能源环境工作纳入法制轨道。将生态文明建设纳入依法治理的轨道，要求我们一方面"要完善有利于节约能源资源和保护生态环境的法律和政策"，使生态文明建设有法可依；另一方面"研究解决违法成本低、守法成本高的问题，依法严肃查处破坏资源和环境的行为"，真正做到有法可依、有法必依、执法必严、违法必究。制定出台了《中华人民共和国清洁生产促进法》、《中华人民共和国水法》、《中华人民共和国草原法》、《中华人民共和国可再生能源法》、《中华人民共和国固体废物污染环境防治法（修订）》、《中华人民共和国节约能源法》、《中华人民共和国循环经济促进法》等。同时，中国在坚持共同但有区别的责任原则基础上，积极加强国际合作，共同应对气候变化带来的挑战。2007年，中国成立了国家应对气候变化领导小组，发布了《中国应对气候变化国家方案》。在发展中国家中，中国是最早通过《21世纪议程》、最早制定《节能减排综合性工作方案》和《应对气候变化国家方案》的。2009年，中国又积极参与哥本哈根气候变化大会，并为大会最终达成《哥本哈根协议》发挥了积极作用。

中国生态文明体制改革使生态文明观念在全社会牢固树立，生态文明建设纳入社会主义现代化建设"五位一体"的总体布局当中，系统完整的生态文明制度体系初步建立。

七、科技体制改革促进了自主创新能力提升和创业热潮兴起

进入21世纪，中国开始认识到后发国家成功实现赶超的关键不在于技术的外部获取，而在于本土创新主体自身能力构建。为此，顺应加入世界贸易组织的时代背景，中国提出建设创新型国家、加快自主创新。与此同时，在互联网泡沫破灭之后，一些极具发展潜力的互联网企业生存了下来，在中国带动掀起了新一轮互联网创业热潮。

（一）"自主创新"成为中国科技体制改革的方向

入世以来，中国开启了以"自主创新"为核心目标的科技体制改革。2005年6月27日的中共中央政治局会议提出，要更加坚

定地把科技进步和创新作为经济社会发展的首要推动力量，把提高自主创新能力作为调整经济结构、转变增长方式、提高国家竞争力的中心环节，把建设创新型国家作为面向未来的重大战略。在制定"十一五"规划时，中央也明确提出"要把增强自主创新能力作为国家战略，致力于建设创新型国家"。

根据这一精神，2006年国务院发布了《中共中央国务院关于实施科技规划纲要增强自主创新能力的决定》和《国家中长期科学和技术发展规划纲要（2006—2020年）》，从增加科技投入、加强税收激励和金融支持、利用政府采购扶持自主创新、支持引进消化吸收再创新、保护知识产权、加强创新人才培养等方面提出了60条政策措施。至此，建设创新型国家战略从战略思想、战略决策到指导方针、政策部署均已形成相对完整的战略体系，标志着中国科技发展战略体系基本形成。这一阶段，中国科技体制改革以"自主创新"为指导思想，通过加强创新体系建设和加速科技成果产业化两条路径推进战略实施，出台了包括推进科研机构改革与转制、培育企业创新能力、促使企业成为创新主体、大力推进成果转化、改革成果奖励制度等相关政策措施。

（二）创新能力持续提升，互联网创业异军突起

随着自主创新战略的实施，中国的创新能力在这一时期有了明显的提升。从投入看，研究与发展（R&D）经费支出占GDP比重从2001年的0.95%增长到2011年的1.84%，增长了近一倍。从科技对经济增长的贡献看，科技进步贡献率从2001年的42.3%提高至2011年的53.4%，提升了26.2%，自主创新和科技进步对经济增长的贡献作用逐步凸显，创新体系建设取得初步成效。尤其是

"十一五"期间，中国科技人力资源总量、研究与发展人员数跃居世界第 1 位，高技术产业产品出口额跃居世界第 1 位，高技术产业增加值跃居世界第 2 位，国际科技论文数跃居世界第 2 位，本国人发明专利授权量跃居世界第 3 位，中国 PCT 国际专利申请量跃居世界第 4 位，研究与发展经费跃居世界第 3 位。

在自主创新能力不断提升的同时，互联网带来的创业机会也层出不穷。中国互联网络信息中心（CNNIC）曾在 1997 年 12 月 1 日发布第一次《中国互联网络发展状况统计报告》，报告指出全国共有上网计算机 29.9 万台，上网用户数 62 万。尽管 1997 年才是中国的互联网元年，但伴随着互联网技术、风险投资以及资本市场的发展，以互联网新经济为特征的创业开始在华夏大地快速蔓延。在 2000 年之前的数年，中国的互联网创业已经显露出万马奔腾的迹象。在众多创业翘楚中，有创立"搜狐"的美国麻省理工学院博士生张朝阳，有写出第一个中文个人主页服务系统和免费邮箱系统并创办"网易"的丁磊，有成立深圳"腾讯"的马化腾，有经过两次创业失败后决心成立为中小企业服务的电子商务公司"阿里巴巴"的马云。尽管经历了 2000 年互联网泡沫的惨烈溃败，互联网时代的步伐并未减缓。百度、腾讯、阿里巴巴正是在这一时期迅速崛起，成为中国新兴经济的代表。而其所代表的互联网，将在未来以"颠覆一切"的形象，改变着整个中国的经济结构。

第三节 改革成就与影响

进入 21 世纪，中国加入 WTO 后 10 余年的改革开放取得了显

著成绩，取得了经济平稳快速发展、物价货币基本保持稳定、改革开放事业稳步推进和人民生活水平大幅改善等显著成绩。在取得巨大成就的同时，国内外经济形势发生了深刻的变化，经济危机影响深远，国际化进程趋缓，国际政治和经济环境不确定性增加，国内的刺激政策结束后导致的短期经济回落与中长期的结构性减速相遇，在国际因素的影响共同带来了一系列复杂的问题。

在 2001 至 2012 年这段时间里，中国经济社会发展迅速，人民生活水平大幅提高，改革开放成效显著。

一是经济平稳快速发展，中国 GDP 从 2001 年的 11 万亿上升到 2012 年的 54 万亿（当年价格），年均增长 10.2%（按可比价计算）；人均 GDP 从 8717 元提升到 40007 元（当年价格），即 6339 美元，年均增长 9.62%（按可比价计算），中国进入中等偏上收入国家行业；全国财政收入从 1.6 万亿增长到 11.7 万亿，年均增长 19.9%。

二是物价和货币基本保持稳定，中国 CPI 年均增长 2.5%，尽管在 2011 年前后受到国内外因素的诱发而较快上涨，但很快得到了控制；广义货币 M2 年均增长 17.7%，其中很大程度上是由于外汇占款投放，满足了中国经济快速发展的货币需要。

三是改革开放事业迈出重大步伐，中国进出口贸易总额从 0.5 万亿美元猛增到 3.87 万亿美元，实际利用外商投资从 469 亿美元上升到 1117 亿美元，分别增长了 6.7 倍和 1.4 倍。外汇储备从 2001 年的 2121 万美元猛增到 2012 年的 33116 万美元，全球金融危机以后，中国作为发展中大国，一直保持了较快的经济增长，成为国际投资的主要目的国，净出口和国际投资共同助推了外汇储备的攀升。

四是人民生活水平大幅改善，中国城镇居民人均年可支配收入从 6860 元上升到 24564 元，农村居民人均年纯收入从 2366 元上升到 7917 元，分别增长了 2.58 倍和 2.35 倍；与此同时城镇调查失业率始终维持在 4.1% 左右，就业形势稳定。

然而，在经济高速增长的同时，国内外经济形势都发生了深刻的变化。受到经济危机及其余波的影响，国际化退潮和国际对抗色彩加剧，加大了国外经济政治环境的不稳定和不确定性。中国国内的刺激政策结束后导致的短期经济回落与中长期的结构性减速相遇，在国际因素的共同影响下带来了一系列复杂的问题。

一是国际化退潮导致贸易严重受挫。在加入世贸组织后，外贸一直是拉动中国经济的三驾马车中极为重要的一支。而随着国际金融危机的爆发及其后续影响的传播，欧债危机、北非剧变等纷至沓来，严重打击了各国居民的消费力和外贸需求，从而导致了国际化的退潮。在国际经济形势进入低增长通道时，反全球化浪潮又有兴起，国际对抗有所加剧。这些都导致了中国进出口的下降，外贸支持经济增长的动力减弱，中国不得不以基础设施建设拉动经济增长。

二是传统的发展模式有待转变。中国各级政府出于经济发展考核的考虑，热衷于进行各种开发区和基础设施的建设。这种模式一方面带来经济增长，另一方面也造成了极大的效率损失。市场经济方面，政府过度干预市场，把握行政主导权，导致国内市场割裂，全国市场难以形成，更难建立全球自由的贸易区。城镇化方面，中国的城镇化源自全球化外向经济带来的人口迁移，地方政府热衷于基础设施硬件的城市化建设，配套的社会保障等软件城市化没有跟上。城市化模式亟待向公共服务均等化的新型城镇化转变。

三是金融经济风险加剧。为应对国际金融危机采取的经济刺激措施导致了中国政府和企业债务迅速膨胀。地方政府融资平台的债务风险陡增，国有企业民营企业也陷入了债务持续扩张的轨道。而

封闭式的金融创新则导致了规避监管的金融套利盛行，资金在金融市场空转严重。土地金融化带来了全国城市房价的猛涨，房地产库存、土地财政等问题也是纷至沓来。在分业监管下的金融混业经营趋势带来的金融创新更多的是躲避金融监管导向的，如以回避银行监管要求的"影子银行"业务急剧扩张。金融中介之间的融合也使得资金的流向不再清晰，分业监管下的金融统计无法全景地呈现金融业资金的动向，为风险监管造成了难度。这些金融经济风险已经危机了中国经济发展的健康稳定，亟须治理。

四是国有企业改革需要提速。中国国有资本监管，国有企业现代企业治理结构，国有资本布局需要调整协同并进。

五是社会民生问题凸显。东西部、城乡差距日益扩大，土地产权不明晰导致的群体性事件也时有发生，收入和财富不平等这些社会问题亟须解决，将环境保护纳入经济发展的考量迫在眉睫。

正是由于复杂的经济环境导致了错综复杂的经济问题，中国需要更坚定地实施改革和开放，为下一轮深层次的全面改革拉开序幕。

第四章　以全面深化改革为导向的第四轮改革推动中国经济迈向高质量发展

　　受国内外因素的综合影响，2012 年前后中国经济呈现"三期叠加"的阶段特点，一改长达近 20 年的 10% 增速，逐渐进入了增速只有 6% 至 7% 的新常态，长期以来形成的体制机制已不适应新常态发展的需要，迫切需要调整。在此背景下，为如期实现全面建成小康社会的奋斗目标，有效推进中国特色社会主义事业"五位一体"的总体布局，以习近平同志为核心的党中央，以"明知山有虎，偏向虎山行"的勇气、以"图难于其易，为大于其细"的智慧、以"咬定青山不放松"的决心作出全面深化改革的决定，密集部署了一大批重点改革任务，推进了一系列重大工作，解决了许多长期想解决而没有解决的难题，办成了许多过去想办而没有办成的大事。党的十八大以来，重要领域和关键环节改革取得突破性进展，主要领域改革主体框架基本确立。中国特色社会主义制度更加完善，国家治理体系和治理能力现代化水平明显提高，全社会发展活力和创新活力明显增强，有力推动国内生产总值实现年均 7.1% 的增长，对世界经济增长贡献率超过 30%，在世界经济中的占比也提高到 15% 左右。

第一节　改革逻辑与路径

在加入世界贸易组织后，经济进入快速增长期，并最终一举超越日本成为世界第二大经济体。但在这一期间，2008 年在美国爆发的金融危机迅速蔓延至全球并对全球经济产生持续影响。一方面，全球经济增长明显放缓，发达国家意图通过重定游戏规则、推行"再工业化"战略等手段，重塑世界贸易版图和竞争优势，对中国等新兴经济体形成反制，另一方面，中国各领域都步入改革深水区，以往"先易后难"、"摸着石头"过河的改革思路缺乏顶层设计、相互协调不够等问题愈发突出。受国内外因素的综合影响，2012 年前后经济呈现"三期叠加"的阶段特点，逐渐进入了经济增速只有6%—7%的新常态。由此，经济结束了长达20年的两位数增长，经济增长速度换挡期、结构调整阵痛期、前期刺激政策消化期的"三期叠加"成为重要特征。在新常态下，经济既面临外部冲击带来的周期性问题，也面临着长期积累下来的结构性问题，两类问题互相交织，使曾经奏效的大规模刺激政策代价越来越大、效果越来越差。在外部环境不确定性极高、内部经济风险加速集聚的情况下，政策走向何方、改革如何抉择，是摆在新一届中央领导集体面前迫切需要回答的现实问题。

过去30多年的发展历程证明，改革开放尤其是市场化改革为中国经济社会发展带来了巨大的红利，它打破了计划经济的藩篱，使社会主义市场经济从无到有发展起来。但到目前为止，市场化改革还远未完成，许多重点领域和关键环节的改革仍尚未突破，随着经济社会的进一步发展，改革进入深水区和攻坚阶段，这些绕过去的和放在一边的矛盾与问题不仅没有消失或自行缓解，反而成为经济社会向更高阶段演进的"拦路虎"和"绊脚石"。新一届中央领导集体认识到，要破除改革缺少顶层设计、缺少协调配合的问题，需要一个由经济领域不断向政治领域、社会管理领域、文化领域、生态领域、党建领域、国防和军队建设领域等全方位拓展深化的改革，由此拉开了新一轮全面深化改革的序幕。

　　但新一轮全面深化改革的关键是什么？按照什么主线来进行？如何找到突破点？要回答这些问题需要充分考虑到中国经济发展面临的主要症结。借鉴前几轮的经验，我国仍是从经济体制改革出发开启新一轮全面深化改革进程。而正确认识和处理政府与市场的关系是经济体制改革的核心，为此，党中央在党的十八届三中全会提出"充分发挥市场在资源配置中的决定性作用"，把市场在资源配置中的"基础性作用"上升为"决定性作用"，反映了我们党对社会主义市场经济规律认识的进一步深化，是认识上的一个重大飞跃。另一方面，由于政府在整个改革中处于中心位置，经济体制改革、政治体制改革、文化体制改革、社会管理体制改革乃至整个社会的改革都需要政府的主导、引领和组织实施。随着诸多领域体制改革的不断深入，行政管理体制改革的问题日益突出，政府管理体制也成为改革的对象；政府内各部门和人员都处在利益格局的调整之中，面临着众多的诱惑，以权谋私的风险也在不断加大。可见，政府行政管理体制改革的牵动力、影响力、辐射力极大，在全面深化改革的进程中具有关键内核的作用和示范引领的效应。必须切实转变政府职能，积极稳妥地推进行政管理体制改革，创新行政管理方式，进而有效提升国家治理能力和水平，为经济、政治、文化、社会、

生态领域的全面改革提供动力和保障，发挥引领全面深化改革的积极作用。

为了充分发挥市场在资源配置中的决定性作用，更好发挥政府作用，我国开始推进供给侧结构性改革并将其作为主线。2013年以来，中央作出了着力实施供给侧结构性改革的重大决定，这是针对经济在供给侧存在的结构性问题提出的。经济进入新常态后，供需错配问题尤为突出，而主要问题出在供给侧。比如，高品质农产品和食品供给难以满足国内消费者对安全绿色食品的多样化需求，国内农产品和食品的国际竞争力较弱，国内大量农产品库存积压和进口量逐年增加的局面并存；一方面，我国220多种工业产品产量已经高居世界第一，钢铁、煤炭等产品出现了比较明显的产能过剩，另一方面，高端制成品不得不依赖进口，有的高科技产品和设备还受到西方国家的出口管制和封锁；大量高端服务需求纷纷转向海外，大量低端服务供给却无人问津，资源和能力闲置。要解决上述矛盾，必须推进供给侧结构性改革，提高供给体系质量，适应新需求变化，才能在更高水平上实现供求关系新的动态均衡。为此，国家在2017年提出供给侧结构性改革的主要任务是"三去一降一补"，并在2018年进一步提出要打好三大攻坚战，着力推进"破""立""降"，力求大幅提升经济发展的质量和效益。

为了激发市场主体的活力，进一步推动政府的自我改革，新一届政府把推进"放管服"改革作为"先手棋"和"当头炮"，通过"刀口向内"做到了为企业松绑、为创新除障、为公平护航，使我国营商环境水平在全球的排名大幅跃升。"放管服"体现了政府职能转变的核心理念，是行政管理体制改革工作的深化。其中，"放"的是重新界定政府、市场、社会边界和相互关系，力求让政府归位问题，为的是激发市场活力和社会创造力。"管"涉及管理体制、部门职责、政府层级、运行机制、技术平台、法制保障等，力求适应经济社会新常态的总要求，为的是加速政府管理向建设现代政府转变。"服"着眼于形成新的治理理念、治理机制和体系，目的是建设人民满意的服务型政府。通过实施"放管服"改革，就业创业门槛大幅降低，各类市场主体负担有所减轻，有效投资空间进一步拓宽，营商环境明显改善，群众办事生活更加便利，大大提升了整个经济社会的活力。

第二节　改革进程与重点

一、"放管服"改革用政府的减法换取市场的加法乘法

党的十八届三中全会开启了新一轮全面深化改革进程。不论是从改革力度还是改革效果来看，"放管服"改革都可以视为本轮改革中调整最彻底、优化最到位、群众感受最直接、企业获益最明显的改革之一。五年来，"放管服"改革不断向纵深推进，推出了一系列改革创新举措，取得了突破性进展。例如，国务院部门行政审批事项削减44%，非行政许可审批彻底终结，中央政府层面核准的企业投资项目减少90%，行政审批中介服务事项压减74%，职业资格许可和认定大幅减少。中央政府定价项目缩减80%，地方政府定价项目缩减50%以上。全面改革工商登记、注册资本等商事制度，企业开办时间缩短一半以上……

（一）减少行政审批和改革商事制度

分 9 批取消下放国务院部门审批事项 618 项，占原有 1700 多项的 40%，提前兑现本届政府承诺目标；取消了"非行政许可审批"这一审批类别，各部门不能再通过部门规章或文件设定；取消中央指定地方实施的行政审批 269 项；中央层面核准的投资项目数量累计减少 90%，外商投资项目 95% 以上已由核准改为备案管理；在地方，多数省份减少审批事项 50% 左右，有的超过 70%；一大批被取消下放的审批事项"含金量"高，受益面广。

工商登记由"先证后照"改为"先照后证"，前置审批事项压减 87% 以上，注册资本由"实缴制"改为"认缴制"，推行"多证合一、一照一码"改革，启动企业简易注销登记改革。企业设立便利度明显提高，时间大幅缩短。

削减职业资格。分 7 期取消国务院部门设置的职业资格许可和认定事项 434 项，占原总数 70% 以上，减少了就业资格限制。

清理审批中介。分 3 批清理国务院部门行政审批中介服务事项 323 项，占原总数的 74%，实行中介服务机构与审批部门彻底脱钩，规范了中介服务。

（二）降低成本激发活力

实行减税降费。出台营改增、中小微企业税收优惠等结构性减税，全面清理涉企收费，中央和省级政府取消、停征和减免收费 1100 多项，其中涉企行政事业性收费项目减少 69%，政府性基金减少 30%，2013—2016 年累计减轻企业负担 2 万多亿元，2017 年出台的减税降费措施，可使企业全年减负 1 万多亿元。

放开政府定价。中央政府定价项目减少 80%，31 个省市区定价项目平均减少 80% 左右，余下定价项目限定在重要公用事业和自然垄断行业，价格管制大幅减少。

压缩专项转移支付。中央对地方专项转移支付项目数量，已由 2013 年的 220 个大幅压减到 94 个，压减率达 57%，一般性转移支付的比重提升到 60%，扩大了地方自主权。

（三）完善管理优化服务

推行清单管理。省市县三级政府部门权责清单已全部公布；国务院部门公布了行政审批事项汇总清单，权责清单制度已在 7 个部门试点、总结经验后推开；中央和省级政府公布了涉企行政事业性收费、政府性基金目录等清单；公布《自由贸易试验区外商投资准入特别管理措施（负面清单）（2017 年版）》，覆盖现有 11 个自贸试验区，负面清单事项大为减少，缩减至百项以内。

加强事中事后监管。推行"双随机一公开"抽查监管，2017 年底实现全覆盖；实行信用监管，建立了国家企业信用信息公示系统和守信联合激励、失信联合惩戒机制；出台公平竞争审查制度；推行智能监管，利用大数据、云计算等现代信息技术加强监管；探索对新经济形态实行包容审慎监管；改革行政执法体制，市县两级全面推行市场监管综合执法。

优化政府服务。大力简化审批程序，创新服务方式，"一窗受理、一站服务"得到普遍实行，审批时间大大缩短；减少了一大批烦扰公众的各种证明和繁文缛节，办证多、办证难现象大为减少；推行行政审批规范化，出台《行政许可标准化指引（2016 年版）》；"互联网 + 政务服务"全面推开，实体服务大厅与网上办事大厅融合加快，"一网通办"正在形成，有的审批办证事项做到"最多跑一次"

或"一趟不用跑"。

党的十九大以来，"放管服"改革继续深化。先后提出要营造有利于工业互联网蓬勃发展的环境，深化简政放权、放管结合、优化服务改革，放宽融合性产品和服务准入限制，扩大市场主体平等进入范围，实施包容审慎监管；进一步清理规范涉企经营服务性收费，持续为企业减轻负担；部署加快推进政务信息系统整合共享，以高效便捷的政务服务增进群众获得感。

二、供给侧结构性改革推动供给体系质量提升

深化供给侧结构性改革是一项复杂的系统工程，牵涉领域广、影响范围大。在始于 2016 年推进的"三去一降一补"五大任务取得阶段性成效后，从 2018 年开始"破""立""降"三项措施成为深入推进供给侧结构性的重点手段。"破"，是指大力破除无效供给，把处置"僵尸企业"作为重要抓手，推动化解过剩产能。"立"，是指强化科技创新，推动传统产业优化升级，培育一批具有创新能力的排头兵企业，积极推进军民融合深度发展。"降"，是指降低制度性交易成本，继续清理涉企收费，加大对乱收费的查处和整治力度，深化电力、石油天然气、铁路等行业改革，降低用能、物流成本。"破"是前提。不破不立，不着力去产能，就无以培育新产能。"立"是根本。"降"是保障。

（一）大力破除无效供给

自 2008 年国际金融危机以来，随着全球经济增速放缓，国际市场持续低迷，国内需求增速趋缓，部分产业供过于求矛盾日益凸显，传统制造业产能普遍过剩，特别是钢铁、水泥、电解铝等高消

耗、高排放行业尤为突出。如不及时采取措施加以化解，势必会加剧市场恶性竞争，造成行业亏损面扩大、企业职工失业、银行不良资产增加、能源资源瓶颈加剧、生态环境恶化等问题，直接危及产业健康发展，甚至影响到民生改善和社会稳定大局。因此，去产能工作直接影响到中长期经济增长的"加法"，影响到产业转型升级的"乘法"。2016 年以来，尽管时间紧、任务重、难度大，以钢铁、煤炭为代表的去产能工作依然取得了重要阶段性成果。更重要的是通过摸索与实践，形成了一套较为科学、行之有效的去产能工作机制和制度体系，较为妥善地处理了去产能涉及的短期利益和长远利益、局部利益和整体利益、化解了产能过剩和产业优化升级之间的关系。

在探索中形成去产能工作机制。各地方、各部门充分注重钢铁、煤炭去产能的地方、行业特点，充分发挥市场力量，注重运用市场机制、经济手段和法治办法来化解产能过剩，同时做好社会政策托底。一是细化了去产能政策。通过加强顶层设计，印发了关于钢铁、煤炭行业化解过剩产能的文件，对一个时期内化解钢铁煤炭行业过剩产能、推动实现脱困发展提出了要求，明确了任务，作出了部署。二是相关部门陆续出台关于奖补资金、职工安置、财税、金融、国土、环保、质量、安全等 8 个方面的配套文件及落实措施，通过印发去产能公示公告、产能退出验收标准等文件，进一步统一了标准，明确了要求，为做实做细相关工作奠定了基础。三是去产能联席会议充分发挥了统筹协调作用。国务院为强化统筹协调和协作配合，建立了由 25 个成员部门和单位组成的钢铁煤炭行业化解过剩产能和脱困发展工作部际联席会议制度，针对不同阶段重点任务，及时做好对地方的指导和督促，对实施方案编制、目标分解落实、通报工作进度、严格关闭标准、治理违规建设等工作，作出了一系列具体

部署。四是科学分解落实去产能具体目标任务。通过组织各地制订化解过剩产能实施方案，经过自下而上、自上而下的三轮衔接和综合平衡，联席会议有关成员单位与省级政府、国资委与中央企业分别签订目标责任书。为督促目标任务落实，联席会议多次组织开展专项督察，加快工作进度，组织各地开展去产能验收并进行抽查，确保产能退出到位，去产能政策对市场的调控具有前瞻性和灵活性。

钢铁煤炭去产能快速推进。在政府引导和企业努力下，2016年，全国压减粗钢产能 6500 万吨，超额完成全年 4500 万吨的既定任务目标，完成率 144.4%；煤炭退出产能约 3.4 亿吨，为目标责任书汇总数量 2.96 亿吨的 115%。人员安置方面，2016 年全国各类企业分流安置员工 65 万人，其中煤炭行业 47.8 万人。2017 年，经过各地区各有关部门的共同努力，《政府工作报告》确定的煤炭行业 1.5 亿吨以上、钢铁行业 5000 万吨左右、煤电行业 5000 万千瓦的年度目标任务，均超额完成。

行业经营状况明显改善。去产能使得钢铁煤炭行业企业利润和经营状况普遍好转。2016 年，钢铁工业协会会员企业利润由 2015 年的亏损 847 亿元转为盈利 350 亿元左右，规模以上煤炭企业实现利润约为 2015 年的 2.1 倍，均实现了较大程度的扭亏为盈。煤炭企业现金流紧张、安全投入欠账、欠发缓发工资等矛盾和问题明显缓解。去产能带动了工业企业整体盈利能力显著提升。2016 年，全国规模以上工业企业实现利润总额比上年增长 8.5%，扭转了 2015 年利润下降的局面。2017 年，规模以上工业企业实现利润 75187 亿元，比上年增长 21.0%。

产业结构逐步转型。制定实施鼓励煤电联营的指导意见，印发实施发挥先进产能作用促进煤炭行业转型升级的意见。宝钢、武钢完成联合重组，形成具有较强竞争力的超大型钢铁企业集团。其他一些钢铁企业兼并重组工作也在积极研究推进。去产能也有效促进了产业转型升级和供给质量提升，落后产能和"僵尸企业"逐步退出，为先进产能腾出了发展空间；企业盈利水平的持续改善，为加大技改投入促进转型升级提供了条件。2016 年，工业战略性新兴产业和高技术制造业增加值分别增长 10.5% 和 10.8%，增速比规模以上工业分别快 4.5 个和 4.8 个百分点。2017 年，工业战略性新兴产业和高技术制造业增加值分别同比增长 11.0% 和 13.4%，同比提高了 0.5个和 2.6 个百分点。

（二）大力培育新动能

2013 年以来，我国经济发展进入新时代，世情国情发生重大变化。从国内看，在科技水平、经济基础、综合国力大幅度提升的同时，建立在初级生产要素基础上的旧动能渐趋耗尽，以高储蓄率支持的投资驱动为主的发展阶段已经过去，依靠劳动力、资源、土地投入的传统发展方式已经难以为继，必须转向以创新驱动为主的经济发展方式。从国际上看，以大数据、云计算、物联网、机器人、虚拟现实、新材料、生物科技等为代表的重大颠覆性技术正在深刻影响着传统产业的产品、模式和业态，正在催生许多新的产业领域。在此背景下，充分依托庞大的市场需求和创新驱动，积极培育经济增长新动能，满足人民日益增长的美好生活需要。

提高整体创新能力和效率。实施创新驱动发展战略，优化创新生态，形成多主体协同、全方位推进的创新局面。扩大科研机构和高校科研自主权，改进科研项目和经费管理，深化科技成果权益管理改革。推进全面创新改革试验，支持北京、上海建设科技创新中

心，新设14个国家自主创新示范区，带动形成一批区域创新高地。以企业为主体加强技术创新体系建设，涌现一批具有国际竞争力的创新型企业和新型研发机构。深入开展大众创业、万众创新，实施普惠性支持政策，完善孵化体系。各类市场主体达到9800多万户，近五年增加70%以上。国内有效发明专利拥有量增加两倍，技术交易额翻了一番。科技创新由跟跑为主转向更多领域并跑、领跑，成为全球瞩目的创新创业热土。

加快新旧发展动能接续转换。深入开展"互联网+"行动，实行包容审慎监管，推动大数据、云计算、物联网广泛应用，新兴产业蓬勃发展，传统产业深刻重塑。实施《中国制造2025》，推进工业强基、智能制造、绿色制造等重大工程，先进制造业加快发展。出台现代服务业改革发展举措，服务新业态新模式异军突起，促进各行业融合升级。深化农业供给侧结构性改革，新型经营主体大批涌现，种植业适度规模经营比重从30%提升到40%以上。采取措施增加中低收入者收入，推动传统消费提档升级、新兴消费快速兴起，网上零售额年均增长30%以上，社会消费品零售总额年均增长11.3%。优化投资结构，鼓励民间投资，发挥政府投资撬动作用，引导更多资金投向强基础、增后劲、惠民生领域。高速铁路运营里程从9000多公里增加到2万5千公里、占世界三分之二，高速公路里程从9.6万公里增加到13.6万公里，新建改建农村公路127万公里，新建民航机场46个，开工重大水利工程122项，完成新一轮农村电网改造，建成全球最大的移动宽带网。五年来，发展新动能迅速壮大，经济增长实现由主要依靠投资、出口拉动转向依靠消费、投资、出口协同拉动，由主要依靠第二产业带动转向依靠三次产业共同带动。

坚持推动军民深度融合发展。党的十八届三中全会把军民融合发展改革纳入全面深化改革总体布局加以推进，军民融合发展体制改革基本到位。党中央成立中央军民融合发展委员会，强化对军民融合发展的集中统一领导。这些重大创举，开辟了中国特色军民融合发展理论和实践的新境界，促进了国家战略体系和能力新发展。战略指导和规划统筹显著加强。中共中央、国务院、中央军委印发《关于经济建设和国防建设融合发展的意见》，首次从中央层面明确了军民融合发展的重点。国务院、中央军委颁布实施《经济建设和国防建设融合发展"十三五"规划》，勾画出"十三五"时期军民融合发展蓝图。《国防交通法》、《军人保险法》等颁布实施，综合性法律立法工作加紧推进。军民融合发展相关财政、税收、金融政策进一步完善，资金保障渠道不断拓展。国家主导、需求牵引、市场运作相统一的融合局面加快形成。重点领域军民融合深化拓展。基础设施建设统筹力度加大，交通、测绘、信息等领域共建共用取得重要进展。"军转民""民参军"步伐加快，军民科技协同创新加速推进，北斗导航系统、国产大型客机 C919、华龙一号等研发应用取得重大突破。经过近 5 年的共同努力，军民融合发展迈出历史性步伐，取得一批重大理论成果、实践成果、制度成果，逐渐步入提速增效的快车道。

（三）大力降低实体经济成本

2016 年，国务院印发了《降低实体经济企业成本工作方案》。明确经过 1 至 2 年努力，降低实体经济企业成本工作取得初步成效，3 年左右使实体经济企业综合成本合理下降，盈利能力明显增强。从地方层面看，许多省份都结合自身实际，从降低企业税费负

担，用能、融资、物流、外贸、制度性交易等方面成本出发，出台了一系列旨在进一步减轻企业负担，优化发展环境的政策措施。在这些政策作用下，降成本的政策红利开始初步显现，减税降费和降低制度性交易成本等工作初步得到了社会各界的广泛认同和支持。2016年，通过实施政策"组合拳"，直接降低企业成本1.6万亿元以上。2017年，降低实体经济成本1万亿元，其中涉企收费减负就达到1700亿元。

税费、人工以及制度性交易成本下降。在降低税费方面，分步骤全面推开营改增，结束了66年的营业税征收历史，累计减税超过2万亿元，加上采取小微企业税收优惠、清理各种收费等措施，共减轻市场主体负担3万多亿元。在降低人工成本方面，当前企业面临生产经营困难的局面，下决心降低企业负担，放水养鱼，为稳增长、促就业提供支撑，而适当降低社会保险费率，正是定向调控的重要举措。2015年以来，国家已经三次降低失业保险费率，并适当降低工伤、生育和企业职工基本养老保险费率，为企业降低成本超千亿元，促进实体经济发展。在降低企业制度性交易方面，通过全力推动简政放权，最大限度降低了企业制度性交易成本，并把深化"放管服"改革，作为减轻企业负担的关键之举。建立和推进公平竞争审查制度，查处了一批滥用行政权力排除竞争案件，促进使用市场化手段降低制度性交易成本。

实体经济企业融资成本下降。实体经济企业融资成本高的主要原因，不仅是利率、中介费用等与信贷有关的融资成本高，更重要的是融资难，小微企业难以从正规金融机构获得信贷支持，被迫通过利率高企的民间借贷等途径获取资金，造成成本大幅提升。各地针对中小企业融资贵、融资难，通过实施降低企业贷款成本、规范金融机构收费和放贷行为、降低企业融资担保成本、提高企业直接融资比重、充分发挥财政杠杆作用、大力推动金融产品和服务创新等多种措施，切实降低企业融资成本。

用电、用气以及物流成本下降。电力和天然气是保障企业正常生产的重要能源，推进这两项能源价格改革，对企业降成本的意义可谓重大。用电方面，2016 年和 2017 年减少工商企业用电支出2000 亿元以上。其中，通过实施煤电价格联动机制，减少企业年用电支出约 255 亿元。通过开展输配电价改革，核减输配电费用约 80亿元。通过利用取消中小化肥优惠电价空间，减少企业用电支出约165 亿元。通过完善基本电价执行方式，减轻大工业用户基本电费支出超过 150 亿元；用气方面，降低企业成本 920 亿元以上。其中，落实 2015 年底降低国内非居民用气价格政策，直接减轻下游用气行业负担 430 亿元以上。市场化定价天然气价格相应下降，减轻企业用气负担 470 亿元左右。物流费用是众多企业生产经营中的一项重要成本，2016 年以来，在物流领域，铁路、公路运输价格下降使众多企业享受到了实实在在的实惠。2016 年以来，全国组织实施了 4批共 209 个公路甩挂运输试点项目，共开通甩挂运输线 780 天，年完成甩挂运输量 5 亿吨，为全社会节约物流成本近 300 亿元。此外，现代物流技术和流通方式加快普及，也有效降低了流通成本，提高了流通效率，2016 年、2017 年社会物流总费用占 GDP 比重连续两年下降，累计下降 1.4 个百分点。

三、国有企业改革推动国有资本做强做优做大

改革开放 40 年来，国有企业改革一直是最受关注也是最多争议的改革领域之一。迈进新时代，习近平总书记站在党和国家事业发

展全局的高度，明确提出要坚持基本经济制度，理直气壮发展壮大国有经济，深刻回答了新形势下国企国资改革发展中的重大理论和实践问题，提出了以做强做优做大国有企业为核心要义的系列重要论述，从国有企业地位作用、国有企业改革、国有企业发展、国有资产监管和国有企业党的建设五个方面形成了新时代国有企业改革的新思想新战略。一是强调国有企业是中国特色社会主义的重要物质基础和政治基础，关系公有制主体地位的巩固，关系我们党的执政地位和执政能力，关系社会主义制度，明确了坚定不移做强做优做大国有企业，不断增强国有经济活力、控制力、影响力、国际竞争力、抗风险能力的发展目标。二是提出国有企业改革要沿着符合国情的道路去改，要遵循市场经济规律，明确了国有企业改革要有利于国有资本保值增值，有利于提高国有经济竞争力，有利于放大国有资本功能。三是强调国有企业要按照创新、协调、绿色、开放、共享发展理念的要求，在供给侧结构性改革中发挥带动作用，明确了推进结构调整、创新发展、布局优化等重点任务。四是提出国有企业改革要先加强监管、防止国有资产流失，明确了要深化国有资产监督管理体制改革，加强出资人监督，把管资本为主和对人监督结合起来，重点管好国有资本布局、规范资本运作、提高资本回报、维护资本安全。五是指出坚持党的领导、加强党的建设是国有企业的"根"和"魂"，是国有企业的独特优势，明确了要坚持"两个一以贯之"，把加强党的领导和完善公司治理统一起来，建设中国特色现代国有企业制度。这五个方面的重要内容，体现了国有企业改革发展的历史逻辑、理论逻辑和实践逻辑，形成了一个有机联系、全面系统的科学理论体系。

分析党的十八大以来国有企业改革的总体成效，可以从顶层设计、举措落地、改革红利三个方面进行评价。

（一）国企改革顶层设计基本完成

改革系统性整体性协同性不断增强。党中央、国务院颁布了《关于深化国有企业改革的指导意见》，出台了22个配套文件，形成了"1+N"政策体系，形成了顶层设计和四梁八柱的大的框架。例如，明确了国有企业分类改革、发展、监管和考核的基本原则，完成了中央企业功能界定分类，并同步配套分类考核、差异化薪酬分配等措施，为下一步国有企业深化改革奠定了坚实基础。再如，分批推进混合所有制改革试点，部分中央企业在三级子企业探索开展员工持股试点。这些文件在政策取向上相互配合、在实施过程中相互促进、在实际成效上相得益彰，对于推动基层实践发挥了很好的引领、促进和指导作用。中央企业和各地国有企业都坚持问题导向，结合各地方、各行业和各企业的实际，制定了很多实施的方案和操作的细则，相继展开，推动了国有企业改革向纵深推进。

（二）国企改革重大举措相继落地

重点难点问题不断取得新突破。中央企业分类改革全面推开，功能定位更加明确。进行了十项改革试点，这些试点都取得了重大进展，形成了一批可复制的经验。全国国有企业公司制改制面达到90%以上，中央企业各级子企业公司制改制面达92%。混合所有制改革稳步推进，超过2/3的中央企业已经或者正在引入各类社会资本推进股权多元化。重组整合扎实推进，通过重组国有资本布局结构不断优化。十项制度改革进一步深化。国资监管职能进一步转变，国有资产监督不断强化。党的建设得到全面加强，为国企改革发展

提供了坚强保证。

（三）国企改革红利逐渐释放

随着改革的不断深入，国有企业改革的成效日趋明显。企业市场化运行机制更加完善，从中央企业看集团化管控能力不断提升，企业运行质量和效率、发展活力和动力不断提升。截至 2016 年底，中央企业资产总额达到 50.5 万亿元，和前一个五年相比增加了80%；从效益来看，这五年效益是 6.4 万亿元，增加了 30.6%，增加幅度较高。上交各种税费 10.3 万亿元，增加了 63.5%。

四、财税体制改革推动完善现代财政制度

财政是国家治理的基础和重要支柱，科学的财税体制是优化资源配置、维护市场统一、促进社会公平、实现国家长治久安的制度保障。党的十八届三中全会把财税体制改革提升到"完善和发展中国特色社会主义制度，推进国家治理体系和治理能力现代化"的战略高度，并赋予了"国家治理的基础和重要支柱"的特殊定位。可见，财税改革已经成为全面深化改革的排头兵，其重要性无可替代。本轮改革的目标是通过完善立法、明确事权、改革税制、稳定税负、透明预算、提高效率，建立现代财政制度，发挥中央和地方两个积极性。改革的主要任务是改进预算管理制度、完善税收制度、调整中央和地方政府间财政关系。其中，预算制度改革最具有基础性，是建立现代财政制度的基础，是推进国家治理体系和治理能力现代化的重要内容；受各部门利益掣肘、配套改革缺位以及相关技术难题的影响，调整中央和地方政府间财政关系是难度最大的一项改革。此次改革的逻辑是在保持中央和地方收入格局大体稳定的前提下，

进一步理顺中央和地方收入划分，合理划分政府间事权和支出责任，促进权力和责任、办事和花钱相统一，建立事权和支出责任相适应的制度。2013 年以来，财税体制改革深入推进，现代财政制度建设取得重要阶段性成果。

（一）现代预算制度主体框架基本确立

预算是财政的核心，现代预算制度是现代财政制度的基础，是国家治理体系的重要内容。党的十八届三中全会对预算改革的目标设定为"全面规范，公开透明"。围绕现代预算管理制度建设，开展了诸多改革，意在保障经济新常态下财政健康可持续发展，为建立现代财政制度奠定坚实的基础。

完善政府预算体系。根据《国务院关于深化预算管理制度改革的决定》精神，党的十八届三中全会以来，不断完善了政府预算体系，建立了全口径政府预算体系。同时，为实现各类预算资金的有效衔接和统筹协调，发挥出全口径预算的整体性功能，还明确了相互之间的联动机制。目前，已有 19 项政府性基金纳入一般公共预算管理，国有资本经营预算调入一般公共预算的力度逐步加大，2017年调入比例达到 22%。

深入实施预决算公开制度。为了监督政府收支，让政府施政行为看得见、能监督，党的十八届三中全会以来，不断深入推进了预决算公开制度改革。目前中央和地方预决算公开制度建设取得重要进展，公开力度进一步加大。2017 年 105 个中央部门公开了 2017年部门预算，103 个部门公开了 2016 年部门决算；首次随决算公开了 97 个项目的绩效自评情况，教育、科技、环保等 10 个部门首次公开重点项目的文本和绩效目标。除此之外，中央还督促地方建立

健全预决算公开制度，对地方预决算公开情况进行考核。2016年地方未公开预算、决算的单位大幅减少，分别由2015年3.7万个和5.6万个下降到737个和778个，平均降幅98.3%。地方预决算公开的完整性、规范性和及时性等指标也大幅提升。

专栏4-1 从六大方面对预决算公开进行制度性规范

一是明确了公开职责。各级财政部门、各部门负责本地区、本部门预决算公开工作。按照谁制作、谁公开原则，政府预决算由财政部门公开，部门预决算由各部门公开。

二是确定了公开范围。除涉密信息外，政府预决算、部门预决算向社会公开。此外，财政部门公开各类财税政策和财税制度，部门公开本部门职责、机构设置、机关运行经费安排及使用等情况。

三是细化了公开内容。地方政府预算原则上至少公开14张报表，部门预决算原则上至少公开8张报表，涵盖一般公共预算、政府性基金预算、国有资本经营预算、社会保险基金预算。一般预算支出细化公开到支出功能分类项级科目，基本支出细化到经济分类款级科目，"三公"经费按因公出国（境）、公务用车购置运行、公务接待公开。专项转移支付分地区、分项目公开。

四是规定了公开时间。政府预决算在人大批准后20日内向社会公开，部门预决算在财政部门批复后20日内向社会公开。财税政策和财政管理制度在形成或变更之日起20日内向社会公开。

五是规范了公开渠道。政府和部门预决算在政府或部门门户网站设专栏公开，没有门户网站的通过政府公报、新闻发布会、报刊等传统媒体公开。从2017年起，财政部门建立预决算集中公开平台，集中公开政府预决算、部门预决算等预决算信息，方便公众查阅监督。

六是建立了考核监督机制。将预决算公开纳入财政和部门工作绩效考核范围，强化职能部门和人员责任。建立日常监督和专项检查、抽查等相结合的制度，对公开情况进行监督检查。

建立跨年度预算平衡机制。党的十八届三中全会以来，我国在财政领域开始逐步探索建立年度预算平衡机制。建立跨年度预算平衡机制，能够较好的克服年度预算的短时性弊端，及早发现当前财政收支的长期执行不良后果，预警可能出现的与政府中期财政目标不兼容的政策；能够加强预算的连续性和财政政策的协调性，改善预算收支信息质量，为增强财政可持续性提供更有力的外部条件。而且这种中期视野的财政预算安排，有利于在较长时期内分析财政政策效果，使预算绩效评价更为客观。

探索权责发生制政府综合财务报告制度。目前，权责发生制政府综合财务报告制度相关细则已公布，2016 年进入了试点编制阶段。目前实行以收付实现制政府会计核算为基础的决算报告制度，对准确反映预算收支情况、加强预算管理和监督发挥了重要作用。但随着经济社会发展，收付实现制无法科学、全面、准确反映政府资产负债和成本费用，不利于强化政府资产管理、降低行政成本、提升运行效率，难以满足建立现代财政制度、促进财政长期可持续发展和推进国家治理现代化的要求。因此，党的十八届三中全会以来，逐步推进了政府会计改革，目前正在探索建立全面反映政府财务信息的权责发生制政府综合财务报告制度。

优化转移支付制度。不断完善中央对地方转移支付制度是深化预算管理制度改革、建立现代财政制度的重要内容。但与建立现代

财政制度的要求相比，中央对地方转移支付制度存在的问题和不足日益凸显，因此，党的十八届三中全会以来，围绕完善转移支付结构、优化一般性转移支付制度、从严控制专项转移支付、规范专项转移支付分配和使用以及强化转移支付预算管理等思路，开始不断优化转移支付制度。目前，已取得一定成效。首先，一般性转移支付的规模和比重不断加大，2017年比重已经达到了61.6%，比2013年提高了4.9个百分点。同时，均衡性转移支付测算办法得到了完善，特别是增加了对革命老区、民族地区、边疆地区等转移支付，增强了落后和困难地区保工资、保运转、保基本民生的能力。与此同时，通过积极落实"一个专项一个管理办法"，实现了所有专项转移支付管理的分配主体统一、分配办法一致、申报审批程序唯一。另外，目前正积极组织对部分专项转移支付进行评估，将评估结果作为清理整合、预算安排专项转移支付的重要依据，一定程度上提高了财政资金的使用效率。通过不断优化转移支付制度，有力促进了地区间基本公共服务的均等化，保障和改善了民生，支持了经济社会持续健康发展。

建立地方政府债务管理体系及风险预警制度。为了防范地方政府债务风险，党的十八届三中全会以来，进一步加强了地方政府债务管理。新《预算法》及相关配套文件从法律层面对地方政府举债行为进行了规范。同时，还制定了地方政府性债务风险应急处置预案。目前，地方政府债务管理改革，在限额管理、存量债务置换、规范举债融资机制等方面取得了积极成效，实现了风险总体可控。经过近3年的存量债务置换改革，地方存量债务成本已经从10%左右降至3.5%左右，降低利息负担约1.2万亿元。

（二）税收制度改革取得重大进展

党的十八届三中全会以来，按照优化间接税、逐步提高直接税比重，落实税收法定原则等思路积极深化了税收制度改革。目前，税收制度改革取得重大进展。

全面实施营改增试点改革。2016 年 5 月，全面实施了营改增试点改革，实行了增值税对货物和服务的全覆盖，开征了 66 年的营业税彻底告别历史舞台。这项改革对于构建统一的间接税制，消除重复征税、有效减轻市场主体负担，拉长产业链条、扩大税基，促进新动能成长和产业结构优化升级以及带动增加就业等方面，起到了重要作用。截至目前，营改增试点以来，已经累计减税 2 万亿元。

资源税以"清费立税、合理负担、适度分权、循序渐进"为原则全面推进。资源税改革从调整计征方式、扩大征收范围等全面推进，有效促进了资源集约利用，推动了经济结构调整和发展方式转变。从价计征方式的实施建立了税收与资源价格直接挂钩的调节机制，使资源税收入与反映市场供求和资源优劣的矿价挂钩，有利于调节资源收益，引导开采模式的转变，提高资源利用效率，同时增强了全社会的生态保护意识。资源税扩围，有利于增加地方财政收入，弥补因营改增带来的财政收入减少。

环境保护税法出台并实施。目前，落实费改税的改革思路，已经按照制度平移原则进行了环境保护费改税，实现了排污费制度向环境保护税制度的平稳顺利转换。2016 年通过了《中华人民共和国环境保护税法》，规定了计税依据、应纳税额、税收减免、征收管理等内容。开征环保税有利于构建绿色税制体系，促使环境外部成本内生化，倒逼高污染、高耗能产业转型升级，推动经济结构调整和发展方式转变。开征环保税以来，进一步强化了税收在生态环境方面的调

控作用，形成了有效约束和激励机制，促进了排污者责任的落实。

其他税种改革积极推进。自 2015 年开始，新一轮消费税改革开始启动，这次改革以扩大征收范围、调节税率结构和征收环节为主体内容。随着消费税改革逐步推进，课税对象和税率的调整使得消费税调节收入差距和纠正消费行为的功能日益显现。同时，正按照"立法先行，充分授权，分步推进"的原则，积极推进房地产统一登记制度的建立，为房地产税开征提供了技术基础。除此之外，综合与分类相结合的个人所得税制度改革稳步推进。

加快完善税收法律制度框架。"落实税收法定原则"是党在十八届三中全会提出的一项重要改革任务，能够通过立法巩固税制改革成果，优化税制结构，完善税收法律制度框架。十二届全国人大常委会已先后制定了《中华人民共和国环境保护税法》、《烟叶税法》和《船舶吨税法》，修改了《企业所得税法》，公布了《中华人民共和国资源税法（征求意见稿）》。三部税法的颁布表明我国在落实税收法定原则方面迈出了坚定的步伐，也意味着未来税收法定进程将全力加速。

（三）财政体制改革进一步完善

党的十八届三中全会提出，"建立事权和支出责任相适应的制度"，并且"保持现有中央和地方财力格局总体稳定，结合税制改革，考虑税种属性，进一步理顺中央和地方收入划分"。十八届三中全会以来，逐步开始理顺各级政府事权以及央地收入划分。

理顺各级政府事权。合理划分中央与地方财政事权和支出责任，是政府有效提供基本公共服务的前提和保障，是建立现代财政制度的重要内容，是推进国家治理体系和治理能力现代化的客观需要。由于中央与地方事权和支出责任划分还存在不同程度的不清晰、不合理、不规范等问题，与建立健全现代财政制度的要求不相适应，党的十八届三中全会以来，积极推进了中央与地方财政事权和支出责任划分改革。目前，已经出台了推进中央与地方财政事权和支出责任划分改革的指导意见，明确了改革的总体要求、划分原则、主要内容以及时间表和路线图，将财政事权划分逐步规范化、法律化。外交领域改革方案、基本公共服务领域共同财政事权和支出责任划分改革方案先后出台，为分领域事权和支出责任改革提供了引领。按照文件精神，各地陆续出台省以下财政事权和支出责任划分改革方案。从实施效果来看，现有省以下的事权划分改革试点基本上是在原有事权划分的基础上对各级政府的财政事权和支出责任进行细分，使其更加具体化。从推进时间看，目前改革进度明确滞后于预定时间。

划分央地收入。按照党的十八届三中全会关于"保持现有中央和地方财力格局总体稳定，结合税制改革，考虑税种属性，进一步理顺中央和地方收入划分"的要求，同时考虑到税制改革未完全到位，推进中央与地方事权和支出责任划分改革还有一个过程，国务院仅制定出台了全面推开营改增试点后调整中央与地方增值税收入划分的过渡方案。该项改革的实施有利于平衡央地利益，填补营改增以后地方财力亏空。

优化财政支出结构改革稳步推进。一直以来，财政支出是实现国家战略和政策意图的直接载体，财政支出的规范高效是财税改革的归宿。党的十八届三中全会以来，财政支出领域进行了多项改革。目前，在全速推进公务支出管理改革的同时，加速提升了基本公共服务保障水平，严控了一般性支出，积极发挥了财政资金四两拨千斤的作用，把宝贵的资金更多用于为发展增添后劲、为民生雪中送炭。

改革开放40年
中国经济发展系列丛书

表4–1　党的十八届三中全会财税领域改革具体内容

主要领域	改革主要内容	具体内容
预算制度改革	完善政府预算体系	1.2014年8月，全国人大修订了《预算法》，为深化财税体制改革全局奠定了法律基础。新《预算法》的出台是财政制度建设具有里程碑意义的一件大事，标志着我国中国在加快建立全面规范、公开透明的现代预算制度中迈出了坚实的一步。新修订的预算法体现了四大亮点：一是要求建立全口径预算体系，包括一般公共预算、政府性基金预算、国有资本经营预算和社会保险基金预算；二是健全闭环式地方政府债务管理制度；三是系统规范财政转移支付；四是将预算管理公开透明正式纳入法制化轨道。 2.建立了全口径政府预算体系。 3.完善政府性基金预算。2015年以来，财政部陆续发布了关于取消、调整部分政府性基金有关政策的一系列通知，取消和调整了部分政府性基金。与此同时，在取消和调整部分政府性基金的同时，还进一步对现有的中央政府性基金进行系统评估，分析存在的问题并提出改进的政策建议。 4.完善国有资本经营预算。2017年财政部陆续印发了《中央国有资本经营预算支出管理暂行办法》及《中央国有资本经营预算编报办法》，目前已经基本建立起了完整规范的中央国有资本经营预算管理制度体系。 5.统筹协调各预算。逐步加大了政府性基金预算、国有资本经营预算与一般公共预算的统筹力度，建立了将政府性基金预算中应统筹使用的资金列入一般公共预算的机制，加大了国有资本经营预算资金调入一般公共预算的力度。
	深入实施预决算公开制度	1.新《预算法》进一步明确、细化了人民代表大会及其常委会在预算编制、审查和批准、执行以及调整等方面的程序和权限，加大了人大监督力度。 2.《关于深化预算管理制度改革的决定》中要求建立预决算公开的基本制度。 3、落实党的十八届四中全会关于推进政务公开的重要举措，中办、国办印发了《关于进一步推进预算公开工作的指导意见》，进一步明确了预决算公开的具体要求。 4.2016年财政部专门印发通知，出台了《地方预决算公开操作规程》，旨在督促地方和单位依法公开预决算，推动了地方建立预决算公开长效机制。目前，全国36个省区市（含计划单列市）财政部门均制定了预算公开管理办法或实施细则。 5.中央还建立了地方年度预决算公开情况统计制度等。

续表

主要领域	改革主要内容	具体内容
	建立跨年度预算平衡机制	1. 出台了《关于实行中期财政规划管理的意见》（国发〔2015〕3 号）。 2. 财政部编制了 2016—2018 年全国财政规划，并在水利投资运营、义务教育等 5 个领域开展了 3 年滚动规划试点。
	探索权责发生制政府综合财务报告制度	1. 出台了《关于批转财政部权责发生制政府综合财务报告制度改革方案的通知》（国发〔2014〕63 号）。 2.2016 年进入了试点编制阶段。
	优化转移支付制度	1. 出台了《国务院关于改革和完善中央对地方转移支付制度的意见》（国发〔2014〕71 号）。 2. 不断加大了一般性转移支付的规模和比重。 3. 完善了均衡性转移支付测算办法。 4. 修订公布了新的专项转移支付管理办法，明确了专项转移支付项目设立、调整和退出等规定。 5. 已出台规定强化对专项转移支付的绩效管理。
	建立地方政府债务管理体系及风险预警制度	1. 新《预算法》及《关于加强地方政府性债务管理的意见》（国发〔2014〕43 号）等相关配套文件从法律层面对地方政府举债进行了规范，明确规定地方举债主体只能是省一级政府，并且只能采取发行地方政府债券的方式，筹措的资金只能用于公益性资本支出而不得用于经常性支出，举债规模需由全国人大或全国人大常委会批准。地方政府的债券分为一般债券、专项债券两类，财政部据此印发了《地方政府一般债券发行管理暂行办法》和《地方政府专项债券发行管理暂行办法》。 2. 相关文件还要求剥离融资平台公司的政府融资职能，目前正在抓紧出台相关政策推动其市场化转型。另外，还对地方政府年度发债限额、审批程序、资金用途、预算管理、风险管理做出了明确规定。 3. 发布了《地方政府性债务风险应急处置预案》（国办函〔2016〕88 号），《预案》从风险监控、预警、响应、重整、评估、处置和保障等多个方面做了详尽的规定和安排。
税收制度改革	全面实施营改增试点改革	1.2012 年 1 月 1 日，在上海市针对交通运输业和部分现代服务业启动了营改增试点。2013 年 8 月，营改增试点推向全国，同时将广播影视服务纳入试点范围。2014 年 1 月、6 月，铁路运输业和邮政业、电信业先后被纳入试点。在此基础上，2016 年 5 月，营改增试点在所有行业全面推开。

续表

主要领域	改革主要内容	具体内容
		2. 简化了增值税税率结构。自 2017 年 7 月 1 日起，我国中国增值税税率将由四档减至 17%、11% 和 6% 三档，取消 13% 这一档税率；将原适用 13% 增值税税率的农产品、自来水、石油液化气、天然气、图书、音像制品等调整为 11%。为了进一步降低企业负担，自 2018 年 5 月 1 日起，制造业等行业增值税税率从 17% 降至 16%，交通运输、建筑、基础电信服务等行业及农产品等货物的增值税税率从 11% 降至 10%。同时，统一增值税小规模纳税人标准，将工业企业和商业企业小规模纳税人的年销售额标准由 50 万元和 80 万元上调至 500 万元。
	资源税改革全面推进	1. 实施从价计征改革。2014 年 9 月召开的国务院第 64 次常务会议决定 12 月起实施煤炭资源税从价计征改革，同时清理相关收费基金。2015 年 5 月 1 日起在全国范围内实施稀土、钨、钼资源税清费立税、从价计征改革。 2. 全面推进资源税扩围改革。河北省率先将水资源纳入资源税的扩围范围。随后，自 2017 年 12 月 1 日起，在北京、天津、山西、内蒙古、河南、山东、四川、宁夏、陕西等 9 省区市开征水资源税。根据相关规定，其他省份可根据自身实际情况，选择资源税的扩围范围，由省级政府提出具体实施方案，待国务院审批后实施。
	环境保护税法出台并实施	按照制度平移原则进行了环境保护费改税。
	消费税改革	2015 年，电池、涂料被列入消费税征收范围。其后，三次提高燃油消费税税负。
	其他税种改革积极推进	1、按照"立法先行，充分授权，分步推进"的原则，推进房地产税立法和实施。 2、综合与分类相结合的个人所得税制度改革稳步推进。在综合工资薪金、劳务等收入下，综合免除额的确定、个税的税率和档次的调整、税前专项扣除项目的设计都在改革考虑范围。
	加快完善税收法律制度框架	十二届全国人大常委会已先后制定了《中华人民共和国环境保护税法》、《烟叶税法》和《船舶吨税法》，修改了《企业所得税法》，公布了《中华人民共和国资源税法（征求意见稿）》。

主要 领域	改革主要 内容	具体内容
财政体制改革进一步完善	理顺各级政府事权	1.已经出台了推进中央与地方财政事权和支出责任划分改革的指导意见，明确了改革的总体要求、划分原则、主要内容以及时间表和路线图，将财政事权划分逐步规范化、法律化。按照《关于推进中央与地方财政事权和支出责任划分改革的指导意见》中的时间表，要在2016年完成国防、国家安全、外交、公共安全等领域中央与地方事权的划分；在2017—2018年完成教育、医疗卫生、环境保护、交通运输等领域中央与地方事权的划分；在2019—2020年基本完成主要领域改革，形成中央与地方财政事权和支出责任划分的清晰框架。 2.外交领域改革方案、基本公共服务领域共同财政事权和支出责任划分改革方案先后出台，为分领域事权和支出责任改革提供了引领。目前，正重点推进教育、医疗卫生、交通运输、环境保护等分领域财政事权和支出责任划分改革，旨在促进各级政府更好地履职尽责，提高基本公共服务的供给效率。
	划分央地收入	国务院仅制定出台了全面推开营改增试点后调整中央与地方增值税收入划分的过渡方案。具体内容为：以2014年为基数核定中央返还和地方上缴基数。所有行业企业缴纳的增值税均纳入中央和地方共享范围，中央分享增值税的50%，地方按税收缴纳地分享增值税的50%。中央上划收入通过税收返还方式给地方，确保地方既有财力不变。与此同时，中央集中的收入增量通过均衡性转移支付分配给地方，主要用于加大对中西部地区的支持力度。
	优化财政支出结构改革稳步推进	1.清理规范了重点支出同财政收支增幅或生产总值挂钩事项等，打破财政支出结构的固化局面。 2.改革支出经济分类科目，与当前预算管理改革与发展的实际紧密结合。 3.财政支出更倾向于保障基本民生和重点项目。 4.规范支出标准体系以及支出绩效管理制度，打下"支出有依据，花钱必问效，无效必问责"的制度基础。 5.实施了有效缓解地方财政融资压力的政府与社会资本合作（PPP）改革。

五、金融体制改革提升了金融市场效率与稳健性

金融是现代经济的核心，金融领域改革与发展的基本原则是"坚持金融服务实体经济"，金融工作的生命线是防范化解风险。受多种因素影响，2013年以来金融业发展出现了一些乱象，诸如影子银行、信贷放水、监管者的"稻草人"现象、内外勾结的权贵"内奸"、资本雄厚、不择手段的财阀"大鳄"等，一度导致大量资金"脱实向虚"。但2017年的第五次金融工作会议，为金融改革指明了方向。总体来看，党的十八大以来金融改革取得重大成就，现代金融企业制度逐步健全，金融市场体系不断完善，金融监管体制进一步改革，金融发展方式加快转变，服务实体经济和守住不发生系统性金融风险底线的能力均明显增强。

（一）利率和汇率市场化程度明显提升

党的十八大以来，我国坚持市场化方向，遵循渐进可控原则，不断深化利率汇率市场化改革，基本完成利率市场化改革，人民币汇率弹性显著增强，市场配置金融资源的能力不断提高。一是利率市场化走廊逐渐形成。到2015年，存贷款利率管制基本放开，利率市场化改革的重点也由过去的"放得开"向"形得成""调得了"转变。当前，不论金融机构，还是企业和居民都逐渐适应了市场化的利率环境，银行间市场拆借利率、国债收益率曲线、央行基准利率、货币政策操作利率等多种利率工具各司其职，利率的市场化走廊正在形成。二是汇率形成机制逐步形成。为实现"以市场供求为基础、参考一篮子货币进行调节、有管理的浮动汇率制度"的改革目标，通过扩大人民币兑美元交易价浮动幅度、完善人民币兑美元汇率中

间价报价机制、引入"逆周期因子"等方式，逐步形成"收盘汇率
＋一篮子货币汇率变化＋逆周期因子"的人民币兑美元汇率中间价
形成机制，缓解"羊群效应"。

表 4-2　推进利率与汇率市场化进程的改革举措

领域	具体举措
利率市场化	从 2013 年 7 月起，人民银行全面放开贷款利率管制；从 2015 年 10 月起，人民银行不再设置存款利率浮动上限。
汇率形成机制	自 2014 年 3 月起，人民币兑美元交易价浮动幅度扩大至 2%；2015 年 8 月，完善人民币兑美元汇率中间价报价机制；2017 年 5 月，引入"逆周期因子"，形成"收盘汇率＋一篮子货币汇率变化＋逆周期因子"的人民币兑美元汇率中间价形成机制。

（二）金融市场更加多层次

近几年来，金融业的发展和改革方向转向强化服务实体经济的
能力，丰富完善的金融市场是实现这一目标的重要举措。一是多层
次的银行体系加快构建。自从 2014 年三季度，首批 5 家民营银行获
得银监会批复以来，民营银行发展进入常态化阶段，目前已有 15 家
民营银行获准开业。有效改善了长期以来国有大行为主体的银行业
架构，一定程度上缓解了实体经济融资难题。二是多层次资本市场
加速建设。自从 2013 年 12 月国务院发布《关于全国中小企业股份
转让系统有关问题的决定》以来，新三板市场加快完善，做市转让、
市场分层等制度变革陆续推出，有效拓展了中小企业的直接融资渠
道，迅速将新三板带入"万家时代"。截至 2017 年底，新三板累计
挂牌企业数达到 11630 家，总市值为 49404.56 亿元。据统计，直接
融资比重自 2003 年至 2016 年末基本呈直线上升态势，由 3% 左右
上升至约 23%，处于较为合理水平。

（三）推进金融监管体制改革

金融业的健康发展离不开金融监管协调。为更好地适应金融业发展新形势，金融监管协调机制逐步建立与完善。2013 年 8 月，人民银行牵头建立了金融监管协调部际联席会议制度；2017 年 11 月国务院金融稳定发展委员会正式成立，2018 年 3 月，银监会和保监会合并组建中国银行保险监督管理委员会，厘清央地金融监管职责，强化属地风险处置责任，健全风险监测预警和早期干预机制，初步实现了"协调统一监管"的目的；进一步强化人民银行宏观审慎管理，增强防范"系统性金融风险"的能力；践行"双峰"监管理念，强化了行为监管；加强功能监管，避免"监管真空"与"交叉监管"同时并存的现象；加强金融基础设施的统筹监管和互联互通，努力实现"监管信息共享"。通过上述一系列金融监管领域的改革举措，有效改变了传统的分业监管模式，加强了金融监管协调，建立了现代金融监管框架，为金融安全筑牢体制机制的"防火墙"。

（四）金融业双向开放步伐明显加快

开放是金融业改革的一项重要内容。随着我国在全球经济地位的提升，金融业不断扩大开放，加速融入全球市场，在世界经济金融治理体系中的话语权不断上升。一是紧密了我国股票、债券市场与国际市场之间的联系。2014 年 11 月沪港通试点启动，2016 年 12 月深港通顺利推出，2017 年 7 月债券通先行开通北向通，为更多境外投资者参与到我国金融市场和经济发展以及中国投资者参与全球市场创造了条件。二是提升了人民币的国际地位。跨境贸易的人民币结算、人民币资本项目的可兑换、人民币离岸市场的建设以及丝路基金和亚洲基础设施投资银行等金融支持企业"走出去"措施的加快，使人民币在国际金融市场上使用越来越广泛。2016年10月国际货币基金组织把人民币正式纳入特别提款权（SDR）货币篮子，人民币跻身过去由美元、欧元、日元、英镑组成的"精英储备货币俱乐部"，成为国际储备货币，金融国际竞争力和影响力显著提高，整个金融业发展迈入新时代。

六、建立现代市场体系提高了资源配置效率

建设统一开放、竞争有序的市场体系，是使市场在资源配置中起决定性作用的基础。党的十八大以来，我国加快形成企业自主经营、公平竞争，消费者自由选择、自主消费，商品和要素自由流动、平等交换的现代市场体系，积极清除市场壁垒，努力提高资源配置效率和公平性。

（一）市场决定价格机制基本建立

近三年来，价格改革步伐明显加快。据国家发改委测算，2013年价格市场化程度比2012年提高0.35个百分点，2014年、2015年、2016年分别比上年提高0.48、1.29和0.56个百分点，提升幅度显著。主要原因是中央政府管理价格比重大幅下降。2016年政府管理价格的比重不到3%，其中中央和地方政府管理价格的比重分别为1.45%和1.54%，与2012年相比，分别下降了1.91和0.77个百分点。中央政府管理价格比重的下降对全国价格市场化程度提高的贡献高达七成以上。这其中重点领域价格改革的影响较大。近年来，我国陆续放开了电信业务资费，多数药品、烟叶、民爆器材等专用商品的价格，部分竞争性交通运输和邮政服务价格，以及建筑项目服务等专业服务价格；放开了化肥、储气库用气价格，积极推动了电力直

接交易；全面放开城市公立医院服务价格改革，进一步扩大按病种收费数量，根据电力体制改革进程特别是发用电计划放开进程，同步放开竞争性环节上网电价，完善稻谷、小麦最低收购价政策等。总的来看，当前主要由市场决定价格的机制基本形成，政府定价范围已基本集中在网络型自然垄断环节、重要的公用事业和公益性服务三个领域。

表 4-3 重点领域推出的价格改革举措列表

领域	具体举措
农产品	2014 年放开烟叶和桑蚕茧收购价格，调整小麦、稻谷的最低收购价；2015 年修订生猪市场价格调控预案；2016 年推进玉米收储制度改革，建立玉米生产者补贴制度。
电力	自 2014 年开始利用三年时间完成首轮省级电网输配电价改革，建立地方电网、增量配电网配电价格机制；2015 年放开了跨省电能交易价格，由送受双方协定，并实施煤电价格联动机制；对电力用户实行了两部制电价。
天然气	自 2013 年起利用三年时间分次提高非居民用存量天然气价格，最终实现非居民用天然气存量气和增量气的并轨；2015 年 4 月放开除化肥企业外的直供用户天然气价格；2016 年 11 月上海石油天然气交易中心正式营业。
石油	自 2013 年 3 月起，缩短石油价格调整周期为 10 个工作日，并取消了国际原油市场油价变动 4% 才能调价的限制；2015 年 3 月起，航空煤油出厂价格基本市场化；2016 年，明确设定成品油价格调控下限，建立油价调控风险准备金，放开液化石油气出厂价格，简化成品油调价操作方式。
医疗服务和药品	2014 年放开非公立医疗机构医疗服务价格，并取消政府制定的最高零售价格；自 2015 年 6 月 1 日起除取消麻醉药品和第一类精神药品外，药品政府定价，完善药品采购机制；2016 年 7 月，放开医疗服务价格，实行市场调节价；2017 年逐步扩大按病种收费范围，地二级及以上公立医院选取一定数量的病种实施按病种收费，城市公立医院综合改革试点地区 2017 年底前实行按病种收费的病种不少于 100 个。
铁路货运	自 2012 年以来，国家连续四年提高铁路货运价格，并将其改为政府指导价，建立货运价格上下浮动机制；陆续放开社会资本投资控股新建铁路货物运价、铁路散货快运价格、包裹运输价格等；高铁动车组特等座、商务座、动卧票价先后实行市场调节价以及铁路运输企业自主定价制度。

续表

领域	具体举措
民航旅客票价	2013 年以来，陆续放开短途航线票价、国内航线货物运价，改进政府指导基准票价定价办法，由政府审批航线基准票价改为政府制定定价规则，航空公司按照规则自行制定、调整基准票价。
港口收费、邮政资费和机动车停放服务收费	2013 年以来，国家陆续放开港口码头货物装卸等劳务性收费、船舶供应服务收费并将船舶收费改为政府指导价上限管理，下浮不限；缩小政府定价管理的邮政资费范围、放开住宅小区停车服务收费以及社会资本投资新建停车设施收费标准管制等。
养老服务	自 2013 年 9 月开始，各地价格主管部门积极探索建立科学合理的养老服务定价机制，对政府公办养老机构的养老服务定价实行政府指导价或政府定价，列入地方定价目录，对民办养老机构和社区、乡村举办的敬老院等养老机构实行市场调节价。自 2015 年起，各地开始探索建立市场形成价格为主的养老机构服务收费管理机制。
居民用电、用水和用气阶梯价格	自 2013 年 12 月起，陆续推出建立城镇居民用水、生活用气、用电阶梯价格制度的文件。截至 2015 年底，31 个省（自治区、直辖市）中，除青海、西藏以外的 29 个省份已经建立城镇居民阶梯水价制度；已通气的 30 个省（自治区、直辖市）中，除重庆、新疆外的 28 个省（自治区、直辖市）均已建立阶梯气价制度；从 2013 年开始，部分省份推行居民用电峰谷分时电价政策。

（二）公平开放透明的市场规则逐步建立

建立公平开放透明的市场规则是优化营商环境的基础。自 2015 年 12 月 1 日至 2017 年 12 月 31 日，选择上海市、天津市、广东省、福建省 4 个自贸试验区实施了外商投资负面清单制度。从实施情况看，在负面清单改革中政府审批边界逐步缩小，市场配置资源的作用不断扩大，取得了可喜的成绩。据统计，4 个自贸试验区外商投资负面清单已由 2013 年的 190 项减少至 2017 年的 95 项，总量减少了 50%，减少最多的是制造业，从 2013 年的 63 项减少至 14 项，探

索形成了对外商投资实行准入前国民待遇加负面清单的管理模式。自2015年起，选择上海、南京、郑州、广州、成都、厦门、青岛、黄石和义乌9个城市开展了国内贸易流通体制改革发展综合试点，主要在流通创新发展促进机制、市场规制体系、基础设施发展模式、管理体制等方面进行了积极探索，形成了包括促进实体商业转型升级，创新电子商务发展模式，完善物流配送体系，促进城乡流通一体化、内外贸一体化、区域市场一体化发展等方面的16项做法和经验，并于2017年在全国推广。

（三）市场监管体系不断完善

自2012年以来生效于2008年8月1日的《反垄断法》经过约4年"准备期"后，迎来了一波又一波执法浪潮，为以来全面深化市场经济体制改革发挥了一定的保障作用。陆续对行业协会、龙头企业继续扮演"二政府"，组织或促成价格垄断协议、划分市场与客户的行为予以从严查处，对上市公司盲目追求资本市场回报而不惜串谋操纵价格的行为予以从严查处，对汽车、家电、医药、医疗器械制造业，民航、酒店等服务业限制最低转售价格的行为予以从严查处。尤其是对自然垄断行业滥用市场支配地位行为，对"互联网市场存在一些恶性竞争、滥用市场支配地位等情况"及时展开调查，积极回应社会关切，防止互联网企业间通过并购、参股、战略合作形成明争暗和、分食消费者"唐僧肉"的"共荣圈"，抄袭、妨碍或扼杀中小企业创新。2018年4月10日整合国家工商总局、国家质量监督检验检疫总局等部门职责组建的国家市场监督管理总局正式挂牌，它将为进一步完善市场监管体制，营造诚实守信、公平竞争的市场环境，推进市场监管综合执法、加强产品质量安全监管发挥更积极的作用。为构建以信用管理为核心的新型监管体制，更好地服务各类市场主体，相关部门持续推动各类信用信息共享、完善守信联合激励、失信联合惩戒机制。

（四）城乡统一的建设用地市场初步建立

党的十八大以来，大力推进土地制度改革，目前已基本完成集体土地所有权确权登记发证工作，为建设城乡统一土地市场创造了条件，并为落实耕地保护制度和节约集约用地制度，促进农村社会和谐稳定夯实基础。在此基础上，各地有计划的分步骤推进集体建设用地使用权以及宅基地的确权登记发证工作。选取北京大兴区、天津蓟县等 33 个地区开展农村土地征收、集体经营性建设用地入市、宅基地制度改革试点。

七、建立开放型经济新体制推动更高层次更高水平对外开放

对外开放是我国的基本国策。当前改革开放正站在新的起点上，面对新形势新挑战新任务，要统筹开放型经济顶层设计，以加快培育国际合作和竞争新优势为总体目标，加快构建开放型经济新体制，进一步破除体制机制障碍，使对内对外开放相互促进，引进来与走出去更好结合，以对外开放的主动赢得经济发展和国际竞争的主动，以开放促改革、促发展、促创新，建设开放型经济强国，为实现"两个一百年"奋斗目标和中华民族伟大复兴的中国梦打下坚实基础。

（一）自由贸易试验区试点积累了丰富经验

自 2013 年自贸试验区建设工作启动以来，上海、广东、天津、

福建、辽宁、浙江、河南、湖北、重庆、四川、陕西陆续设立了自贸试验区，在投资、贸易、金融、创业创新、事中事后监管等多个方面进行了各种试验，探索出外商投资准入前国民待遇加负面清单的投资管理新模式，以防控风险为底线严密高效的事中事后监管新体系，并以贸易便利化为重点创新贸易监管制度，以提升服务实体经济质量和水平为目标创新金融开放，以服务国家战略为根本不断推出差别化功能举措，有效提高了自贸实验区通关等办事效率，完善了自贸试验区营商环境，支持了地区经济发展和开放型经济水平提升。

（二）投资准入大幅放宽

目前，我国已经与全球130多个国家和地区签订了投资协定，修订了中外合资经营企业法、中外合作经营企业法和外资企业法。发布了2018年版外商投资准入负面清单，出台了涉及22个领域的大力度开放措施，包括：大幅扩大金融、基础设施、交通运输、商贸流通、文化等服务业开放程度，放开汽车、船舶、飞机等行业外商比例限制使制造业实现基本放开，放宽农业和能源资源领域外资比例限制。从2018年7月28日起，取消外资进入银行、证券、汽车制造、电网建设、铁路干线路网建设、连锁加油站建设等一系列限制。整合优化了海关特殊监管区域。这一系列开放措施为扩大吸引外资、促进市场竞争、增强创新力量注入新动力，有利于推动我国形成全面开放新格局，支持经济全球化深入发展。

（三）多层次自贸区建设加快

目前，我中已签署10多个自贸协定，涉及20多个国家和地区；

已与 69 个国家和国际组织签署了共建"一带一路"合作协议，一系列部门间合作协议覆盖政策沟通、设施联通、贸易畅通、货币融通、民心相通"五通"各领域，通过加强"五通"，以点带面，从线到片，逐步形成区域大合作，为形成周边、"一带一路"和全球三个层次的自贸区建设布局奠定基础。

八、科技体制改革催生新一轮创新创业浪潮

党的十八大以来，以习近平同志为核心的党中央高度重视科技体制改革工作，围绕全面深化改革总目标，聚焦实施创新驱动发展战略，按照科技创新和体制机制创新"双轮驱动"的要求，研究部署推出一系列重大改革举措。我国科技体制改革突飞猛进，取得了两方面成绩。

（一）绘制科技体制改革路线图

中办、国办于 2015 年 8 月印发的《深化科技体制改革实施方案》，是中央关于经济体制领域"四梁八柱"性质的综合性改革方案之一，提出到 2020 年需要完成的 10 个方面 32 项举措 143 项任务，给出明确时间表与路线图。总体来看，目前各项任务进展顺利，实现时间进度近 1/3，任务完成近 2/3。在加强基础研究、完善科技计划管理、加快科技成果转化、实施以增加知识价值为导向的分配政策等方面，都出台了很多政策，5 年来，科技体制改革不断深化，范围从科研领域扩展至经济、社会等各相关领域，着力点从研发管理转向创新服务，受惠面从科技人员扩大到广大人民群众，改革的关联性、复杂性、影响力大大提高。科技体制改革已经成为我国全面深化改革的重要组成部分。

（二）激发人才积极性

党的十八大以来，我国深化科技体制改革，出台了多项"激励人""解放人"的重大举措。例如，修订《促进科技成果转化法》，制定《促进科技成果转移转化行动方案》，促进科技成果转移转化的这三部曲，让科研人员可以凭成果致富。《关于实行以增加知识价值为导向分配政策的若干意见》，构建了科研人员"三元"薪酬结构，让科研人员可以依法依规兼职兼薪。《关于进一步完善中央财政科研项目资金管理等政策的若干意见》为科研人员"松绑"，下放预算调剂权限，合并会议费、差旅费和国际合作交流费，让"打酱油的钱可以买醋"。2016 年 3 月印发的《关于深化人才发展体制机制改革的意见》，突出流程再造、分类评价和绩效导向，推行中长期目标考核，不仅优化了人才评价"指挥棒"作用，还健全了人才顺畅流动机制。2017 年 3 月印发的《关于深化高等教育领域简政放权放管结合优化服务改革的若干意见》，扩大了高校和科研院所自主权，赋予创新领军人才更大的人财物支配权和技术路线决策权。

九、生态文明体制改革开启美丽中国建设新征程

在改革开放 40 年来快速发展过程中累积的资源环境约束日益趋紧，生态环境保护的任务仍任重道远。为此，2013 年以来，以习近平同志为核心的党中央把生态文明建设作为统筹推进"五位一体"总体布局和协调推进"四个全面"战略布局的重要内容，把推动形成绿色发展方式和生活方式摆在更加突出的位置，并分别部署生态文明体制改革、生态文明法律制度、绿色发展的目标任务。在各方共同努力下，各级政府贯彻绿色发展理念的自觉性和主动性显著增强，忽视生态环境保护的状况明显改变。

（一）对生态文明制度体系进行顶层设计

为加快建立系统完整的生态文明制度体系，加快推进生态文明建设，增强生态文明体制改革的系统性、整体性、协同性，2015年中共中央、国务院印发了《生态文明体制改革总体方案》，搭建了生态文明制度体系的顶层设计，制定了改革路线图。按照《生态文明体制改革总体方案》确定的"八项制度"，各项改革扎实推进，不少领域实现重大突破，生态文明制度体系加快形成。自然资源资产产权制度改革已经展开，主体功能区制度逐步健全，空间规划体系改革试点全面启动，资源总量管理和全面节约制度不断强化，资源有偿使用和生态补偿制度改革持续推进，环境治理体系改革力度明显加大，环境治理和生态保护市场体系加快建立，生态文明绩效评价考核和责任追究制度全面建立。编制自然资源资产负债表、领导干部自然资源资产离任审计、党政领导干部生态环境损害责任追究、生态环境损害赔偿制度、国家生态文明试验区、国家公园等改革试点进展顺利。新修订一批法律法规，法律制度不断完善。中央环境保护督察硬拳出击，解决了许多长期想解决而没有解决的环保难题，人民群众的获得感大大增强。

（二）绿色发展提速增效

绿色发展理念深入人心。环保部开通"12369"环保微信举报平台，拓宽群众参与渠道和范围，累计受理群众举报近7.3万余件。生态环保法制建设不断健全。《大气污染防治行动计划》《水污染防治行动计划》《土壤污染防治行动计划》陆续出台，被称为"史上最严"的新环保法从2015年开始实施，在打击环境违法犯罪方面力度空前。形成更多蓝天碧水。与2013年相比，2016年京津冀地区

PM$_{2.5}$平均浓度下降了 33%、长三角区域下降 31.3%、珠三角区域下降 31.9%。中国绿色发展为世界贡献了中国方案。2016 年，联合国环境规划署发布《绿水青山就是金山银山：中国生态文明战略与行动》报告。中国的生态文明建设理念和经验，正在为全世界可持续发展提供重要借鉴。

第三节　改革成就与影响

党的十八大以来，以习近平同志为核心的党中央紧紧抓住经济社会发展的主要矛盾和矛盾的主要方面，从经济发展长周期和全球政治经济的大背景出发，作出了经济发展进入新常态的重大判断，提出了一系列新发展理念，推出了一系列新的重大战略，推动我国经济发展从速度规模型向质量效益型转变，各项社会事业蓬勃发展，生态环境不断改善，各方面不断向着更高质量、更高效率、更加公平、更可持续的方向前进。

经济持续稳中向好以来。党的十八大以来，在各类改革措施的推动下，我国经济发展呈现持续向好态势。一是经济呈现稳中向好的发展态势。国内生产总值从 2012 年的 54 万亿元增加到 2017 年的 82.7 万亿元，总量稳居世界第二位。自 2007 年以来 GDP 增速持续放缓的趋势在 2017 年得到有效遏制，"十二五"期间年均增长速度达到 7.1%，经济呈现止跌回升的趋势。五年来，中国经济对世界经济增长拉动作用不断增强，贡献率也由 2012 年的 20% 左右提升到 2017 年的超过 30%，位居世界第一，超过美国、欧洲、日本贡献率总和，成为世界经济增长的主要动力源和稳定器，我国规模巨大的市场展现出空间的扩张力和吸引力。二是经济发展质量和效益得到明显提升。关于我国经济发展质量和效益提升的情况，可以从以下几个方面反映出来：从财政收入来看，全国一般公共预算收入从 2012 年的 11.7 万亿元增至 2017 年的 17.3 万亿元，年均名义增长 8.1%，低于 GDP 年均名义增长率。从全员劳动生产率来看，从人均 7.3 万元提高到 10 万元以上，年均增长 6.7%。从居民人均可支配收入来看，从 1.7 万元增至 2.6 万元，年均增长 8.9%，增速总体快于经济增长；城乡居民收入倍差有所缩小，由 2012 年的 2.88∶1 下降至 2.71∶1。从企业利润水平来看，规模以上工业企业实现利润由 2012 年 55578 亿元增加到 75187 亿元，年均增长 6.2%。从经济类型来看，国有控股企业实现利润由 14989 亿元增加到 16651 亿元，年均增长 2%；股份制企业实现利润由 31651 亿元增加到 52404 亿元，年均增长 10.6%；外商及港澳台商投资企业由 14038 亿元增加到 18753 亿元，年均增长 6%。2017 年制造业产品质量合格率为 93.71%，规模以上服务业企业实现营业利润 23645 亿元，比上年增长 24.5%。同年，单位国内生产总值能耗降低 20.9%。三是经济结构发生重大变革。从产业结构变化情况来看，随着第三产业增长速度的加快，第三产实现了对第二产的大幅超越，对经济增长的拉动作用明显增强。其中，第二产业增加值占 GDP 的比重由 2012 年的 45.3% 下降到 2017 年的 40.5%，对经济增长的年平均贡献率为 42.6%；第三产业增加值在 GDP 中的比重则从 45.3% 上升到 51.6%，对经济增长的年平均贡献率为 52.8%，比第二产业高出 10.2 个百分点，实现了对第二产业的大幅超越，成为推动经济增长的主要动力。尤其是服务业在一系列鼓励扶持政策作用下，发展势头良好。2013—2016 年，服务业增加值年均增长 8.0%，比国内生产总值增

速高 0.8 个百分点；服务业对经济增长贡献率高达到 58.2%，累计提高 13.3 个百分点。从需求结构变动情况来看，消费仍是拉动经济增长的主要动力。2017 年，最终消费支出对经济增长的贡献率为 58.8%，比 2012 年提高 3.9 个百分点。2013—2017 年的五年间，最终消费支出的年平均贡献率为 56.2%，比资本形成总额的贡献率高出 23.9 个百分点。从区域结构变化情况来看，区域发展格局呈现不断优化趋势，新型城镇化扎实推进，8000 多万农业转移人口成为城镇居民。四是经济发展动能更趋强劲。在创新驱动发展战略深入实施背景下，我国一大批重大科技成果如天宫、蛟龙、天眼、悟空、墨子、大飞机等相继问世，新产业新业态新模式层出不穷，传统产业通过改造升级焕发生机。到 2017 年，规模以上工业战略性新兴产业增加值比上年增长 11%，高技术制造业增加值占规模以上工业增加值的比重达到 12.7%，装备制造业增加值占据规模以上工业增加值 1/3 的比重。2017 年新能源汽车产量达到 79.4 万辆，比上年增长 53.8%，占汽车产量的 2.7%；智能电视产量 10931 万台，增长 6.9%，占彩电产量比重的 63.4%；工业机器人产量超 13 万台（套），增长 68.1%；民用无人机产量 290 万架，增长 67.0%。同年规模以上服务业中，战略性新兴服务业营业收入 41235 亿元，比上年增长 17.3%；实现营业利润 7446 亿元，增长 30.2%。全年高技术产业投资 42912 亿元，比上年增长 15.9%，占固定资产投资（不含农户）的比重为 6.8%；工业技术改造投资 105912 亿元，增长 16.3%，占固定资产投资（不含农户）的比重为 16.8%。2017 年，网上零售额 71751 亿元，比上年增长 32.2%。其中网上商品零售额占到社会消费品零售总额的比重达 15%。在网上商品零售额中，吃类商品增长 28.6%，穿类商品增长 20.3%，用类商品增长 30.8%。全国 1/4 以上的村庄有电子

商务配送站点。

　　社会事业蓬勃发展。针对民生领域的热点难点问题，党的十八大以来，我国陆续推出一批重点改革举措，办成了一系列关系人民群众切身利益的实事难事，覆盖城乡居民的社会保障体系基本建立，基本公共服务均等化程度不断提高，带给人民群众的获得感、幸福感进一步增强。主要表现为：一是劳动就业规模持续扩大。在经济发展进入新常态、增长速度放缓的背景下，通过健全创业就业扶持政策，广泛推行"大众创业，万众创新"，持续推进"放管服"改革，有力地激发了社会创造力，就业创业人员稳定增加，就业扩大与经济发展的联动效应日益显现。从就业人数看，近4年来每年新增就业超过1300万人，到2017年末城镇就业人数达到4.25亿人；全国农民工总量从2012年末的2.63亿人增加到2017年末的2.87亿人，累计增加2400万人；城镇登记失业率保持在4.1%以下的较低水平，2017年末为3.9%，为2008年金融危机以来的最低点。从就业结构来看，随着第三产业就业人数的不断增加，就业结构正逐步从原来第一产业占多数的"金字塔型"，向第三产业比重不断上升的"倒金字塔型"转变，第三产业就业人数占比从2012年的36.1%升至2017年的44.9%，成为吸纳就业最多的产业。从城乡分布来看，城镇就业人员比重不断提高，从2012年的48.4%上升到2017年的54.7%。从区域分布来看，中西部地区劳动力就近就地就业和返乡创业趋势明显，区域就业格局更加合理。二是社会保障体系不断健全。随着社会事业改革的不断深入，民生投入力度持续加大，社会保障体系持续完善，民生保障程度持续提高。近五年来，我国社会保障制度在实现广覆盖、保基本、可持续的框架基础上，进一步打破城乡分割、单位双轨的坚冰，更多地体现了公平公正的原

则。主要表现在：合并新型农村社会养老保险和城镇居民社会养老保险，建立了全国统一的城乡居民基本养老保险制度；正式废除实行了 20 多年的养老金双轨制，机关事业单位与企业都实行社会统筹与个人账户相结合的基本养老保险制度，养老金待遇与缴费而非职级挂钩；统筹推进社会救助。到 2017 年末，全国参加城镇职工基本养老保险人数 40199 万人，比 2012 年末增加 9772 万人；参加城乡居民基本养老保险人数 51255 万人，比 2012 年增加 2885 万人；参加基本医疗保险人数 117664 万人，比 2012 年增加 64023 万人。其中，参加职工基本医疗保险人数 30320 万人，比 2012 年增加 3834 万人；参加城乡居民基本医疗保险人数 87343 万人，比 2012 年增长了 2 倍多；参加失业保险人数 18784 万人，比 2012 年增加 3559 万人。随着社会保险覆盖范围不断扩大，越来越多的群众享有基本生活保障，区域发展均衡性提高，地区、贫富差距有所缩小。2016 年，东部地区与西部地区居民人均收入之比为 1.67（西部地区居民收入 =1），中部地区与西部地区居民人均收入之比为 1.09，东北地区与西部地区居民人均收入之比为 1.21，相对差距分别比 2012 年缩小 0.06、0.02、0.08。2016 年，全国居民中，高收入户与低收入户的相对倍差为 10.7，比 2013 年下降 0.1；基尼系数为 0.465，比 2012 年下降 0.009。三是教育、医疗等基本公共服务水平不断提高。近年来，随着教育、医疗、科技、文化体制改革的不断深入，全国基本公共服务水平逐步提高。据统计，到 2017 年末，全国九年义务教育巩固率为 93.8%，高中阶段毛入学率为 88.3%。"十二五"期间，个人卫生支出占卫生总费用比重降到 29.27%，为近 20 年来最低水平，群众获得更多实惠。2017 年末，全国共有医疗卫生机构 99.5 万个，其中医院 3.0 万个，基层医疗卫生机构 94.0 万个，专业公共卫生机构 2.2 万个。2016 年，农村地区有 87.4% 的户所在自然村有卫生站，比 2013 年提高 5.8 个百分点；有 84.6% 的户所在自然村可以便利地上小学，比 2013 年提高 3.8 个百分点。农民求医就学更加便利。城镇地区通公路、通电、通电话、通有限电视已接近全覆盖，农村地区"四通"覆盖面不断扩大。到 2016 年，农村地区有 99.7% 的户所在自然村均已通公路、通电、通电话，分别比 2013 年提高 1.4 个、0.5 个和 1.1 个百分点；有 97.1% 的户所在自然村已通有线电视，比 2013 年提高 7.9 个百分点。四是脱贫攻坚战取得重要进展。近年来，为打好扶贫攻坚战，各级政府全力聚焦深度贫困地区和特殊贫困人口，行之有效的脱贫攻坚责任体系、政策体系和投入体系逐步建立，通过产业扶贫、教育扶贫、就业扶贫、科技扶贫、健康扶贫、生态扶贫等方式支持贫困地区发展，不断加大贫困地区基础设施和公共服务设施建设支持力度，拉动贫困地区贫困人口收入水平不断提高，贫困发生率不断降低。按照每人每年 2300 元（2010 年不变价）的农村贫困标准计算，2017 年末农村贫困人口 3046 万人，比 2012 年末减少 6853 万人；贫困发生率由 2012 年的 10.2% 下降至 2017 年的 3.1%，累计下降 7.1 个百分点，中国成为世界上率先完成联合国千年发展目标的国家。贫困地区农民收入与全国农民平均收入差距不断缩小。自 2013 年以来，贫困地区农村居民人均可支配收入年均名义增长 12.4%，扣除价格因素，年均实际增长 10.4%，实际增速比全国农村平均水平高 2.5 个百分点。到 2017 年，贫困地区农村居民人均可支配收入达到 9377 元，是全国农村平均水平的 69.8%，比 2012 年提高 7.7 个百分点。

生态文明建设成效显著。党的十八大提出将生态文明建设纳入中国特色社会主义事业"五位一体"总体布局，"美丽中国"成为中

华民族追求的新目标。五年来，以习近平同志为核心的党中央牢固树立保护生态环境就是保护生产力、改善生态环境就是发展生产力的理念，源头严防、过程严管、后果严惩的生态环境保护基础性制度框架基本建立；中央环保督查"利剑出鞘"；全面推行河长制……经济发展与生态改善开始良性互动，天蓝、地绿、水净的美好家园正在形成。主要表现为：一是优化能源消费结构，节能降耗成效显著。随着能源消费革命不断深化，国家治理大气环境、控制煤炭消费总量等措施的进一步落实，我国用能方式不断改善，能源利用效率不断提高，非化石能源对煤炭的替代作用不断增强，能源清洁高效利用成效进一步显现，能源消费结构明显优化，节能降耗取得显著成效。经初步统计，2017 年 39 项重点耗能工业企业单位产品生产综合能耗指标中 8 成多比上年下降。同年，全国能源消费总量比上年增长约 2.9%。天然气、水电、核电、风电等清洁能源消费占能源消费总量比重比上年提高约 1.5 个百分点，煤炭所占比重下降约 1.7 个百分点。2017 年全国单位 GDP 能耗下降约 3.7%，顺利完成全年下降 3.4% 的目标任务。单位国内生产总值能耗、水耗均下降 20% 以上，加强散煤治理，推进重点行业节能减排，71% 的煤电机组实现超低排放。提高燃油品质，淘汰黄标车和老旧车 2000 多万辆。二是加大水土流失防治，陆地环境大幅改善。五年来，治理沙化土地 1.26 亿亩，荒漠化沙化呈整体遏制、重点治理区明显改善的态势，沙化土地面积年均缩减 1980 平方公里，实现了由"沙进人退"到"人进沙退"的历史性转变。五年累计完成造林 5.08 亿亩，到 2017 年森林面积累计增加 1.63 亿亩，重大生态保护和修复工程进展顺利，森林覆盖率持续提高，到 2017 年达到 21.66%，成为同期全球森林资源增长最多的国家，恢复退化湿地 30 万亩，退耕还湿 20 万亩。

五年来，在相关措施的推动下，环境污染、水土流失状况得到明显改善，天变得更蓝、山变得更绿。与 2013 年相比，2017 年全国 338 个地级及以上城市 PM_{10} 平均浓度下降 22.7%，京津冀、长三角、珠三角等重点区域 $PM_{2.5}$ 平均浓度分别下降 39.6%、34.3%、27.7%，重点城市重污染天数减少一半。全国共有 118 个城市成为"国家森林城市"，绿色发展呈现可喜局面。三是加大水污染治理，水环境质量得到提升。五年来，坚持水陆统筹、陆海统筹、河湖统筹、城乡统筹、上下统筹，实施"治、保、提、分、管"五措并举，切实落实政府主体责任、行业主管责任、企业直接责任，通过推进流域治污、实施生态保护、提高治理标准、实施供排分流等措施，努力改善水环境发展质量。五年来，全国地表水国控断面 Ⅰ—Ⅲ 类水体比例增加到 67.8%，劣 Ⅴ 类水体比例下降到 8.6%，大江大河干流水质稳步改善。

第五章　改革推动经济腾飞的路径、模式及经验

　　1978 年以来，中国经济高速增长的最根本原因是改革开放，通过渐进式市场化改革和梯次对外开放，采取了符合时代需要的非均衡发展战略，摸索形成了一套有中国特色的制度安排，成功推进了由计划经济向市场经济、由封闭半封闭型的经济向开放型经济的转变，逐步建立了一个开放型的社会主义市场经济体制，促进了资源优化配置和激励机制的改善，为经济增长提供了持续强劲的动力。

第一节　改革推动经济增长的成效测算

　　经济增长的源泉是投入要素的积累和全要素生产率的提升。改革通过促进劳动力、资本、土地等生产要素的增加和全要素生产率的提升影响经济增长，导致经济增长绩效和长期经济增长的差异。改革开放 40 年来，中国按照渐进式改革思路，以经济体制改革为重点，先易后难、先增量后存量，不断将改革引向深入，先后经历了 20 世纪 80 年代改革试验和探索、90 年代社会主义市场经济建立、

21世纪初期社会主义市场经济完善和2013年以来全面深化改革等四个阶段。这四个阶段的改革释放了巨大的改革红利，带来了各阶段经济高速增长、发展和质量效益的提升，呈现出改革密集推进期与经济增长周期高度重合的特征。

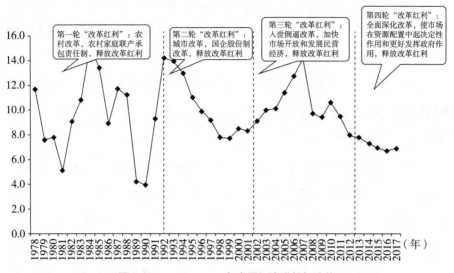

图5-1　1978—2017年中国经济增长与改革

数据来源：《中国统计年鉴》。

一、以农村改革为肇始的第一轮改革（1978—1992年）

中国经济体制改革发轫于农村，20世纪70年代末探索实行的家庭联产承包责任制，很快释放出了巨大的制度能量。20世纪80年代，改革由农村转向城市，开始从培育市场主体、理顺中央与地方关系、加强对外经济合作等方面推进相关改革。这一时期，农村家庭联产承包责任制、国有企业放权让利改革、财政分灶吃饭、沿海开发区设立等重大改革举措，既释放了被传统体制压抑的农村生

产力，将农村剩余劳动力解放出来，为释放人口红利和加快工业化进程创造了条件，也调动了国有企业和地方政府发展经济的积极性，激发了市场主体活力，推动了城乡劳动生产率和资源配置效率大幅度提高，通过提高全要素生产率对经济增长作出了较大贡献。根据国家发改委经济研究所课题组的测算，1979 年至 1992 年，在年均 9.5% 的高速增长中，重点领域改革对经济增长的贡献率、贡献度分别达到 38.73%、3.69 个百分点。

中国改革通过提升全要素生产率影响经济增长。这一时期，对外开放由点到面全面推进，尤其是以外贸管理体制为重点调整体制，明显提高了外贸企业经营活力和竞争力，促进劳动力和资本的跨部门流动，提高了资源配置效率，对经济增长的拉动效应达 3.54 个百分点。家庭联产承包责任制的实施、农村集体土地开始允许在一定范围内流转、农用地开始由种粮食转向"种工厂"、城市土地使用制度改革开始试点等，使城乡土地制度改革成为拉动经济增长的重要动力，对经济增长的贡献度高达 3.08 个百分点。随着城市户籍逐步放松，农村剩余劳动力开始流向城镇，劳动力配置效率得以提高，户籍制度改革通过 TFP 管道对经济增长贡献度达 2.63 个百分点。行政体制改革领域，"市管县"、"拨改贷"、逐步扩大地方投资审批上限等改革，提高了地方政府发展经济的能力和动力，对经济增长的贡献度达到 2.35 个百分点。推进金融机构多元化及完善金融市场等改革举措，促进了金融资源优化配置，通过 TFP 管道对经济增长的贡献度达到 1.34 个百分点。这一时期财税改革和国企改革的贡献度都呈现"先正后负"变化态势，其中 1979 年至 1984 年财税改革和国企改革通过 TFP 管道对经济增长的贡献度分别为 2.31 个和 0.30 个百分点，1985 年至 1992 年则分别降至 -2.28 个和 -0.41 个百分点。原因在于，1984 年之后，国企改革在承包制、租赁制、股份制中不断探索，一定程度影响了企业经营效率持续改善，而"分灶吃饭"的财税体制尽管在不断完善，但改革红利逐步消退。综合来看，开放的增长效应最大，土地、户籍、行政体制、金融改革红利显著，后期财税改革和国企改革红利大幅递减，在一定程度上拖累了增长。

中国改革通过增加要素投入影响经济增长。这一时期通过要素投入管道对经济增长的贡献率达到 6.15%（通过资本和劳动力投入的贡献率分别为 3.16% 和 2.99%），对经济增长贡献度为 0.58 个百分点（通过资本和劳动投入管道分别为 0.30 个、0.28 个百分点）。分领域看，金融、财税及开放领域改革通过资本投入管道分别拉动经济增长 0.03 个、0.19 个和 0.09 个百分点；而户籍改革通过劳动力投入管道对经济增长的贡献达到 0.28 个百分点，为历史最高水平。由于 1984 年推进了"自助口粮户口"、1985 年 7 月开始实行"暂住证"制度，1984 年、1986 年先后两次大幅度下放投资审批权，1988 年推出一系列有利于扩大投资的改革举措，改革通过要素投入管道对经济增长的影响呈现出前（1979 年至 1984 年）低后（1985 年至 1992 年）高的特征。

二、以建立社会主义市场经济体制为目标的第二轮改革（1993—2002 年）

党的十四大确立了建立社会主义市场经济体制的改革目标，十四届三中全会明确了社会主义市场经济体制的基本框架，随后推进了财税、金融、投资等宏观管理体制改革，生产要素、国有企业、对外开放领域的改革也在加快。中国改革从微观领域转向宏微

观领域同步推进，优化了资源配置，激发了发展活力，推动了资源配置效率的提高，保障了该时期经济的高速增长。根据国家发改委经济研究所课题组的测算，1993 年至 2002 年，在年均 9.8% 的高速增长中，中国重点领域改革对经济增长的贡献率、贡献度分别达到 35.22%、3.38 个百分点。

中国改革通过提升全要素生产率影响经济增长。这一时期，分税制改革初步形成了适应市场经济的财税制度框架，以建立现代企业制度和国有经济布局战略性调整为重点加快了国企改革，财税改革和国企改革带来了显著的增长效应，二者通过 TFP 管道分别拉动经济增长 2.01 个和 0.42 个百分点，均达到本领域的历史最高水平。土地、行政、户籍、金融领域，农村承包地流转加快、更多农用地转化为城市建设用地及城市土地有偿使用改革在全国普及，政府职能逐步转变，蓝印户口和小城镇户籍制度改革加快推进，金融组织和市场体系建设不断深化，但以上改革都是在 20 世纪 80 年代改革基础上的完善和深化，对经济增长的边际贡献减小，通过全要素生产率（TFP）管道分别拉动经济增长 1.2 个、0.62 个、0.54 个、0.20 个百分点，明显低于第一阶段。尽管外资体制改革加快推进，但涉外领域推进的改革大多是前期改革的延伸和拓展，对经济增长的贡献开始弱化，通过 TFP 管道对经济增长的贡献度仅为 0.76 个百分点，较 1978—1992 年（第一轮改革）大幅减弱。总体来看，分领域看，财税改革红利空前释放，国企改革贡献大幅提升，土地、户籍、金融、行政改革贡献有所下降，开放效应较之前减弱。

中国改革通过增加要素投入影响经济增长。随着金融、财税、对外开放领域改革深入推进，尤其是相继组建了一批金融机构、分税制激励了地方发展经济的积极性及外商直接投资蓬勃发展，这三个领域改革通过资本投入对经济增长的贡献度分别达到0.11个、0.53个和0.46个百分点，在三个阶段中最高。户籍管理方面，尽管实行蓝印户口并将小城镇作为户籍制度改革重点，但其转移农村劳动力的效应开始减少，通过劳动力投入对经济增长的贡献度为0.19个百分点，低于前期0.28个百分点的平均水平。总体来看，资本积累对经济增长的贡献达到了历史的最高水平。

三、以入世接轨为特征的第三轮改革（2003—2013年）

党的十六届三中全会明确提出中国社会主义市场经济框架已基本建立，并对完善社会主义市场经济体制做出了全面部署。此后以重点领域改革为牵引，改革沿着推进科学发展和经济发展方式转变的方向不断深化，以2001年加入世贸组织为标志，中国加快对外开放步伐，为入世而调整的3000余项法规所产生的倒逼式改革效应在其后几年里继续释放。2003年召开十六届三中全会后，进入社会主义市场经济体制完善阶段，随后推出了金融、外汇、投资和对外开放等一系列改革措施，激发了市场活力，促进了新一轮经济高速增长。根据国家发改委经济研究所课题组的测算，2003年至2013年，在年均10.3%的高速增长中，重点领域改革对经济增长的贡献率、贡献度分别达到25.07%、2.50个百分点。

中国改革通过提升全要素生产率（以下简称TFP）影响经济增长。这一时期，对外开放领域，全面放开外贸经营权、扩大外资投资领域、放宽对外投资外汇管理限制以及逐步放宽对外投资项目审批限制等，改革通过TFP管道对经济增长的贡献度达到0.77个百分点，略高于前一阶段。与此同时，国企、户籍、土地、行政、财税

改革延续前期方向补充完善，国企改革以产权多元化和国资管理体制改革为核心，户籍制度改革以放宽中小城市为重点，城乡土地使用制度改革以完善"招拍挂"制度和延长农村土地承包期为重点，投资审批改革以努力增强企业投资主体地位为重点，财税体制改革以完善分税制财政体制为核心，这些改革的增长红利减弱，对经济增长的贡献度分别为 0.26 个、0.27 个、0.71 个、0.30 个和 0.52 个百分点，均低于前期。随着商业银行股份制改革和利率市场化程度加快，金融体制改革通过 TFP 管道对经济增长的贡献度提高到 0.21个百分点，略高于前期。总体来看，开放红利持续释放，国企、户籍、土地、行政、财税等领域改革红利开始弱化，金融改革红利逐步显现。

中国改革通过要素投入促进经济增长的效应在这一时期有所减弱。第三轮改革（2003—2013 年）通过资本和劳动力投入对经济增长的贡献度分别降至 0.73 个和 0.18 个百分点，其中通过资本积累管道快速下降，其主要原因在于前期改革或多或少具有突破性特征，而本期改革主要是制度完善和补充。分领域看，金融、财税及对外开放通过资本投入管道分别拉动经济增长 0.17 个、0.45 个和 0.11 个百分点；而户籍改革通过劳动投入管道拉动经济增长 0.18 个百分点，均比前期低。

四、以全面深化改革为导向的第四轮改革（2013 年以来）

党的十八届三中全会对全面深化改革进行了战略部署，提出到2020 年，要在重要领域和关键环节改革上取得决定性成果，形成系统完备、科学规范、运行有效的制度体系，使各方面制度更加成熟更加定型。围绕全面深化改革的战略部署，中央深化改革领导小组和国务院相关部委相继出台了一系列改革指导意见和实施方案，逐步将重点领域改革引向深入，提升了资源配置效率，促进了经济增长质量和效益提高。这一时期，以"还权赋能"为核心推进土地制度改革、以农民工市民化为重点推进户籍改革、以提升金融服务功能为重点深化金融体制改革、以市场配置科技资源为途径深化科技体制改革、以发展混合所有制经济为方向深化国有企业改革、以"简政放权"为主旋律深化行政体制改革、以构建现代财政制度为目标深化财税体制改革、以构建全方位开放新格局为目标深化对外开放等，在经济增速换挡到年均 7% 左右的中高速增长背景下，经济增长质量和效益加快提升。

第二节　改革推动经济腾飞的路径和模式

1978 年以来 40 年间，中国经济实现四次腾飞，关键一招是改革开放。通过渐进式市场化改革和梯次对外开放，有效激发释放了公有制和非公有制经济的发展活力，调动起中央和地方发展经济的动力与积极性，既充分发挥政府作用又更好发挥市场作用，摸索形成了一套中国特色社会主义制度安排，成功实现了由计划经济向市场经济、由封闭半封闭型经济向开放型经济的历史性转变，走出了一条符合中国国情和时代潮流的经济发展道路。

一、坚持公有制经济和非公有制经济相融合

改革开放以来，中国经济构成由之前的国有经济为主的单一公

有制经济逐渐转变为各类所有制经济共存共生的混合所有制经济，并且非国有经济在经济结构中的比重逐渐提高。从微观层面看，伴随着改革进程，出现了大量由不同所有制投资主体共同出资组建的混合所有制企业，特别是一些大型国有企业通过股份制改革引入了民营资本和外来资本，成了国有控股或参股的混合所有制企业，既改善了国有企业产权治理结构与运行机制，提高了国有企业整体效率，又避免了全盘私有化带来的严重冲击与问题，有效促进了中国经济结构调整和优化。

（一）确立公有制为主体、多种所有制共同发展的制度

在改革开放初期，中国确立了处于社会主义初级阶段的基本国情，生产力水平低、不发达，生产社会化程度还不高，发展不平衡不充分的矛盾十分突出，迫切需要在公有制为主体的条件下，发展多种所有制经济，以适应生产力发展的内在要求。从改革开放到党的十二大，中国肯定了"劳动者的个体经济是公有制经济的必要补充"。经过 20 世纪 80 年代的经济实践，党的十三大把私营经济、中外合资合作经济、外商独资经济同个体经济一起作为公有制经济的有益补充。党的十四大进一步强调，多种所有制经济共同发展，是中国社会主义初级阶段的基本经济制度，非公有制经济是中国社会主义市场经济的重要组成部分。邓小平同志在 1992 年提出"三个有利于"的标准："是否有利于发展社会主义社会的生产力，是否有利于增强社会主义国家的综合国力，是否有利于提高人民的生活水平"。在此基础上，党的十五大确立了公有制为主体、多种所有制经济共同发展的基本经济制度，适应了中国处于社会主义初级阶段的基本国情，推动了生产力的极大发展。

（二）混合所有制经济适应了经济发展的现实需求

在确立了公有制为主体、多种所有制经济共同发展的基本经济制度后，中国国有企业改革进程加快。按照建立现代企业制度的方向，实施"抓大放小"，一批国有大中型企业改制为国有独资公司、有限责任公司或股份有限公司；许多全国性的行业总公司改组为控股公司；通过改组、联合、兼并、租赁、承包经营和股份合作制、出售等形式，对中小型国有企业进行了改革。国有企业与其他企业的股份制为主体的混合所有制经济在经济结构中的比重快速攀升，成为适应社会生产力发展的公有制实现新形式，大大促进了中国改革进程和经济的发展。

二、坚持有为政府和有效市场相结合

绝大多数发展中国家在制定发展与转型政策时照搬西方主流的理论，未能处理好政府与市场的关系，以致不能摆脱低收入或中等收入陷阱。中国 40 年高速经济增长的秘诀是，在经济发展和转型中既发挥了"有效市场"的作用，也发挥了"有为政府"的作用，同时用好"看不见的手"和"看得见的手"，形成市场作用和政府作用有机统一、相互补充、相互促进的格局。中国发展与转型的成功对其他金砖国家和发展中国家有值得借鉴的经验。党的十八届三中全会指出，经济体制改革是全面深化改革的重点，核心问题是处理好政府和市场的关系，使市场在资源配置中起决定性作用和更好发挥政府作用。简单来说，就是要坚持"有效市场"与"有为政府"的有机统一。

（一）明确政府与市场之间的关系

改革开放前，中国实行计划经济体制，国家直接控制全部重要

的生产数据，生产完全由政府决定，不允许私营经济的存在，禁止自由贸易和其他市场经济行为。政府与企业高度一体化，政府直接控制生产，名义上是计划经济，实质上是一种命令经济，这种经济治理严重遏制了中国社会的创造性，使整个国民经济在非常低的水平上徘徊，人民生活则十分贫穷。改革开放后，中国推行改革的突破口之一，就是引入竞争性的市场经济体制，先在农村实行政社分开和联产承包责任制，政府不再直接干预农民的经济事务。进而又在城市建立现代企业制度，实行政企分开，党和政府不再直接管理企业，企业成为拥有自主经营权的独立法人。这种新的市场治理体制极大地释放了社会生产力，在过去40年中GDP年均增长率超过9%，使中国成为世界第二大经济体。

特别是党的十八大以来，中国关于政府与市场关系的边界进一步明确，提出了"使市场在资源配置中起决定性作用和更好发挥政府作用"的发展目标。遵循着这样的目标，先后实施了一系列建设统一开放、有序竞争市场的举措。比如，大力推动行政审批制度改革，清理和压缩工商登记现有前置审批事项，逐步由"先证后照"改为"先照后证"，分批次取消和下放行政审批事项，不断降低市场准入，向市场和社会放权；在金融领域，通过设立国家中小企业发展基金、加快融资租赁和金融租赁行业发展、加快融资担保行业改革发展等举措，不断加大金融对实体经济的支持力度；在财税方面，逐步实行结构性减税，特别是针对小微企业和"三农"加大减税降费的力度，为市场主体减轻负担等。

贯彻落实这些措施，需要一个与之相匹配的"有为政府"。一方面，激发市场活力，政府这只"看得见的手"不能伸得过远、管得太多，在适合运用市场机制的领域适当放权，让行政干预从不该插手的领域撤回来。另一方面，保证市场有序规范健康运行，政府不能当"甩手掌柜"，其职能要完成从"运动员"向市场主体行为的"裁判员"和基本公共服务的"供货商"的身份转变。

建立"有效市场"需要配备"有为政府"，建设"有为政府"的目的也是为了提高市场在资源配置方面的有效性，两者相互依存、相伴共生。只有当政府之手收放自如，市场之手充分施展，两者达到"琴瑟和鸣"的境界，共同奏响中国特色社会主义经济发展最华美的乐章。

（二）推动资源配置的市场化改革导向

改革开放初期，传统的计划经济理论和观念在中国仍然占据主导地位，但是面对国内落后的经济面貌以及和国际发达国家的经济差距，中国的决策层开始对实施 30 年的计划经济体制加以反思，尤其是对计划经济和市场要素的兼容性加以探讨，并有意识地探索计划与市场相结合的实践模式。1978 年召开的党的十一届三中全会明确提出"对经济管理体制和经营管理方法着手认真的改革"；1981年十一届六中全会通过的《关于新中国成立以来党的若干历史问题的决议》在总结新中国成立以来经济建设正反两方面经验的基础上提出："必须在公有制基础上实行计划经济，同时发挥市场调节的辅助作用。"1982 年党的十二大又进一步指出"正确贯彻计划经济为主，市场调节为辅的原则，是经济体制改革的一个根本性问题"，进一步明确肯定了市场的作用，表明政府抛弃了完全排斥市场的偏见，开始"接纳"市场。1984 年十二届三中全会通过的《中共中央关于经济体制改革的决定》明确指出"社会主义计划经济必须自觉依据和运用价值规律，是在公有制基础上的有计划的商品经济"，打破了

以前所谓社会主义经济只能依靠指令性计划来配置生产数据和生活数据的刻板教条，承认"市场也可以为社会主义服务。"（《邓小平文选》第 3 卷第 373 页）进一步打破了中国在经济体制改革过程中的意识形态禁锢，认为政府调控为主的计划经济并不是社会主义的唯一资源配置方式，市场也可以成为社会主义国家的一种资源配置方式，与以往的认识相比，这显然是一个重大的理论突破，中国的决策层开始充分认同市场在社会主义体制中的"合法性"。这个阶段，在强有力的决策层的推动下，在意识形态逐渐祛除一些教条主义，解放了人们的思想。在经济领域，逐步把市场手段引入传统的计划经济模式中，例如生活数据和非核心生产数据的商品化。在经济领域中，市场机制逐步地被引入到计划体制之内并得到加强，各类生产要素逐渐与市场机制结合起来，这主要体现在农村改革和双轨制的实行。在农村实行家庭联产承包责任制，农户成为基本的市场活动主体，农民可以自由安排生产经营活动，产品除向国家交纳农业税、向集体交纳公共提留以外，其余完全归农户所有，通过"分权让利"的方式进一步盘活农村市场。另外，不断扩大市场定价范围，逐步缩小政府定价范围，逐步发挥市场的杠杆作用（杨光飞，2015）。

第二个阶段是市场经济的确立和完善期，即从党的十四大到党的十八大。如果说上一阶段是在传统体制内部尝试市场要素的话，那么在这一阶段，决策层将主要面临和着力解决体制层面的问题。在邓小平南方谈话以及中国决策层、理论界多次研讨的基础上，在党的十四大形成了一系列重要的政策文献，其中关于社会主义和市场经济的关系则是这次会议的核心议题。党的十四大指出："我国经济体制改革确定什么样的目标模式，是关系整个社会主义现代化建设全局的一个重大问题，这个问题的核心，是正确认识和处理计划与市场的关系。"这次大会明确提出"社会主义市场经济体制，就是要使市场在社会主义国家宏观调控下对资源配置起基础性作用"，将市场的地位从党的十二大以来的"辅助性作用"提升为"基础性作用"；同时明确了经济体制改革的目标是建立社会主义市场经济体制，这表明市场在经济体制改革中扮演着越来越重要的角色，受到越来越多的重视。1997 年党的十五大又提出："要加强国民经济市场化进程，就要充分发挥市场机制的作用。"2002 年党的十六大提出："在更大程度上发挥市场在资源配置中的基础性作用，健全统一、开放、竞争、有序的现代市场体系"，同时对政府职能进行了新的界定。2007 年党的十七大提出："要深化对社会主义市场经济规律的认识，从制度上更好发挥市场在资源配置中的基础性作用，形成有利于科学发展的宏观调控体系"。

第三阶段是党的十八大以来。党的十八大报告明确提出"要更大程度更广范围地发挥市场在资源配置中的基础作用，形成有利于科学发展的宏观调控体系"，强调"经济改革的核心是处理好政府和市场的关系，更加尊重市场规律，更好发挥政府作用"，实现了党对市场经济规律性认识的又一次突破和升华。从市场在资源配置中起"基础性作用"到"决定性作用"，这不仅仅是字眼和提法的转变，更是国家在深化改革进程中对市场配置手段的肯定，这意味着市场最终将要在国民经济中扮演最主要的角色。

（三）增强政府宏观统筹协调能力

改革开放后，在计划经济向市场经济转轨的发展阶段，中国政府作用远远超出了成熟市场经济体制下"守夜人"的角色。作为追

赶型后发国家，由于市场体系不健全和微观市场主体发育程度不高，中国政府必须扮演经济发动者和组织者的角色，承担各个领域培育市场乃至一定程度、一定阶段上替代市场的任务，并通过以五年规划为代表的中长期发展规划和基础设施建设引导市场经济发展，从而决定了强势政府的必要性和合理性。总体来看，改革开放后，中国各级政府的积极作为基本适应了经济社会发展的需要，对经济崛起和社会发展起到巨大促进作用。

中长期发展规划是中国强势政府发挥作用的重要抓手。以定期制定的五年发展规划为主体的中长期发展规划，对未来一段时期中国经济社会发展的基本方向、需要解决的重大和全局性问题等做出战略性、宏观性的判断和部署，明确政府组织资源配置的重点领域和主要措施，有助于凝聚社会共识，引导社会预期和市场主体行为，有助于促进关系经济社会发展全局的重大问题的解决。制定五年发展规划的过程，实际上是中国各层次政府统一认识的过程，基于中央政府对经济社会发展趋势、预测目标和战略选择的总体判断，地方政府结合当地实际提出本地区发展的规划，有助于各级政府行动保持基本一致性，同时又允许地方政府因地制宜积极作为。

基础设施建设是体现中国强势政府模式必要性和合理性的主要领域。通常情况下，不发达国家因长期资本投入的能力较弱，基础设施普遍落后。而中国则在中央和地方政府积极介入下，通过政府直接投资并动员社会资源投资的方式，建设了大量一流的交通、能源、通信、市政等基础设施，为经济的持续增长提供了重要的基础条件。对过去40年中国经济增长动力的实证分析，证明了基础设施在促进经济增长方面发挥了重要作用。比如1985年至1992年，全要素生产率90%的变化源于经济体制改革和基础设施建设推动，尤其是1989年至1992年，基础设施建设对经济增长的促进作用甚至超过了体制改革。进入21世纪以来，新一轮的基础设施建设投资，使基础设施再次成为提升全要素生产率的主要因素。

三、坚持中央集权与地方分权相结合

改革开放以来，具有中国特色的中央与地方关系普遍被视为中国经济腾飞的关键要素（朱旭峰，2018）。总结来看，改革开放以来，中国先后经历了改革开放初期以放权让利为主的地方分权阶段（1978年至1992年）、市场化改革以来集权和分权交织进行的阶段（1992年以来），呈现出复杂、灵活、动态调整的特点，适应了不同发展阶段经济快速发展的央地关系诉求。

（一）放权让利为主的地方分权激发经济活力

从1978年实行改革开放到1992年确立市场经济目标前，在经济体制改革的推动下，中央与地方关系逐步打破了高度集权的模式，向地方分权型转变。这一时期中央与地方关系调整的主要方针就是放权让利，呈现出权力向地方倾斜的特征。一个标志就是财权的下放，开始在中央和地方之间实行分灶吃饭的财政包干制。从1980年起，中国对新中国成立以来一直实行的"统收统支"这一中央高度集权的财政体制进行了改革，开始实行"划分收支、分级包干"的新财政体制。中央针对不同地区的财政和经济发展状况，分别实施了收入定额上缴、收入上缴递增包干、总额分成加增长分成等多种形式的包干办法，试图针对不同地区的财政状况因地制宜，以此来激发地方政府通过发展经济来增加财政收入的积极性。在扩大地方

财权的同时，中央还大范围地将经济管理上的事权下放给地方，主要包括固定资产投资项目和经济建设计划的审批权、外资审批权、对外贸易和外汇管理权、物价管理权、物资分配权、旅游事业的外联权和签证通知权等。从20世纪80年代开始，中国在沿海地区先后设立5个经济特区并通过计划单列的形式赋予一些中心城市相当于省一级的经济管理权限，让它们拥有更多的发展经济的主动权。此外，在党政关系方面，中央自党的十一届三中全会以来就开始对此前"党政不分"的权力结构进行调整，推行党政分离，从而扩大了各级政府的权限范围，增强了地方政府的行政自主权。

随着中央经济管理权限的不断下放，干部任免权也相应地根据发展需要进行了调整。在1983年10月，中央组织部发布了《中共中央组织部关于改革干部管理体制若干问题的规定》，提出了"管少、管活、管好"的精神，将中央管理干部的范围限定于省一级党政干部。随后在1984年，中央组织部又进一步下发了《中共中央组织部关于修订〈中共中央管理的干部职务名称表〉的通知》，正式形成了"下管一级、备案一级"的干部管理体制。从下管两级到下管一级，地方政府的干部任免权得到有效扩大。

在这一时期，即使是一直由中央完全集权的立法权也开始向地方下放。1979年审议通过的《地方各级人民代表大会和地方各级人民政府组织法》规定："省、自治区、直辖市人民代表大会及其常委会，在和国家宪法、法律、政策、法令、政令不抵触的前提下，可以制定和颁布地方性法规"，使得中国的省级地方国家权力机关获得了立法权。随后，在1982年、1986年全国人大常委会又先后两次对《地方组织法》进行了修改，进一步赋予了省级人民政府所在地的市和经国务院批准的较大的市制定地方性法规或规章的立法权。

（二）集权分权交织进行提高经济发展的适应性

1992 年邓小平南方谈话后，中国就把大力发展市场经济、建立社会主义市场经济体制确立为经济体制改革的主要目标。此后，随着市场化改革的不断推进，中央与地方关系也进入了一个新的调整时期。这一时期中央与地方关系的调整虽然并未彻底摆脱权力的收放循环，但中央与地方之间的权力与资源配置不再是简单地在"集权—分权"之间交替进行，而呈现出更为复杂、灵活与动态的局面。

为了提升中央政府的财政汲取和分配能力，国务院决定自 1994 年起开始实行分税制财政管理体制。分税制实施当年，中央财政收入占总财政的收入比重就增长到了 55%，极大地增强了中央政府的宏观调控能力。为了确保中央政府在财政上的集权并拥有充足的财力作为转移支付的资金基础，实行分税制后的 20 余年来，中国又持续多次对税种或分成比例进行调整。2002 年中国开始实行所得税收入分享改革，将过去作为地方税的企业所得税与个人所得税变为共享税，2002 年按中央、地方各 50% 的比例分享，自 2003 年开始则按中央 60%、地方 40% 的比例分享。2012 年首先在上海市部分行业试点营业税改增值税，此后随着试点的不断深入和范围扩大，自 2016 年 5 月 1 日起在全国范围全面推开营业税改增值税试点。与此同时，为了基本维持中央与地方之间原有的财力结构，中国将原本按照 75∶25 在中央和地方分配的增值税的分享比例调整为五五分成。也正是得益于这些制度安排，自 1994 年以来中央财政收入占全国公共财政总收入的比重始终保持在 50% 左右。

　　区别于在财权上以中央集权为主，近 20 年来中央与地方在事权上的调整则要显得复杂的多，集权或分权的动作都并不少见。在实行市场化改革之初，中央提出了一系列旨在进一步理顺中央与地方经济管理权限的改革设想并在实际中加以推进。1993 年党的十四届三中全会提出要建立现代企业制度，深化企业改革特别是国有企业改革，中央不再直接管理大部分国有企业，而是通过财政、金融的管道和企业发生关系，许多企业都下放给了地方。1994 年的投资体制改革在明确中央与地方的投资范围和投资责任的同时，增加了地方政府投资跨区域性的基础性项目的权限，地方政府投资权限的扩大也改变了过去中央投资包揽过多的情况。这些举措都使得地方政府对实体经济的管理权大大得到增强。进入 21 世纪后，行政审批权改革和简政放权也成为中国多届政府的主要任务。截至 2014 年 10 月，国务院针对各部门的行政审批一共取消审批项目 2277 项，下放审批项目 373 项（不包含部分取消或下放），两者合计占原有行政审批项目总数的 70% 以上（李振，2015）。与此同时，中央政府在不同阶段还针对性地上收了部分权力。带有集权色彩的部门垂直化管理改革出现过两个明显的高潮，分别在 1997—1998 年和 2005—2006 年，涉及的部门包括金融、安全生产、统计、国土资源以及环境保护部等多个领域。党的十八大以来，中共中央还加强了对地方纪委的领导，纪委系统由过去的完全属地管理变成了半垂直管理；通过新设立的国家安全委员会整合维护社会稳定的各部门力量；通过新设立的全面深化改革领导小组强化了对改革的领导权，由中央负责改革总体设计、统筹协调、整体推进、督促落实。总体而言，可以观察到中国采取了分阶段、分重点、多元化的方式来调整事权在中央与地方之间的配置。

　　此外，如果从财政事权角度的来看，近年来中国中央与地方之间的事权则经历了从下放到上收的转变。分税制改革后，随着中央财权的不断集中，中央与地方之间事权模糊不清的弊端逐步暴露出来，财权与事权之间的不匹配愈演愈烈。在实行分税制后，收入端中央收入占总收入比重显著增加，但由中央执行的支出任务并没有增加。新增的政府支出责任尤其是社会保障支出责任几乎都是完全由地方政府来承担，地方财政支出占公共财政总支出的比重从 1990 年代中期的 70% 逐步增至 2010 年代中期的 85%，在地方财政收入比重没有增加的情况下，地方政府却要承担越来越多的财政支出任务（张光，2017）。转移支付也因此成为中央消化其巨额财政收入剩余、地方填补其巨额财政收支赤字的基本手段。而中国转移支付尤其是专项转移支付制度的非规范性和非均等化等问题又使得其难以发挥好应有的作用，因而进一步加剧了地方政府事权与财权不匹配的冲突。针对这一问题，2006 年的"十一五"规划中明确提出要建立健全与事权相匹配的财税体制，党的十七大报告也提出要健全中央和地方财权与事权相匹配的体制。党的十八届三中全会上通过的《中共中央关于全面深化改革若干重大问题的决定》明确指出"部分社会保障、跨区域重大项目建设维护等作为中央和地方共同事权"，意味着中央要在社会保障、跨区域重大项目建设维护等部分领域中承担更多的支出责任。这样的事权划分框架也打破了分税制改革以来中央只上收财权的局面，而是变成"财权上收，事权也上收"（聂辉华，2014）。

　　此外，在中央与地方之间立法权的配置上，中国延续了改革开放以来不断下放的趋势。在 2015 年对《立法法》进行的修订中，中国有权制定政府规章的地方政府由"省级人民政府所在地的市和经

国务院批准的较大的市"进一步扩大到"设区的市",并明确了设区的市可以对"城乡建设与管理、环境保护、历史文化保护等方面的事项"制定地方性法规。在干部管理方面,由于下管一级的改革在增强地方干部任免权的同时,也出现了地方主义的现象,为了遏制这一倾向,自 1999 年起建立干部交流制度。此后,中央和地方之间的干部交流日趋频繁。随着中国经济社会发展阶段的变迁,作为中央政府对地方政府的"指挥棒"的干部选任标准,也随之发生了变化。中央对地方的考核中经济指标逐渐被淡化,开始尝试以包括经济、社会、环保等在内的更加综合的绩效标准对地方进行考核(方红生,2009)。此外,还有学者提出由于经济增长为地方政府带来收益的空间正日益缩小,为获取相对竞争优势,地方政府已经开始为"社会创新"而竞争(何艳玲,2017),这些标准的调整也自然引起了地方政府间竞争的变化。

综上所述,实行市场化改革以来,中央与地方关系基于特定的政策目标在不同的政策领域有收有放,呈现为分权与集权并行的态势。

(三)形成了渐进式、差异化、有选择的集分权特色模式

从世界范围看,如何妥善地平衡中央与地方关系是各国普遍面临的挑战。事实上,不断调整是各国中央与地方关系的常态。新中国成立以来,中国的央地关系始终处于复杂且灵活的动态调整之中,虽然与经过数百年构建、完善、调整、改革的西方发达国家相比,中国央地关系的调整在制度化、规范化层面仍显得较为薄弱,但形成了颇具中国特色的渐进式、差异化和有选择的集分权模式。

从纵向上看,中国的中央与地方关系演变是一个带有鲜明实验主义特点的渐进调试的过程。回顾改革开放以来中央与地方关系演

变的两个阶段，不难发现具有高度权威的中央政府可以根据经济社会发展的需要相机决策，随时在几乎所有领域对中央与地方之间的权力和资源配置进行调整：当需要强化宏观调控打破地方主义时就进行中央集权，当需要调动地方积极性发挥其信息优势时就进行地方分权。这种政策调整的适应性是中国共产党人"实践是检验真理唯一标准"精神的集中体现。与此同时，随着中央与地方关系的日趋稳定和治国理政经验的不断积累，中国执政者已鲜有过去那般大规模进行分权或集权的改革，其调整方式变得更加温和，多以微调为主。

从横向上看，"政治集权与经济分权"已无法准确概括当前中央与地方之间权力与资源的配置情况。当代中国的中央与地方关系表现为在不同维度上或集权、或分权、或集权分权并行的多元组合，形成了一个多维的权力和资源配置的混合结构。因此，不能再单向度的以分权或集权来概括中国的中央与地方关系调整。中央政府在立法权、财权、事权和人事权等不同维度乃至同一维度不同政策领域，寻求分权和集权的最优组合，进而在中央与地方之间达成一种有效的相互制衡。

随着经济社会发展水平的不断提升和治理目标的多元化，中国调整中央与地方关系的政策工具也越来越丰富。既可以通过下放立法权限增加地方根据当地实际需要进行立法的权力，也可以通过明确拥有立法权限的内容以规范地方的立法乱象问题；既可以通过财税分成影响地方的财权，也可以通过转移支付改变地方的财政事权；既可以通过垂直管理加强中央对地方政府的管理，也可以通过半垂直管理（省以下垂直管理）赋予省一级政府更大的权力；既可以通过绩效考核标准调整地方官员竞争的目标，也可以通过干部交

流打破地方干部的保护主义。正是这些丰富的政策工具为中国央地关系的动态调整提供了更多的选择，始终确保中央对地方的集中统一领导。

四、坚持非均衡发展和均衡发展战略相衔接

改革开放后，在资金短缺、技术落后和体制僵化的背景下，很难从一开始就采取全领域、全区域推进的发展策略，通过采取以经济建设为中心的发展战略和区域非均衡发展战略，实现了将有限资源优先配置到经济领域和东部沿海地区，适应了历史发展阶段的中国经济发展需求，有效促进了中国经济实现崛起。

（一）以经济建设为中心的发展战略

党的十一届三中全会确定了"以经济建设为中心"的发展战略，长期以来采取了以 GDP 为核心的政绩考核标准，引导各种资源要素优先配置到经济发展领域，突破了资金短缺、技术落后、生态约束等一系列制约，在一定程度上避免了低水平均衡陷阱。伴随着城镇化快速发展，民生需求和生态环境治理需求与日俱增，党的十八大以来，中国提出经济建设、政治建设、文化建设、社会建设、生态文明建设"五位一体"的总体布局，但以经济建设为中心的发展战略并未从根本上动摇，这也是推动中国经济由高速增长阶段向高质量发展阶段的内在要求。总体来看，以经济建设为中心的发展战略是推动中国经济腾飞的重要决策。

（二）区域非均衡发展战略

改革开放前，中国区域发展结构基本处于低水平均衡的发展格

局，资金短缺、技术落后、体制僵化等制约区域经济发展的问题突出。改革开放后，中国确立了"让一部分地区先富起来，先富带动后富"的非均衡发展战略，设立了深圳、珠海、汕头、厦门4个经济特区，后来又设立海南经济特区，鼓励并有效促进了东部沿海地区经济率先起飞，为全国经济发展构筑了新的增长极，并为中西部地区树立了经济发展的榜样和示范。此后，中国先后实施了西部大开发、中部崛起和东北振兴战略，推动中西部经济落后地区加快发展，并通过国际金融危机后东部沿海地区向中西部地区的产业转移直接带动中西部地区发展。总体来看，实施区域非均衡发展战略是改革开放后推动中国经济崛起的正确决策，既具有历史必然性，也是区域经济发展的内在要求。

（三）"五位一体"的发展战略

随着中国经济发展步入多元复合转型的重要战略机遇期，经济社会面临矛盾叠加、风险隐患加剧等问题，以习近平同志为核心的党中央统筹推进经济建设、政治建设、文化建设、社会建设、生态文明建设。"五位一体"的总体布局是一个有机整体，其中经济建设是根本，政治建设是保证，文化建设是灵魂，社会建设是条件，生态文明建设是基础。坚持"五位一体"建设全面推进、协调发展，才能形成经济富裕、政治民主、文化繁荣、社会公平、生态良好的发展格局，把中国建设成为富强民主文明和谐的社会主义现代化国家。"五位一体"是相互联系、相互促进、相辅相成的统一整体。这一战略布局，是科学发展的总体布局，有原则要求，有政策安排，有举措方法，更加清晰地指明了中国绿色发展、绿色跨越的道路，为中国实现又好又快发展，赢得更加美好的未来，提供了

重要指导。

第三节 改革取得的经济社会发展成就

伴随着对外开放和深化改革，中国走上了经济快速发展的道路，取得举世瞩目的发展成就。经济总量持续跃升，经济结构持续优化，国家综合实力实现了极大提升。改革释放了社会发展活力，经济社会发生翻天覆地巨大变化。改革持续推动了各方面制度建设，经济体制机制建设成效显著。

一、经济发展成就

（一）经济总量持续跃升

经济总量连续上台阶。改革开放 40 年来，中国年均经济增长速度达到 9.6%，比同期世界经济增长速度高出 6.7 个百分点，属于全球经济增速最快的国家之一。2017 年中国 GDP 达到 12.25 万亿美元，是 1978 年的 81.9 倍，年均 GDP 增量达到 3103 亿元，接近以色列 2017 年的 GDP 总量。40 年来，中国经济总量实现了多次台阶式跨越，1998 年首次突破 1 万亿美元，2009 年突破 5 万亿美元，到 2014 年突破 10 万亿美元。中国 GDP 在全球的排名，2006 年超过英国成为世界第四大经济体，2007 年超过德国成为世界第三大经济体，2010 年超过日本成为世界第二大经济体。中国 GDP 占全球比重，1978 年仅为 2.4%，到 2011 年首次超过 10%，2017 年已达到 15.2%，比排名第一的美国低 8.8 个百分点，高于排名第三的日本 9.2 个百分点。

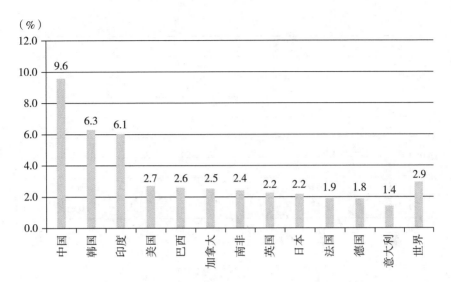

图 5-2　世界主要国家 1978—2017 年 GDP 年均增速

数据来源：世界银行数据库。

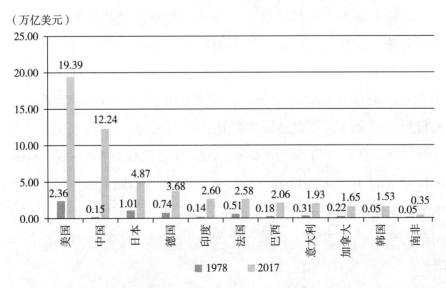

图 5-3　世界主要国家 1978 年与 2017 年 GDP 规模

数据来源：世界银行数据库。

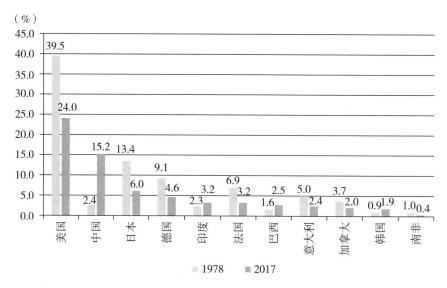

图 5-4　世界主要国家 1978 年与 2017 年 GDP 占世界总量的比重

数据来源：世界银行数据库。

经济发展水平持续提升。随着中国经济高速增长和经济总量不断提升，中国人均 GDP 水平不断提高，从 1978 年的 156 美元增长到了 2017 年的 8827 美元，增长了近 56 倍，比中高收入国家平均水平 8605 美元高 222 美元，已进入世界银行划分的中高收入国家行列。与全球前沿发达国家相比，中国人均 GDP 与美国的比值不断提升，在 1978 年仅为 1.48%，2007 年首次超过 5% 达到 5.61%，2011 年超过 10%，2017 年继续提高到 14.83%。随着中国经济发展水平不断提高，成功使得 8 亿多人摆脱了贫困，对世界减贫贡献率超过 70%，成为世界上少数几个完成联合国千年发展目标的国家之一。

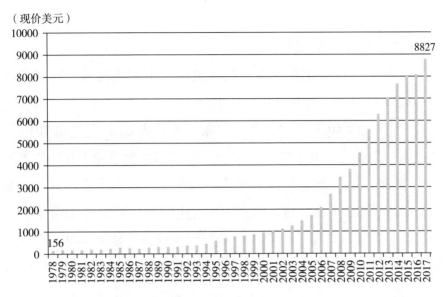

图 5-5 中国人均 GDP

数据来源：世界银行数据库。

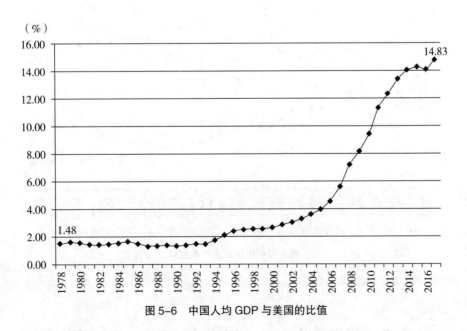

图 5-6 中国人均 GDP 与美国的比值

数据来源：世界银行数据库。

（二）经济结构持续优化

产业结构持续优化。随着经济发展水平不断提升，中国经济结构持续优化。三次产业结构从 1978 年的 27.7：47.7：24.6 调整为 2017 年的 7.9：40.5：51.6，其中，第三产业占 GDP 比重在 2012 年超过第二产业占 GDP 比重，成为推动经济增长的重要支柱。改革开放 40 年来，第一产业占 GDP 比重下降了 19.8 个百分点，第二产业占比下降了 7.2 个百分点，第三产业占比则上升了 27 个百分点，呈现出第一产业占比下降、第二产业始终保持较高水平、第三产业占比上升的结构转型特征，与主要发达国家产业结构调整趋势保持了一致。

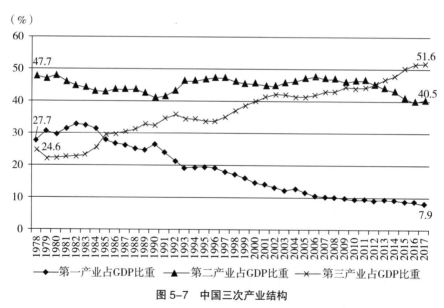

图 5-7　中国三次产业结构

数据来源：世界银行数据库。

城镇化水平不断提高。城镇化是中国经济发展的重要动力来源。改革开放以来，随着中国户籍制度改革，农村人口加快了向城镇集聚的步伐，城市常住人口从 1978 年的 17245 万人增加到 2017 年的 81347 万人，增长了近 4 倍，带动了常住人口城镇化率由 1978 年的 17.9% 升至 2017 年的 58.5%，上升了 40.6 个百分点，年均提高 1 个多百分点。而同期，全球城镇化率由 38.5% 升至 54.7%，提高 16.2 个百分点，年均仅提高 0.4 个百分点。中国城镇化率的提高速度快于日本、韩国等主要国家，而城镇化率水平还有提升的空间。

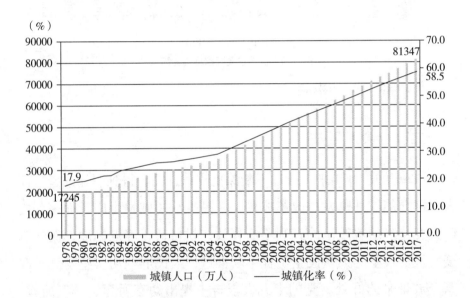

图 5-8　中国常住人口城镇化率

数据来源：《中国统计年鉴》。

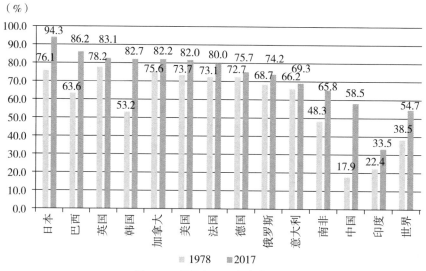

图 5-9 世界主要国家城镇化率

数据来源：世界银行数据库。

二、社会发展成就

改革开放40年来，通过不断深化改革，民生得到明显改善，使人民群众能够共享发展改革成果，人民生活领域发生广泛而深刻的巨大变化。随着改革的红利不断释放，村村通、养老制度、医保制度、扶贫攻坚等大量民生工程不断推进，人民群众切实感受到了改革开放带来的好处。党的十九大报告中提出幼有所育、学有所教、劳有所得、病有所医、老有所养、住有所居、弱有所扶等"民生七有"，在以人民为中心的改革发展理念指引下，40年社会发展各方面成效巨大。

（一）国民健康水平明显提升

中国居民健康水平总体上处于中高收入国家水平。城乡居民健康差异进一步缩小，医疗卫生服务可及性、服务质量、服务效率和群众满意度显著提高，为全面建成小康社会打下了坚实的基础。人均预期寿命从 1978 年的 65.9 岁增加到 2017 年的 76.7 岁。2017 年中国孕产妇死亡率、婴儿死亡率分别降至 19.6 ／ 10 万、6.8‰，妇幼健康核心指标总体上优于中高收入国家平均水平。

医疗卫生服务体系日臻完善。1978 年到 2017 年，中国医疗卫生机构总数由 17.0 万家增加到 98.7 万家；病床床位由 204 万张增加到 794 万张；卫生人员由 788 万人增加到 1174.9 万人。同时，不断加强医疗机构管理，医疗服务质量和技术水平显著提高。

图 5-10　1978—2017 年中国人均预期寿命

数据来源：1978—2016 年数据来自世界银行数据库；2017 年数据来自《中华人民共和国 2017 年国民经济和社会发展统计公报》。

（二）社会保障网日益密实

社会保障已基本实现全覆盖。改革开放初期，中国只有 20% 左右的就业人口享有社会保障。改革开放以来，贯彻"社会保障全民覆盖"制度理念，覆盖全民的多层次社会保障体系已经基本建成，

实现了从无到有的重大跨越，特别是实现了对农村人口的社会保障覆盖。截至 2017 年末，全国参加基本养老保险的人数为 91454 万人，参加基本医疗保险人数 117664 万人，参加失业保险人数 18784 万人，参加工伤保险人数 22726 万人，参加生育保险人数 19240 万人，增加 789 万人。

制度保障能力不断提升。从制度设计来看，中国社会保障制度从人群分割、地区分割、城乡分割逐步转向更加统一、更加公平的制度设计。统一的城乡居民基本养老保险制度、机关事业单位养老保险制度改革、基本医疗保险异地结算、不断提高保险基金统筹层次等举措，受到全社会高度关注和广泛好评。

从保障水平来看，在坚持普惠和制度可持续的基础上，中国社会保障制度的保障水平明显提升。以基本养老保险制度为例，自 2005 年起一直到 2017 年，城镇企业退休职工基本养老金已实现第 14 年上调，2016 年北京、上海、深圳、厦门的企业职工月平均养老金已经超过了 3000 元。2009 年开始试点的新型农村社会养老保险，超过 60 岁以上（女 55 岁）的农村老年人每人每月可以领取 55 元的基本养老金，2011 年开展城镇居民社会养老保险制度试点，2014 将两项制度整合为城乡居民基本养老保险制度。到 2016 年全国统一提高到 70 元，上海、厦门以及三亚等地已经分别调整到 110 元、320 元以及 660 元，各地城镇居民同样获得了相应的待遇保障。到 2017 年底，全国共有 51255 万人参加城乡居民基本养老保险，这是世界上覆盖人数最多的养老保险制度，领取待遇人数达到 15598 万人。2018 年，人社部、财政部印发《关于建立城乡居民基本养老保险待遇确定和基础养老金正常调整机制的指导意见》（人社部发〔2018〕21 号），自 2018 年 1 月 1 日起，全国城乡居民基本养老保险基础养老金最低标准提高至每人每月 88 元，即在原每人每月 70 元的基础上增加 18 元，正常调待机制正式建立并开始运行。

（三）良好就业与公平教育支撑人力资本不断跃升

就业形势稳中见长。中国政府坚持实施就业优先战略和更加积极的就业政策，推动实现更高质量的就业，并把实现就业更加充分作为全面建成小康社会的重要目标。从就业结构和就业状况看，改革开放初期的 1978 年，中国 9.6 亿人口中有 7.9 亿农民，占 82%；在 4 亿多从业人员中有农民 2.8 亿人，占 70%，是典型的农业大国。2017 年，中国 57% 以上的居民生活在城镇，73% 的从业人员在工业和服务业岗位工作。在世界经济增长乏力、各国都为失业率攀升焦虑的今天，我国将城镇失业率控制在了 5% 左右。中国作为一个人口最多的发展中国家，面对复杂多变的经济发展环境，能创造如此多的就业机会，并保持较低的失业率水平，来之不易。

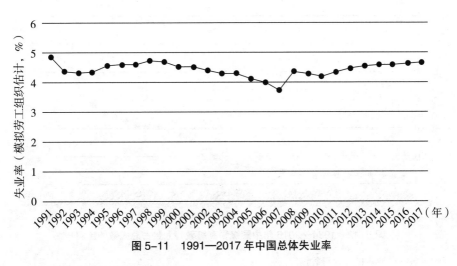

图 5-11　1991—2017 年中国总体失业率

数据来源：世界银行数据库。

更好更公平的教育逐步得以实现。从受教育水平看，改革开放初期的 1982 年，中国的文盲率仍高达 24%，到 2016 年中国 6 岁及以上年龄段人口受教育率已达到 94.3%。反映教育发展水平的各项指标取得长足进步，到 2016 年，学前三年毛入园率比达到 77.4%，超过中高收入国家平均水平 5 个百分点；九年义务教育巩固率 93.4%，超过高收入国家平均水平；高中阶段教育毛入学率 87.5%，比 2012 年提高 2.5%，超过中高收入国家平均水平 5 个百分点；高等教育毛入学率达到 42.7%，超过中高收入国家平均水平 6 个百分点；16 岁至 59 岁人口的平均受教育年限从 1982 年的 5.81 年提高到 2016 年的 10.35 年。教育普及程度超过中高收入国家平均水平。中国教育投入持续增加，教育发展保障条件的不断改善。2012 年以来，财政性教育经费占国内生产总值比重连续 5 年保持在 4% 以上。教育普及程度不断提升，教育公平不断迈出重大步伐。

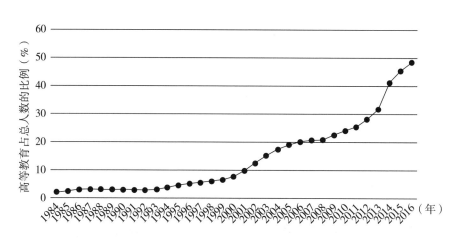

图 5-12　1984—2016 年中国接受高等教育人数占总人数的比例

数据来源：世界银行数据库。

（四）减贫事业取得举世公认成就

贫困人口大规模减少。改革开放 40 年，中国在减少贫困人口方面取得举世公认的伟大成就，这是改革推动社会发展的重大变化。40 年来，共有 8 亿多贫困人口摆脱贫困。特别是党的十八大以来，全国农村贫困人口累计减少 6853 万人。截至 2017 年末，全国农村贫困人口从 2012 年末的 9899 万人减少至 3046 万人，累计减少 6853 万人；贫困发生率从改革开放初期的 30.7% 减少到 2012 年末的 10.2%，党的十八大以来再次下降至 2017 年末的 3.1%。贫困地区农村人均居民收入年均增长 10.4%。联合国《2015 年千年发展目标报告》显示，中国对全球减贫的贡献率超过 70%。中国成为世界上减贫人口最多的国家，也是世界上率先完成联合国千年发展目标的国家，得到国际社会的广泛赞誉，为全球减贫事业提供了中国经验。中国的扶贫经验为世界减贫事业贡献了中国智慧与中国方案。

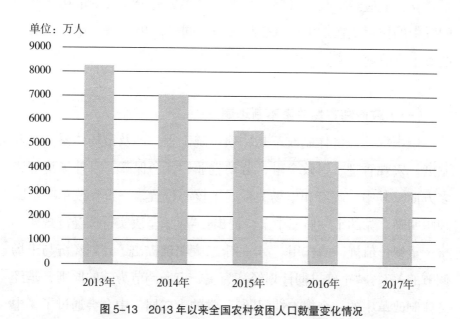

图 5-13　2013 年以来全国农村贫困人口数量变化情况

农村贫困地区经济社会全面发展。通过精准扶贫，中国贫困群众内生能力不断增强，精神面貌焕然一新，对未来美好生活充满信心。截至 2016 年，贫困地区农村居民人均收入连续保持两位数增长，年均实际增长 10.7%。居住在钢筋混凝土房或砖混材料房的农户占到 57.1%，使用管道供水的农户达 67.4%。自然村通电接近全覆盖、通电话比重达到 98.2%、道路硬化达到 77.9%。在自然村上幼儿园和上小学便利的农户分别达到 79.7%、84.9%。91.4% 的农户所在自然村有卫生站。中国贫困人口生存发展权益得到有效保障。

三、经济体制建设成就

改革开放 40 年来，中国经济体制实现了从传统计划经济到社会主义市场经济体制的革命性变化。以经济体制为牵引，各方面的体制机制加快转型和转换，市场经济体制框架基本完善，现代市场体系建立，适应经济社会发展变化的市场主体充分发展，市场在资源配置中的作用正在发生深刻变化。与此同时，40 年来，中国政府职能发生了深刻变革。

（一）政府和市场关系不断理顺

中国深化经济体制改革是一项系统工程，涉及市场体系、企业制度、宏观管理、财政金融、劳动就业、社会保障、对外经济等诸多方面。其中，政府和市场关系居于核心位置，一直在改革中不断理顺明晰。党的十一届三中全会提出："应该坚决实行按经济规律办事，重视价值规律的作用。"党的十二大明确提出了计划经济与市场调节的关系："正确贯彻计划经济为主、市场调节为辅的原则，是经济体制改革中的一个根本性问题。"党的十二届三中全会通过了《中

共中央关于经济体制改革的决定》，深入剖析了原有经济体制存在的
"政企职责不分，条块分割，国家对企业统得过多过死，忽视商品生
产、价值规律和市场的作用"等问题，提出"社会主义计划经济必
须自觉依据和运用价值规律，是在公有制基础上的有计划的商品经
济"。在此基础上党的十三大进一步提出了中国新的经济运行机制总
体上应该是"国家调节市场，市场引导企业"的机制模式。邓小平
南方谈话中更加明确地指出"计划经济不等于社会主义，资本主义
也有计划；市场经济不等于资本主义，社会主义也有市场。"把计划
和市场都作为发展生产力的手段。党的十四大提出了建立社会主义
市场经济体制，"就是要使市场在社会主义国家宏观调控下对资源配
置起基础性作用"，这为长期纠结于"计划"和"市场"的改革开启
了新的里程碑。

　　根据中国改革开放和现代化建设的不断实践，党不断深化对政
府与市场关系的认识。党的十五大提出了形成完善的社会主义市场
经济体制的目标，提出"坚持和完善社会主义市场经济体制，使市
场在国家宏观调控下对资源配置起基础性作用"，并要求"充分发挥
市场机制作用，健全宏观调控体系"。党的十六大进一步提出："健
全现代市场体系，加强和完善宏观调控。在更大程度上发挥市场在
资源配置中的基础性作用，健全统一、开放、竞争、有序的现代市
场体系。"同时对政府职能做出了明确规定。党的十七大提出："要
深化对社会主义市场经济规律的认识，从制度上更好发挥市场在资
源配置中的基础性作用，形成有利于科学发展的宏观调控体系。"党
的十七大从制度上对如何更好发挥市场的基础性作用进行了进一步
规范。党的十八大指出："经济体制改革的核心问题是处理好政府和
市场的关系，必须更加尊重市场规律，更好发挥政府作用。"

从党的十四大到十八大，党对政府市场关系的认识经历了一个长期的量变过程，终于在党的十八届三中全会上实现了质的飞跃。全会通过了《中共中央关于全面深化改革若干重大问题的决定》，指出："经济体制改革是全面深化改革的重点，核心问题是处理好政府和市场的关系，使市场在资源配置中起决定性作用和更好发挥政府作用。"党的十九大进一步回答了如何加快完善社会主义市场经济体制、什么是经济体制改革的重点等重大问题，明确指出，在中国经济正处于由高速增长阶段向高质量发展阶段转变的关键期，着力构建市场机制有效、微观主体有活力、宏观调控有度的经济体制，是中国建设现代化经济体系的基本体制保障。

（二）现代市场体系正加快健全

现代市场体系是现代市场经济体系的重要组成部分，也是中国社会主义市场经济体系的重要构成内容。现代市场经济必须借助于完整的市场体系，才能有效地配置资源。因为，市场经济中的市场机制具体是通过市场体系来发挥调节作用的，市场运行过程、市场秩序的形成和治理也需要通过市场体系来实现。因此，发挥市场机制的资源配置中的决定性作用，必须培育、发展和完善市场体系。从更深层次上看，从1978年以来的中国经济体制改革的目标就是要通过经济组织和管理制度的变革，建立适应社会主义商品经济要求的经济运行机制和资源配置方式，其核心是建立最有利于资源有效配置和生产力发展的社会主义市场体系。中国改革开放40年的经验说明，构建一个体系完整、机制健全、统一开放、竞争有序的现代市场体系，是建立和完善社会主义市场经济体制的重要内容。随着社会主义市场经济体制不断改革与推进，中国改革开放大体上经历了从商品市场建设为主，到推进要素市场建设为主的两大历史阶段。

以市场为基础的价格形成机制，是现代市场体系的核心，也是市场配置资源的中心环节。在20世纪90年代以后，在工业生产资料价格双轨制合并为市场价格单轨制的基础上，进一步放开消费品价格和服务价格，大部分实物商品和服务的价格均由市场形成，基本形成了由政府定价体制向市场价格体制转轨。1997年，党的十五大报告提出，加快国民经济市场化进程，要充分发挥市场机制作用，健全宏观调控体系，继续发展各类市场，进一步发挥市场对资源配置的基础性作用。这有力地推进了中国产品的市场化进程。经过40年努力，截至2017年底，中国全社会商品和服务的市场调节价格比重提升至98%左右，产品市场化改革基本完成。

党的十九大提出经济体制改革必须以完善产权制度和要素市场化配置为重点，实现产权有效激励、要素自由流动、价格反应灵活、竞争公平有序、企业优胜劣汰。开启了要素市场建设为主的新阶段，以供给侧结构性改革为主线，深入推进要素市场化改革，重点在"破、立、降"上下功夫。"破"就是大力破除无效供给，处置僵尸企业，用市场化、法制化手段化解过剩产能。"立"就是优化制度供给，大力培育新动能，推动传统产业优化升级，培育一批具有创新能力的排头兵企业。"降"就是大力降低实体经济的成本，通过深化改革降低制度性交易成本和用能、物流成本，继续减税降费，还要以完善产权制度和要素市场化配置为重点，推进基础性关键领域改革取得新突破，深化放管服等改革，激发各类市场主体活力。

（三）各类市场主体不断涌现

系统推进国企国资改革。改革顶层设计基本完成，以深化国有

企业改革指导意见为引领，以若干文件为配套的国企改革"1+N"文件体系印发。十项改革试点全面展开，落实董事会职权试点、国有资本投资运营公司试点在全国全面推开。2017年5月，国务院办公厅下发《国务院国资委以管资本为主推进职能转变方案》，授权43项权责下放。国有企业混合所有制改革进展顺利，中央企业层面已开展三批试点。中央企业通过重组实现资源向优势企业集中，盘活存量，减少重复建设，优化国有资本的布局与资源配置。电力体制、盐业体制、石油天然气体制等重点行业改革取得突破性进展。

外资已经成为中国经济的一个重要组成部分。40年来外资在中国的经济社会发展当中应该说是作出了相当大、相当重要的贡献。在进出口方面，外资企业进出口接近全国进出口总额的50%；在工业产值方面接近全国的25%左右；在税收方面提供20%左右的全国税收；在就业方面提供了约10%的就业。同时中国的快速增长也为外资企业发展提供了良好的机遇，实现了互利共赢、共同发展。

中国农村新型经营主体不断涌现。随着农村改革的不断深化，近年来农业社会化服务组织、合作社、龙头企业、家庭农场等农村新型经营主体不断发展，为"三农"注入了新的活力。目前，全国家庭农场已超过87万家，登记的农民合作社188.8万家，产业化经营组织38.6万个，农业社会化服务组织超过115万个，这些新型农业经营主体已经初具规模。

目前，中国各类市场主体总量超过1亿户，近5年来增加70%以上，尤其是民营企业、中小微创新创业类市场主体增长迅猛。商事制度改革4年来，日均新设市场主体从改革前的3.1万户增加到5.27万户。

（四）市场机制发挥作用愈加深入

中国市场在资源配置中起决定性作用，首先是市场作用地位的提高，也就是要扭转长期以来市场在资源配置中只能处于从属地位的角色，从而从根本上确立资源配置中的市场主导地位，真正以有效发挥市场作用来统领资源配置、经济发展和体制改革等。

首先，确立了经济资源配置诸多方式中的市场统领作用。现实中，中国经济资源的配置主要有政府（计划）、市场和社会等不同方式，使市场在资源配置中起决定性作用，其实质就是确立了市场对资源配置的主导作用和对其他资源配置方式的统领地位，任何政府机构和任何中介机构等社会组织，不能随意凌驾于市场之上，其行为严格受到市场规则的约束。

其次，确立了价格形成和供求关系中的市场统领作用。商品价格的形成和供求关系的变化是否由市场来决定和统领，是市场在资源配置中是否起决定性作用的重要标志。40 年来，中国政府对价格的干预明显减少，价格信号更为真实有效，水、石油、天然气、电力、交通、电信等领域的改革开始触及体制核心部位，市场作用领域更加广阔。

最后，确立了经济社会运行和改革中的市场统领地位。中国整个经济运行基本通过市场规律体系和市场机制系统来实现和完成的。经济体系中纵向的、以隶属关系为基本内容的行政干预体制有所打破，法治的规范和约束作用明显增强。过去那种政府随意"打压""关照"某个市场主体的现象大为减少。

（五）政府机构精简与职能转变成效显著

改革开放以来，从 1982 年机构改革到 2018 年党的十九届三中

全会决定深化党和国家机构改革，国务院机构先后经历了 8 次大的改革调整，不同阶段提出了不同的改革方向与重点。1982 年提出提高政府工作效率。党的十一届三中全会以后，为与改革开放相适应，从 1982 年开始，首先从国务院做起，自上而下地展开各级机构改革，这次改革历时 3 年之久，范围包括各级党政机关，是新中国成立以来规模较大、目的性较强的一次建设和完善各级机关的改革。通过精简各级领导班子和废除领导职务终身制，加快了干部队伍的年轻化，是一个很大的突破。1988 年改革突出合理配置职能。通过改革，国务院部委由原有的 45 个减为 41 个；直属机构从 22 个减为 19 个，非常设机构从 75 个减到 44 个，部委内司局机构减少 20%。此次改革是在推动政治体制改革，深化经济体制改革的大背景下出现的，其历史性的贡献是首次提出了"转变政府职能是机构改革的关键"。此后，还陆续进行了多次机构改革。2018 年机构改革，以党的十九大精神和习近平新时代中国特色社会主义思想为指导，将推进党和国家机构职能优化、协同高效作为着力点，以加强党的全面领导为统领，为推动国家治理体系和治理能力现代化奠定坚实基础。

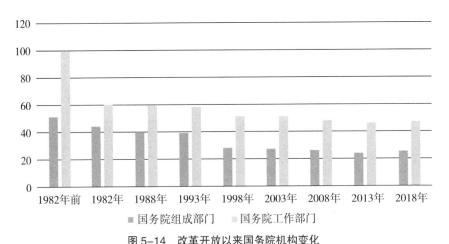

图 5-14　改革开放以来国务院机构变化

改革开放以来，中国行政审批制度改革取得巨大成效。特别是党的十八大以来，党和国家大力推进行政体制改革，持续深化"放管服"改革，加快转变政府职能，减少微观管理、直接干预，注重加强宏观调控、市场监管和公共服务。十八大以来的 5 年间，国务院部门行政审批事项削减 44%，非行政许可审批彻底终结，中央政府层面核准的企业投资项目减少 90%，行政审批中介服务事项压减 74%，职业资格许可和认定大幅减少。中央政府定价项目缩减 80%，地方政府定价项目缩减 50% 以上。全面改革工商登记、注册资本等商事制度，企业开办时间缩短三分之一以上。全面推行"互联网 + 政务服务"，实施一站式服务等举措，中国的营商环境持续改善。2018 年 10 月 31 日，世界银行发布《2019 年营商环境报告：为改革而培训》显示，中国营商环境在被监测的 190 个经济体中已跃升至全球第 46 位。

第四节　改革推动中国经济腾飞的主要经验

改革开放 40 年来，中国从摸着石头过河搞改革，到全面深化改革，成功走出了一条渐进改革的道路，在 40 年波澜壮阔的改革史篇中，积累了日渐成熟的改革推进艺术。改革带来了经济高速增长，综合国力大大增强，中国对世界经济增长的贡献率达到 30% 左右，全球影响力大幅提升。改革推动了中国成为举世公认的新兴经济增长大国，积累形成了大量的中国经验，以下重要的方面值得肯定和总结。

一、坚持和加强党对改革的领导

1978 年，党的十一届三中全会做出改革开放的重大决策，由此

开启了中国改革开放历史新时期。改革开放激发了各行各业的活力，使中国的生产力不断得到发展。中国改革开放40年的发展历程证明，坚持中国共产党的领导，才始终保持了改革开放的中国特色社会主义方向，形成了中国特色社会主义思想。

中国坚持党对改革开放的领导，最根本的是始终坚持和发展中国特色社会主义。中国共产党始终是中国特色社会主义事业的领导核心，这是历史的选择、人民的选择。在改革开放的历史进程中，中国共产党把马克思主义基本原理同中国改革开放的具体实际结合起来，带领人民进行中国特色社会主义的实践，开辟了中国特色社会主义道路，形成了中国特色社会主义理论体系，确立了中国特色社会主义制度，发展了中国特色社会主义文化。中国特色社会主义制度基于改革开放以来的实践，一边实践一边发展理论。党的十九大报告指出："中国特色社会主义是改革开放以来党的全部理论和实践的主题，是党和人民历尽千辛万苦、付出巨大代价取得的根本成就。中国特色社会主义道路是实现社会主义现代化、创造人民美好生活的必由之路，中国特色社会主义理论体系是指导党和人民实现中华民族伟大复兴的正确理论，中国特色社会主义制度是当代中国发展进步的根本制度保障，中国特色社会主义文化是激励全党全国各族人民奋勇前进的强大精神力量。"坚持党对改革开放的领导，就能更加坚定社会主义特色方向，坚持实干兴邦，把新时代中国特色社会主义推向新的历史高度。

坚持党对改革开放的领导，才能保证中国改革开放的顺利进行。中国的改革开放是一项开创性事业，是一场伟大的社会革命，没有现成的经验可以借鉴，"摸着石头过河"是一条有效路径。改革开放需要有一个坚强的领导核心，协调和组织社会各方面的力量，以实现改革的目标。中国共产党对改革开放的领导作用，是无法替代的。中国特色社会主义能否长治久安，改革开放能否取得成功，关键在于中国共产党。

二、坚持解放和发展生产力的改革标准

中国推进改革开放是一个崭新课题，在马克思主义经典著作中没有现成答案，在现实中也没有现成经验。要推进改革开放，只有在党的领导下，积极调动人民群众的主动性、积极性和创造性，鼓励人民群众进行开创性探索才能取得成功。无论是承包制、发展乡镇企业、搞活国有企业、发展非公有制经济，还是建设经济特区、扩大对外开放等，都来源于人民群众的实践创造。只有最广泛地激发起人民群众的创造力，改革发展才有动力。1993年，党的十四届三中全会通过的《中共中央关于建立社会主义市场经济体制若干问题的决定》强调："尊重群众首创精神，重视群众切身利益。及时总结群众创造出来的实践经验，尊重群众意愿，把群众的积极性引导好、保护好、发挥好。"

改革开放以来，中国共产党始终把是否有利于发展社会主义社会的生产力、是否有利于增强社会主义国家的综合国力、是否有利于提高人民的生活水平作为衡量改革开放成效的根本标准，把实现好、维护好、发展好中国最广大人民的根本利益作为制定和执行各项方针政策的出发点和落脚点，使改革开放得到了广大人民群众的衷心拥护和支持。中国人民生活水平从温饱不足发展到总体小康，人民当家作主得到有效保证，物质文化需求不断得到满足，这些都极大地调动和激发了广大人民群众建设和发展中国特色社会主义的积极性、主动性、创造性。

习近平同志深刻指出，改革开放是亿万人民自己的事业，必须坚持尊重人民首创精神，坚持在党的领导下推进。中国改革开放在认识和实践上的每一次突破和发展，改革开放中每一个新生事物的产生和发展，改革开放每一个方面经验的创造和积累，无不来自亿万人民的实践和智慧。党的十八大以来，在推进改革开放的实践中，中国共产党高度尊重人民首创精神，通过提出和贯彻正确的路线方针政策带领人民前进，拓展改革广度和深度，全面深化改革取得重大突破，改革呈现全面发力、多点突破、纵深推进的局面，重要领域和关键环节改革取得突破性进展，主要领域改革主体框架基本确立，中国特色社会主义制度更加完善，国家治理体系和治理能力现代化水平明显提高，全社会发展活力和创新活力明显增强。

三、坚持社会主义市场经济改革目标

纵观中国改革开放40年的发展进程，就是从传统计划经济走向有计划的商品经济体制，再到确立社会主义市场经济体制的历程。1978年党的十一届三中全会的召开，标志着中国开始走向建设有中国特色的社会主义的改革开放道路。初始的改革开放是打破计划经济体制逐步确立了有计划的商品经济体制。这个时期，市场化取向的改革实践，从农村开始突破，逐步向城市推进；从设立经济特区的局部试点向沿海、沿江和内地全面推进；市场化取向改革的目标，由"计划经济为主，市场调节为辅"到"有计划的商品经济"，再到"国家调控市场、市场引导企业"。思想观念的转变，极大地解放了生产力，启动了国民经济的微观基础。党的十四大提出"我国经济体制改革的目标是建立社会主义市场经济体制"，肯定了市场对资源配置的基础性作用，党的十八届三中全会进一步将基础性作用提升为"决定性"作用，使改革开放的历史进程实现了新的飞跃。

经济发展离不开资源配置。市场经济借助供求、价格、竞争等机制杠杆，把有限的人、财、物以最优化的方式分配到社会生产各个领域，快速满足千姿百态的需求，实现效率提高和财富增进。只有坚持市场化改革取向，使市场在国家宏观调控下对资源配置起基础性作用，使经济活动遵循价值规律，适应市场供求关系的变化。通过竞争，才能把资源配置到最能发挥效益的地方，促进生产和需求的双向调节。党的十九大提出加快完善社会主义市场经济体制。中国经济体制改革必须以完善产权制度和要素市场化配置为重点，实现产权有效激励、要素自由流动、价格反应灵活、竞争公平有序、企业优胜劣汰。在40年来的各项改革中，中国经济体制改革始终发挥着十分重要的牵引作用。经济体制改革积累的成功经验，也源源不断地复制并影响到全面深化改革的各个领域改革深入推进。

四、坚持正确处理改革、发展、稳定关系

改革、发展、稳定是中国社会主义建设中的三个重要支点。40年来改革开放之所以顺利推进，一个重要原因就在于中国共产党在实践探索中正确处理三者关系，把改革作为动力，把发展作为目的，把稳定作为前提，始终坚持改革发展稳定的有机统一，确保社会安定团结、和谐稳定。

习近平同志高度重视处理好改革发展稳定的关系，强调要以更大的政治勇气和智慧，进一步解放思想、解放和发展社会生产力、解放和增强社会活力。他指出，稳定是改革发展的前提，必须坚持改革发展稳定的统一；要坚持把改革的力度、发展的速度和社会可承受的程度统一起来，把改善人民生活作为正确处理改革发展稳定

关系的结合点。只有社会稳定，改革发展才能不断推进；只有改革发展不断推进，社会稳定才能具有坚实基础。党的十八大以来，中国共产党不断增强改革措施、发展措施、稳定措施的协调性，把握好当前利益和长远利益、局部利益和全局利益、个人利益和集体利益的关系，既着力解决关系群众切身利益的问题，又着力引导群众正确处理各种利益关系、理性合法表达利益诉求，让改革发展成果更多更公平惠及全体人民，营造安定团结的社会氛围。

　　无论改革发展还是稳定，都是为了实现好、维护好、发展好最广大人民根本利益。党中央始终注重让改革的红利被人民群众所共享、发展的成果公平惠及广大人民群众，因而中国社会稳定具有坚实的民意基础。党的十八大以来，在全面深化改革的过程中，以习近平同志为核心的党中央始终坚持人民立场，坚持人民主体地位，虚心向人民学习，倾听人民呼声，汲取人民智慧，把人民拥护不拥护、赞成不赞成、高兴不高兴、答应不答应作为衡量一切工作得失的根本标准。准确把握改革发展稳定的平衡点，准确把握近期目标和长期发展的平衡点，准确把握改革发展的着力点，准确把握经济社会发展和改善人民生活的结合点，坚持问政于民、问需于民、问计于民，着力解决好人民最关心最直接最现实的利益问题，让全体中国人民和中华儿女在实现中华民族伟大复兴的历史进程中共享幸福和荣光。

　　40年改革开放的实践表明，改革是经济社会发展的强大动力，发展是解决中国一切问题的基础和关键，稳定是改革发展的前提。只有把改善人民生活作为正确处理改革发展稳定关系的结合点，才能通过改革发展确保社会和谐稳定，确保在实现共同富裕上不断迈出新步伐。放眼全球，政局动荡、社会动乱让许多国家失去发展机遇，人民陷入痛苦和灾难。而中国特色社会主义现代化建设之所以能顺利推进，正是得益于正确处理改革发展稳定的关系。

五、坚持以人民为中心的改革出发点和落脚点

经过改革开放 40 年的发展，中国社会生产力水平明显提高，人民生活显著改善。回顾 40 年的改革发展历程，中国共产党始终坚持以人民为中心的发展思想，以不断改善民生为发展的根本目的。改革开放需要人民群众的理解与支持，更需要人民群众的积极参与。人民是历史的创造者，是决定党和国家前途命运的根本力量。必须坚持人民主体地位，坚持立党为公、执政为民，践行全心全意为人民服务的根本宗旨，把党的群众路线贯彻到治国理政全部活动之中，把人民对美好生活的向往作为奋斗目标，依靠人民创造历史伟业。习近平同志明确指出："人民对美好生活的向往，就是我们的奋斗目标。"

中国共产党领导人民全面建成小康社会、进行改革开放和社会主义现代化建设的根本目的，就是要通过发展社会生产力，不断提高人民物质文化生活水平，促进人的全面发展。习近平同志对落实以人民为中心的发展思想进一步提出四个方面的要求。即：要坚持人民主体地位，顺应人民群众对美好生活的向往，不断实现好、维护好、发展好最广大人民根本利益，做到发展为了人民、发展依靠人民、发展成果由人民共享；要通过深化改革、创新驱动，提高经济发展质量和效益，生产出更多更好的物质精神产品，不断满足人民日益增长的物质文化需要；要全面调动人的积极性、主动性、创造性，为各行业各方面的劳动者、企业家、创新人才、各级干部创造发挥作用的舞台和环境；要坚持社会主义基本经济制度和分配制

度，调整收入分配格局，完善以税收、社会保障、转移支付等为主要手段的再分配调节机制，维护社会公平正义，解决好收入差距问题，使发展成果更多更公平惠及全体人民。

六、坚持科学的改革方法论

40 年改革开放取得的成就，既有来自自上而下的顶层设计，也与来自基层的自下而上的改革实践分不开。二者的完美结合，使中国走出了独一无二的中国特色社会主义道路。在中国改革开放历史上，1978 年党的十一届三中全会开启了建设有中国特色的社会主义的改革开放道路；1992 年，党的十四大明确提出建立社会主义市场经济体制的改革目标，肯定了市场对资源配置的基础性作用，使改革开放的历史进程实现了新的飞跃；到 2002 年党的十六大召开时，中国经过近 10 年初步确立社会主义市场经济体制。2003 年党的十六届三中全会提出完善社会主义市场经济体制的改革阶段。这一时期中国的市场化取向改革以科学发展战略思想为指导，将整体改革纳入经济体制、政治体制、文化体制、社会体制改革协同推进的新框架，从制度上保障市场在资源配置中的基础性作用。

自下而上的改革，是中国改革开放的一个重要经验。很多重大改革都来自基层的实践——农村承包制是来自基层的改革探索，经济特区的发展实际上也是自下而上的改革，改革试验区、改革试点、自由贸易试验区等都是自下而上改革创新的试验田。通过各种改革探索平台，给予地方基层改革创新的空间。实行自下而上的改革，放手让人民群众创造，不仅可以鼓励基层的创新，还充分调动和激发起广大人民群众的改革热情和动力。党的十八大以来，着力增强各项改革推进的系统性整体性协同性。改革全面发力、多点突破、纵深推进，着力增强改革系统性、整体性、协同性，不断拓展改革广度和深度，推出 1500 多项改革举措，重要领域和关键环节改革取得突破性进展，主要领域改革主体框架基本确立。中国 40 年的改革开放历程，证明了自下而上的基层创新与自上而下的顶层设计有机结合，是中国改革成功的实践法宝。

第六章　以建立现代化经济体系为战略目标推动新时代改革

　　改革开放 40 年来，中国成功地实现了从站起来到富起来的飞跃，实现了从"赶上时代"到"引领时代"的伟大跨越，已经开启了从富起来到强起来的新征程。改革开放是决定当代中国命运的关键一招，也是实现"两个一百年"奋斗目标、实现中华民族伟大复兴的关键一招，"改革开放只有进行时，没有完成时"。经济体制改革在中国改革中始终发挥着牵引作用，这直接体现为 40 年改革中始终坚持以经济建设为中心。新时代中国经济的高质量腾飞要靠全面深化改革再发力。中国全面深化改革已经进入到一个新阶段，改革将进一步触及深层次利益格局的调整和制度体系的变革，改革的复杂性、敏感性、艰巨性更加突出。改革仍然需要以经济建设为中心，仍然需要充分发挥经济体制改革对其他领域深化改革的牵引作用。根据党的十九大提出到 2035 年基本实现社会主义现代化、到 21 世纪中叶建成富强民主文明和谐美丽的社会主义现代化强国的战略部署和持续推进改革开放的要求，要围绕完善和发展中国特色社会主义制度、推进国家治理体系和治理能力现代化的总目标，按照建设现代化经济体系的重大决策部署，用逢山开路、遇水架桥的智慧和勇气，发挥好经济体制改革对其他领域改革的引领和支撑作用，脚踏实地地推动中国经济高质量腾飞，为顺利建成社会主义现代化强国奠定坚实的基础。

第一节　围绕建设创新引领、协同发展的产业体系推动科技、金融和产权制度改革

改革开放 40 年来，中国不断探索建立现代产业体系。党的十七大报告首次提出"发展现代产业体系"，党的十八大报告将其扩展为"要着力构建现代产业发展新体系"，党的十九大报告进一步提出"着力加快建设实体经济、科技创新、现代金融、人力资源协同发展的产业体系"。这不仅全面系统地提出了现代产业体系的重要性，更加深刻地阐释了现代产业体系的内涵，也指明了现代产业体系发展的方向和重点。40 年来，我国建立起门类齐全、配套完善的工业体系，服务业不断发展壮大，三次产业结构更趋合理，产业链逐步健全延伸，拉动经济长期持续高速增长。

当然我们也应该看到，中国产业在布局和结构等方面还存在很多不适应高质量发展的问题，需要更多地从发挥生产要素协同作用的角度来建立符合新时代中国特色社会主义要求的产业体系。与发达国家相比，中国制造业之所以处在国际产业链、价值链中低端，主要原因就在于原始创新不足、科技成果转化不畅、研发投入和创新人才欠缺、金融对实体经济的创新行为支持不够等。实体经济是发展的主体和基础，创新是引领发展的第一动力，金融是现代经济的核心和血脉，人力资源是发展的第一资源。四者的协调、同步、融合、互动发展，是现代产业体系的显著特征，是提升产业国际竞

争力、壮大国家经济实力的根本保证。从美、德、日、英等国改革经验和教训来看，应以推进经济结构性调整为重点深化科技、金融、产权制度改革，逐步实现供需在更高水平上的均衡。因此，未来一段时间，我国需要加快推动科技、金融和产权制度改革，逐步形成创新引领、协同发展的产业体系，为实现高质量发展创造坚实基础。

一、深化科技创新体制改革

党的十八大以来，以习近平同志为核心的党中央把科技创新摆在国家发展全局的核心位置，深入实施创新驱动发展战略，国家创新能力明显增强，创新成果举世瞩目。当前，中国科技创新实力位居世界前列，科技投入连续保持高增长，2000 年至今的年均增速位居世界前列；重大科技成果不断涌现，在量子通信、载人航天、超级计算、北斗导航、大飞机等领域取得一大批重大科研成果；科技支撑经济社会发展能力不断增强，科技对经济增长的贡献不断加大。科技创新的体制机制不断完善，《关于深化体制机制改革加快实施创新驱动发展战略的若干意见》、《深化科技体制改革实施方案》等一系列重大改革出台实施。与此同时，也应看到与进入创新型国家行列和建设世界科技强国的要求相比，中国科技创新仍然存在一些深层次的问题亟待解决。近期中美贸易战、中兴事件更加暴露出中国关键核心技术受制于人的现实问题，西方发达国家对技术与专利的出口限制等更加严格，中国实施创新驱动发展战略的任务尤为重要，也更为紧迫，而其中最重要的一环就是要进一步解放思想，加快科技体制改革步伐，加快政府科技管理职能转变，更好发挥市场机制作用，努力形成科技创新、实体经济和现代金融之间的良性循环。

（一）强化企业技术创新主体地位

做大做强一批创新领军企业。为了改变核心关键技术发展滞后的局面，中国需要采取具有针对性、有效性的财税政策，鼓励支持有条件的创新型企业承担国家重大科技攻关任务，参与国家重点项目与重大工程建设，加大先进技术引进、消化吸收和再创新力度。在研发实力较强的企业建设国家级技术研发机构，引导具有能力的企业参与基础学科与前沿技术研究。加强对中小微企业的创新支持力度。要以企业特别是小微企业创新需求为导向，加快构建一批公共技术创新服务平台。积极引导地方结合当地特色优势产业，建设产业技术研究院、经济技术研究院等公共科技服务平台，吸引更多的中小微企业参加研发活动，营造大众创业、万众创新的良好氛围。深化科研院所改革。要鼓励引导面向高新技术产业的应用型科研院所及高校加强前沿技术跟踪与研究，更多地为企业创新提供支撑和服务。深化技术开发类科研机构企业化转制改革，鼓励科研院所、高校和企业创新人才开展双向交流。

（二）加快完善科技创新融资体系

长期以来，中国企业特别是中小微企业在创业创新过程中面临融资难融资贵问题，许多具有科技研发能力和需求的企业，受限于缺乏有效抵押品、信息不对称等方面问题，难以获得充足的信贷支持。因此，未来应从深化服务科技创新的财政金融体制改革的角度，通过财政贴息、产业基金、技术创新引导基金等手段引导社会资金进入技术创新领域，积极发挥财政资金的杠杆作用。加大对科技型中小企业的信贷支持，鼓励发展知识产权和股权质押贷款。促进中小板、创业板以及场外市场等多层次资本市场健康发展。

（三）完善科技创新激励机制

中国要建立科研人员利益获得机制，让科研人员在科技成果使用权、收益权和处置权中分享到应得的权益，赋予成果发明人在科技成果转化中的决策参与权。建立短期分红和长期股权相结合的激励机制，鼓励企业通过项目分红的方式，将技术发明和科技成果转化的收益分享给科研人员，保证重大科技项目的科研人员收入稳定增长。

二、深化教育体制改革

经过改革开放40年的建设，中国教育发展总体水平显著提升，服务经济社会发展能力大幅提高，国际影响力稳步增强，为提高国民素质和实现全面建成小康社会作出了重要贡献。同时应清醒地认识到，改革进入了深水区，一些长期固有的不平衡、不充分、不协调的问题依然存在，学前教育、职业教育、继续教育仍是教育体系中的突出短板。近年来，入公办幼儿园难、入私立幼儿园贵，以及中小学入学难、择校难的新闻屡屡见诸报端，教育资源分配不均，学生课后负担较重等已经成为人民群众迫切需要解决的重点问题。同时，教师队伍还不能适应提升教育质量的新要求等，这些都需要在全面深化教育领域综合改革、推进教育治理体系和治理能力现代化的进程中加以解决。

（一）加快推进学前教育健康发展

鼓励多种形式办园，有效推进解决入园难、入园贵问题。加强各级政府统筹，加大对贫困地区建立公立幼儿园的支持力度，扩大普惠性幼儿园覆盖面。积极鼓励社会力量办幼儿园，充分发挥民间资本在运营管理上的经验与优势，支持民办幼儿园提供面向大众、收费合理、质量合格的普惠性服务。

（二）着力提高职业教育质量

针对职业教育供给结构性不足、职业教育管理模式滞后、职业教育资源布局不均衡、产业融合深度有待加强等问题，应当坚持以就业为导向，着力培养学生的职业道德、职业技能和就业创业能力。健全行业企业参与办学的体制机制和支持政策，支持行业企业参与人才培养全过程，促进职业教育与经济社会发展需求对接。不断提高职业教育发展保障水平，努力建设适应现代职业教育发展要求的教师队伍。

（三）创新教师管理制度

落实幼儿园教职工配备标准，严格中小学教师资格准入，健全职业院校双师型教师管理制度。完善中小学教师绩效工资制度，使绩效工资充分体现教师的工作量和实际业绩。落实集中连片特困地区和艰苦边远地区乡村教师生活补助政策。进一步完善特殊教育教师工资保障机制。

三、深化金融体制改革

发展现代金融是建设现代化经济体系的必要支撑。党的十九大、第五次全国金融会议等重要会议，明确了深化我国金融体制改革要立足服务实体经济和防控金融风险。同时，高质量发展、供给侧结构性改革，也对金融体制改革提出了新要求。未来一个时期，中国深化金融体制改革应紧扣这些要求，从机构、市场、产品、价格、

监管等多层面入手，不断健全体制机制，更好地满足经济社会发展的需要。

（一）围绕优化金融服务供给结构，推进金融机构和资本市场改革

优化金融机构体系。金融机构体系的改革和结构调整滞后于经济结构，是金融服务供给与需求结构不相适应的重要原因。中国金融机构体系特别是银行体系仍需以改革带动结构优化、服务效率和质量提升。应进一步发展中小银行和民营金融机构，放宽外资准入，促进行业竞争。推动各类金融机构改善公司治理结构和风险内控等机制。

健全资本市场相关制度。进一步把为实体经济服务作为出发点和落脚点，全面提升金融服务实体经济的能力和水平。发展直接融资，有助于通过分层更好地匹配资金供给与需求，也有助于解决企业的长期投资资金来源，中国直接融资比重仍需提高。规范发展股票市场，应继续推进股票发行、交易等制度改革，完善中小投资者保护机制，适时启动股票发行注册制改革。有序发展债券市场，加快不同债券市场连通步伐。发展高收益债券等品种，进一步丰富产品层次，提高非金融企业债券比重。稳步发展期货及衍生品市场。

（二）围绕实现经济高质量发展，推动金融产品体系丰富创新

创新发展普惠金融、绿色金融。适应新发展理念的要求，推动金融产品、服务模式创新，补上小微企业、"三农"等传统金融服务短板，为创新创业、绿色项目和产业等提供有效的资金支持。应改革金融监管中制约合理创新的规则，发挥财税等优惠政策撬动效应，

引导金融机构运用科技手段，发展针对性强、可持续的普惠金融、绿色金融等服务模式。

增强保险的风险保障功能。应积极推动商业养老、医疗保险、年金等发展，发挥商业保险对社会保障的支持和补充作用，形成应对人口老龄化的合力。从实体经济发展的实际需要出发，发展农业保险、责任保险等，通过建立更有效的风险分担机制，起到稳定生产、价格等作用。

（三）围绕改进货币金融调控效果，进一步深化利率和汇率市场化改革

增强利率作为货币政策工具的作用。放开存贷款利率管制，并不意味着利率市场化改革的完成，未来中国还需进一步完善利率形成机制，缩小不同类型利率间缺口，逐步形成更加合理的收益率曲线。疏通从基准利率向市场利率的传导渠道，增强基准利率的调控作用。

提高人民币汇率弹性。2005年以来人民币汇率形成机制改革的推进，在中间价报价机制、浮动幅度等方面均有明显进展。下一步，应以市场化改革为方向，进一步完善人民币汇率形成机制，推进外汇市场体制机制改革，增强汇率弹性，使人民币汇率真正发挥缓冲外部风险的作用。

（四）围绕有效防控金融风险，推进金融监管体制改革

强化协调机制，推进监管统一。加快相关法律法规建设，进一步健全金融监管体系。以专业性、统一性、穿透性为基本要求，在分业监管体制基础上加强同类金融活动的监管规则统一，避免监管

套利影响监管效果。加快推进金融基础设施统筹监管和互联互通、金融业综合统计和监管信息共享等基础性改革。

逐步实现金融监管全覆盖。强化功能监管理念，逐步对各类金融活动特别是新兴金融活动实现动态的全覆盖，在明确中央和地方金融监管责任的基础上，发挥好各自作用，同时做好衔接。全面构建市场准入、监测预警和早期干预、处置退出三道风险防线，有效防控金融风险。

四、加快完善产权制度，实现产权有效激励

改革开放以来，中国大力推进产权制度改革，全社会产权保护力度不断加大，保护意识显著增强，但产权制度的完备度和成熟度还不够，产权保护制度仍不完善，特别是不同所有制经济产权保护程度不同等，对私有产权保护不力，在农村集体产权、自然资源资产产权、知识产权制度方面仍存在一些短板。党的十九大报告指出，经济体制改革必须以完善产权制度和要素市场化配置为重点，实现产权有效激励、要素自由流动、价格反应灵活、竞争公平有序、企业优胜劣汰。因此，深化经济体制改革应突出完善产权制度这一重点，必须毫不动摇巩固和发展公有制经济，毫不动摇鼓励、支持、引导非公有制经济发展，实现要素的市场化高效配置。

（一）加强各种所有制经济产权保护

改革开放以来，受重公有、轻私有经济意识和长期以来对非公有制经济制度供给不足等因素影响，各所有制经济主体的权益不能受到平等的保护，侵害私有产权的现象时有发生。私营企业家对人身和财产的安全产生焦虑，投资信心不足、参与经济体制改革热情

不高，近年来出现了相当多私营企业家投资移民海外的情况。因此，加强对各种所有制经济产权的平等保护，是中国加快经济体制改革，完善社会主义市场经济制度的一项重要战略任务。应以公正平等为核心原则，依法保护各种所有制经济产权和合法利益，有效保护各种所有制经济组织和自然人财产权。加强对各类产权的司法保护，依法严肃查处各类侵权行为。

（二）完善平等保护产权的法律制度

产权是人们基本利益中最为重要的部分，产权保护为公民的劳动成果和智力付出提供了制度上的保障。社会成员的基本利益得到了尊重和有效的保障，法治国家才能由下至上的构建起来。产权的宪法保护是西方发达国家的共识。目前中国产权保护面临着缺乏基础依据的问题，应加快推进民法典编纂工作，完善物权、合同、知识产权相关法律制度，清理有违公平的法律法规条款，将平等保护作为规范财产关系的基本原则。

第二节　围绕建设统一开放、竞争有序的市场体系推动要素市场化改革

中国建设现代化经济体系的重要内容之一，就是建设一个统一开放、竞争有序的市场体系。按照问题导向的思路，需要加快建立企业自主经营、消费者自由选择、商品和要素自由流动平等交换的现代市场体系，真正实现市场准入畅通、开放有序、竞争充分、秩序规范。改革开放 40 年的进程中，我国经济增长主要依赖资本和劳

动的大量投入，全要素生产率的贡献处于较低水平。随着近年来高投资受到了企业、特别是国有企业债务高企、产能过剩等问题制约，投资增速出现回落；人口老龄化问题也在持续深化，就业的结构性矛盾迟滞了劳动力的有效供给，加之影响要素自由流动的体制机制掣肘，要想顺利实现"两个一百年"奋斗目标，成功跨过"中等收入陷阱"，迫切需要实现经济增长的动力转换，这就需要围绕建设统一开放、竞争有序的市场体系深化要素市场化改革。

一、加快要素价格市场化改革，实现要素自由流动

改革开放以来，中国土地、劳动力、资本等生产要素的市场化程度不断提高，推动了要素市场体系的加快建设，提升了要素配置的水平，促进了国民经济平稳较快发展。但从总体看，中国要素市场化进程落后于商品市场化进程，在诸多领域存在着要素供给瓶颈制约因素较多与要素总体需求持续较旺之间的矛盾。此外，要素市场存在区域间、行业间的割裂，要素资源在更大范围、更深层次的优化配置缺乏效率，严重影响了经济提质增效。

价格是市场经济的基本要素，也是市场配置资源的根本途径。党的十八大以来，价格体制改革明显加快，要素价格的杠杆作用进一步发挥。但是，制约资源要素自由流动的机制障碍还没有完全消除，资源环境成本在价格形成中还没有充分体现，使得对自然资源的消耗往往无法准确测度。同时，公平竞争的市场价格环境还不够完善，价格领域的垄断现象屡见不鲜。中国特色社会主义进入新时代，对要素价格机制改革提出了新要求，需要价格能够灵活反映市场的供求关系与走势。因此，必须重点在"破"、"立"、"降"上下功夫，持续推进供给侧结构性改革，以提高全要素生产率为抓手，

完善要素配置机制，加快要素市场建设，健全价格监管体系，充分有效发挥价格杠杆的调节作用。

（一）进一步深化垄断行业价格改革

按照"管住中间、放开两头"的总体思路，对于垄断行业价格应当加快改革步伐，对于竞争性领域和环节价格，能够放开的应稳步放开，最终由市场发挥调节作用。对于保留政府定价权的，应进一步建立健全成本监审规则和定价机制，增强定价的科学性合理性，能够反映基本的投入要素与资源环境成本，并代表合理的收益率。对于用电价格，应当扩大市场形成发电、售电价格的范围，能放给市场的尽快放给市场。要进一步深化非居民用天然气价格市场化改革，适时放开气源价格和销售价格，完善居民用气价格机制。建立铁路货运价格与公路挂钩，并能动态反映市场供求关系的价格调节机制。

（二）深化公用事业和公共服务价格改革

对于民生领域产品与服务价格，要下大力气理顺市场供求关系，大力发挥市场形成价格机制的作用。深入推进医疗服务价格改革，理顺医疗服务比价关系，推进医疗服务价格分类管理。深化铁路、民航、邮政等重要领域价格改革，扩大由经营者自主定价的范围。按照公益性要求，研究制定国家公园价格政策，再降低一批全国重点景区门票价格。

（三）深化要素市场改革促进要素自由流动

以深化户籍制度改革为突破口，以完善劳动就业法律制度为抓

手，打破城乡、区域、行业分割和身份、性别歧视，顺应新产业和新用工形式的趋势与变化，破除妨碍劳动力、人才社会性流动的体制机制弊端，实现劳动力在城乡之间自由流动。土地二级市场是中国城乡统一建设用地市场的重要组成部分。实行土地有偿使用制度近30年来，土地二级市场对促进土地资源的优化配置和节约集约利用、加快工业化和城镇化进程发挥了积极作用。随着经济社会发展和改革深入，土地二级市场运行发展中的一些问题也逐步凸显，交易规则不健全，政府的服务和监管不完善，交易信息不对称、交易平台不规范等问题比较突出，制约了存量土地资源的盘活利用，难以满足新型城镇化和经济转型发展需要。目前，根据《关于完善建设用地使用权转让、出租、抵押二级市场的试点方案》的要求，中国已经在28个市区开展了国有土地二级市场试点，6个区县开展国有和集体土地二级市场试点[①]。按照要求，到2018年底，试点地区要建立符合城乡统一建设用地市场要求，产权明晰、市场定价、信息集聚、交易安全的土地二级市场，市场规则基本完善，土地资源配置效率显著提高，形成一批可复制、可推广的改革成果。未来在深化土地要素市场化改革的进程中，需要进一步深化土地市场改革，健全土地流转规范管理服务制度，加强土地流转价格监测，加强土地流转交易市场建设，加快建设城乡统一的建设用地

---

① 28个试点市区包括：北京市房山区、天津市武清区、河北石家庄市、山西太原市、内蒙古二连浩特市、辽宁抚顺市、吉林长春市、黑龙江牡丹江市、江苏南京市、浙江宁波市、安徽宿州市、福建厦门市、江西南昌市、山东临沂市、河南许昌市、湖北武汉市、湖南长沙市、广东东莞市、海南三亚市、广西南宁市、重庆主城九区、四川泸州市、云南昆明市、陕西西安市、甘肃天水市、青海西宁市、宁夏石嘴山市、新疆库尔勒市。6个试点地区包括：上海松江区、浙江德清县、广东佛山南海区、四川成都郫县、贵州遵义湄潭县、甘肃定西陇西县。

市场。

二、加快健全各类企业的市场主体地位

中国经济由高速增长阶段转向高质量发展阶段，很大程度上得益于各类市场主体活力的不断增强。在社会主义市场经济体制不断发展完善的进程中，中国仍然存在一些束缚市场主体活动、阻碍市场规律充分发挥作用的弊端。这些问题不解决好，社会主义市场经济体制就难以有效完善，现代化经济体系建设就难以顺利推进。

中国坚持社会主义市场经济改革方向，其中的应有之义，就是充分发挥市场在资源配置中起决定性作用和更好发挥政府作用，既包括广度上，也包括从深度上推进市场化改革，减少政府对资源的直接配置，减少政府对微观经济活动的直接干预，加快建设统一开放、竞争有序的市场体系，建立公平开放透明的市场规则，把市场机制能有效调节的经济活动交给市场，给予企业更大的自主发展创新的空间。

（一）持续深化国企国资改革

中国国企国资改革进程，正在逐步从管企业为主走向管资产为主，今后还需要健全各类国有资产经营与监管的法律法规体系，完善企业治理模式和经营机制，真正确立企业市场主体地位，增强企业内在活力、市场竞争力、发展引领力。改革国有资本授权经营体制，加快推进经营性国有资产集中统一监管，深化国有资产监管机构职能转变，科学界定国有资本所有权和经营权边界，建立监管权力清单和责任清单。建立长效激励约束机制，完善国有企业投资经营与重点项目的责任追究机制。

（二）大力发展混合所有制经济

积极推进国有企业混合所有制改革，鼓励非国有资本投资主体通过多种方式参与国有企业改制重组与公司治理，鼓励国有资本以多种方式入股非国有企业，建立健全混合所有制企业治理机制。废除对非公有制经济各种形式的不合理规定，降低准入门槛，化解各类"弹簧门""旋转门""玻璃门"问题。不断完善市场准入负面清单制度，破除歧视性障碍与各种隐性壁垒，加快构建亲清新型政商关系。

（三）构建公平竞争的市场体系

公平竞争的市场体系，就是要尊重市场经济规律，处理好政府与市场的关系，着力转变政府职能，最大限度减少对微观经济的干预，该由市场发挥作用的尽快放权给市场，该由政府发挥作用的则要加强到位，避免政府职能越位、缺位和错位。未来，应加快全面实施市场公平竞争审查制度，从维护全国统一市场和公平竞争两个角度，明确市场准入和退出、商品和要素自由流动、影响生产经营成本和影响生产经营行为等四类禁止性标准，规范政府及部门在维护市场公平竞争市场秩序方面职责的有效发挥。保障自主产权、生产要素充分流动，保证各种所有制经济依法平等使用生产要素，保障市场配置资源的决定性作用得到充分发挥。同时，还应进一步强化反垄断执法，使反垄断执法与公平竞争审查形成合力，共同规范行政行为、维护市场公平竞争。

三、完善市场监管体制

市场监管和执法是推动高质量发展、建设现代化经济体系的重要制度保证。改革开放以来，特别是党的十八大以来，中国加快完善社会主义市场经济体制，大力推进行政审批制度改革向纵深发展，深入推进商事制度改革，加快转变政府职能。党的十九届三中全会把完善市场监管和执法体制作为改革的重要内容。

在新的历史条件下，优化协同高效的市场监管和执法体制，是促进市场主体发挥作用的重要支撑，而当前中国市场监管中存在内涵不清、市场监管规则不统一、市场监管体制机制不顺畅等一系列问题。随着行政审批事项的大幅削减，市场准入门槛的不断降低，需要进一步加快市场监管体制改革，明晰监管职责，完善监管机制进而实现统一高效监管，进一步突出改革和理顺市场监管体制、整合监管职能，深化行政执法体制改革、统筹配置行政处罚职能和执法资源等重点任务。

（一）建立公平开放透明的市场规则

实行统一的市场准入制度，强化负面清单制度，促进各类市场主体依法平等进入相关领域。建立健全社会信用体系，加快建设和完善企业和个人征信系统，建立有效的信用激励和失信联合惩戒制度，营造诚实守信、公平竞争的市场环境。

（二）创新完善市场监管体系

实行统一的市场监管，清理和废除妨碍全国统一市场和公平竞争的各种规定和做法，反对各种形式的地方保护，严厉惩处垄断行为和不正当竞争行为。发挥行业协会商会的自律作用，发挥市场专业化服务组织、公众和舆论的监督作用。

（三）推动监管执法体制改革

提高监管效能是完善市场监管体制的重要环节。要进一步深化监管执法体制改革，解决多头执法，消除多层重复执法，规范和完善监管执法协作配合机制，做好市场监管执法与司法的衔接。严格依法履行职责，规范市场执法行为，公开市场监管执法信息，强化执法考核和行政问责，确保依法执法、公正执法、文明执法。

第三节　围绕建设体现效率、促进公平的收入分配体系深化收入分配制度改革

改革开放40年来，中国收入分配制度改革取得了明显效果，兼顾公平与效率、多种要素参与分配的社会主义分配制度也不断得到发展和完善。但是，在居民收入普遍提高的同时仍然存在收入差距扩大和收入分配秩序不规范的问题。实现收入分配合理、社会公平正义、全体人民共同富裕是现代化经济体系对分配环节的内在要求。因此，建设现代化经济体系需要进一步深化收入分配制度改革，建设体现效率、促进公平的收入分配体系。如党的十九大报告所阐述，收入分配制度改革应该继续坚持"提低、扩中、调高、禁非"的八字方针。这就需要从初次分配与再分配两方面入手，继续完善初次分配制度，加快建立再分配的调节机制，进一步规范收入分配秩序。

一、继续完善初次分配制度

初次分配阶段，是收入差距产生的源头，是国民收入分配的首

要环节, 其涉及的主要问题是资本、土地和劳动力所有者的收益分配问题, 如果在此环节出现重大的社会不公正, 在政府的再分配环节则将会难以改变其趋势。因此, 在初次分配环节既需要充分发挥市场的激励作用, 体现效率, 又需要建立公平的分配制度, 使各种资源在政府、企业和个人之间尽可能充分的流动, 避免向某些地区、部门、企业或群体之间高度集中。党的十八届三中全会提出要实现发展成果更多更公平惠及全体人民, 形成合理有序的收入分配格局。党的十九大报告提出要坚持按劳分配原则, 完善按要素分配的体制机制。这就要求在初次分配领域中应充分发挥市场机制的作用, 同时也要更好地发挥政府的作用。

(一) 完善按要素分配机制

在初次分配环节, 市场机制是核心, 这就要求建立一个公平竞争、公开透明、有序运行的市场机制, 形成生产要素供给方和需求方的公平竞争环境, 为市场要素提供法制化的市场运行环境。建立合理的市场准入制度, 合理确定各要素的贡献度, 建立市场化的公平用工制度和有弹性、有序的工资增长机制, 提高国土开发中不动产与资源的规划配置水平和效率, 促进企业实现有效资本积累, 提高劳动生产率, 理顺劳动收入与财产性收入的关系, 充分实现"国家有税收、企业有利润、劳动者有收入"。

(二) 更好地发挥政府作用

在初次分配领域, 必须厘清政府与市场的作用边界, 减少政府对基础性资源配置的干预。政府主要在市场对资源配置起决定性作用的前提下, 消除体制性壁垒, 降低市场主体行为的制度性交易成

本，有效进行市场监管，保障以市场公平、有序运行来引导各主体、各部门对流量收入、存量财产增长的合理预期，同时，政府应积极鼓励和引导构建和谐的劳资关系，提高企业竞争力和运行效率。

（三）促进分配规则的公平和机会的均等

在初次分配领域中，依然存在分配规则不公、机会不均等的问题。为此，应当加大城乡户籍制度改革的力度，健全劳动力市场体系，减少城乡、行业和地区间的收入分配壁垒，促进实现"同工同酬"，逐步消除城乡劳动力市场和劳动力转移的制度性障碍，进一步完善劳动力市场的调节作用。以适当的最低工资制度对劳动力市场进行适当的干预，并合理引导劳动谈判，为城乡劳动力提供良好的竞争平台。同时，大力发展和完善各种要素市场，促进资本、技术等生产要素的自由流动和公平竞争，提高市场配置的效率。打破部门和地方对要素自由流动的各种限制，缓解由此带来的收入分配不公。

（四）通过基本公共服务均等化提升社会成员参与社会竞争能力的基本公共服务基础

基本公共服务均等化的核心是促进机会均等，这是社会成员平等获得社会竞争机会的基本条件之一。但是目前，中国基本公共服务依然存在发展不平衡的短板，突出表现在城乡区域之间资源配置不均衡，硬件软件不协调以及服务水平差异较大的问题。为此，政府应该进一步强化制度与政策的普适性与公平性，积极推进就业、医疗、社会保险等基本公共服务的均等化。健全覆盖城乡的公共就业创业服务体系，加强职业培训，维护职工和企业合法权益。加大保障性安居工程建设力度，加快解决城镇居民基本住房问题和农村困难群众住房安全问题，建立健全基本住房保障制度。以贫困地区和贫困人口为重点，着力扩大覆盖范围、补齐短板、缩小差距，不断提高城乡、区域、人群之间基本公共服务均等化程度。

（五）切实提高重点群体收入，建立收入增长长效机制

提高重点群体收入是扩大中等收入群体，推动缩小收入分配差距的重要举措，需要建立收入增长的长效机制。包括要完善技术工人激励政策，实施工资激励计划、提高技术工人收入水平，完善符合技术工人特点的企业工资分配制度，探索技术工人长效激励机制，制定企业技术工人技能要素和创新成果按贡献参与分配的方法。实行以增加知识价值为导向的分配政策，逐步提高科研人员收入水平，在保障基本工资水平正常增长的基础上，逐步提高科研人员的基础性绩效工资水平，并建立绩效工资稳定增长机制，发挥财政科研项目资金的激励引导作用，鼓励科员人员通过科技成果转化获得合理收入。着力提高农民收入，大力发展现代农业，提高农民家庭经营性收入，加快推进城乡一体化进程，增加农民工资性收入，推进农村产权制度改革，提高农民财产性收入。

二、建立健全促进公平的再分配制度

一般认为，在国民收入两个分配层次中，初次分配倾向于效率，收入分配差别既是市场效率的源泉和动力，也是市场效率的结果。而再分配则应倾向于促进公平，通过体制机制安排，弥补市场机制缺陷，有效缩小收入分配差距，促进实现共同富裕的愿景。

（一）强化税收再分配调节功能和力度

在税收制度设计方面，协调好税收筹集收入、调控经济运行、调节收入分配等几大职能，在此基础上，明确各税种、税目之间如何搭配，税制的要素如何组合匹配、如何施行等具体问题，同时建立和完善对税收执法的监督和问责机制，切实保障纳税人的权利。逐步提高直接税比重，形成有利于结构优化、社会公平的税收制度。在复合税制的组合中，直接税的作用既包括筹集政府收入，又包括调节收入分配，遏制收入分配差距扩大。

（二）进一步完善个人所得税制度

应加强个人所得税的分配再调节功能，加快建立综合与分类相结合的个人所得税征收模式，完善高收入者的个税征收、管理和处罚措施，将各项收入全部纳入征收范围，建立健全个人所得税双向申报制度。同时，适当考虑赡养家庭人口、教育等各项费用进行扣除。加强和改善个人所得税征管手段，强化并建立以个人自行申报为主的申报制度，建立全国税务网络征管系统，统一个人所得税编码，全国共享个人税务信息资料同时堵塞征收漏洞，加大对偷逃税款等违法行为的监管查处力度，增加纳税人偷逃税款的成本和风险。

（三）健全与经济社会发展水平相适应的社会保障体系

社会保障体系是现代国家最重要的社会经济制度之一，是民生安全网、社会稳定器，对于保障全社会成员基本生存与生活需要，特别是保障公民在年老、疾病、伤残、事业、生育等生活困难时期的需要具有重要的作用，与人民幸福安康息息相关。中国已初步确立了覆盖大多数人口的社会保障体系基本框架，社会保障水平不断提高。在中国特色社会主义建设的新时代，适应社会主要矛盾已经转变为人民日益增长的美好生活需要和不平衡不充分发展之间的矛盾这一客观要求，应该秉持以人民为中心的发展思想，继续健全完善社会保障体系。坚持全民覆盖、保障适度、权责清晰、运行高效，稳步提高社会保障统筹层次和水平，建立健全更加公平、更可持续的社会保障制度。坚持精算平衡，完善筹资机制，分清政府、企业、个人等的责任，适度降低社会保险费率。完善统账结合的城镇职工基本养老保险制度，构建包括职业年金、企业年金和商业保险的多层次养老保险体系，持续扩大覆盖面。积极实现职工基础养老金全国统筹，完善职工养老保险个人账户制度，健全参保缴费激励约束机制，建立基本养老金合理调整机制。积极发展企业年金、职业年金和商业寿险的同时，协调推出税收递延型养老保险。建立更加便捷的社会保险转移接续机制。继续划转部分国有资本充实社保基金，拓宽社会保险基金投资渠道，大幅提升灵活就业人员、农民工等群体参加社会保险的比例。加强社会救助制度与其他社会保障制度、专项救助与低保救助等统筹衔接。构建综合救助工作格局，丰富救助服务内容，合理提高救助标准，实现社会救助"一门受理、协同办理"。

三、进一步规范收入分配秩序

（一）建立合理有序的收入分配秩序

目前，中国收入分配制度不完善的一个突出问题表现为收入分配秩序问题，即不规范、不合理、不合法的收入如何清理与消除，如前段时间炒的沸沸扬扬的娱乐圈大小合同问题。不规范的收入分配秩序严重影响了社会和谐稳定与人民的获得感。这就要求规范收入分配秩序，消除部门和行业垄断，充分实现按要素分配的机制，

整治和消除各种不规范的收入分配行为，保护合法收入，清理规范隐性收入，取缔非法收入，增加低收入者收入，扩大中等收入者收入，有效调节过高收入。消除影响收入和财产分配的体制弊端，努力建立健全公平合理的收入分配秩序。

（二）加快收入分配领域相关立法

收入分配领域的问题很大程度上是制度缺陷和制度扭曲所引起的。应当尽快建立比较完善、相互配套的收入分配法律法规体系，依法严厉打击各种非法谋取个人收入的行为。加大执法力度，扭转有法不依、执法不严的局面。当前应根据个人收入分配中的突出问题，先建立一些暂行条例和管理办法，再通过不断完善逐步形成法律法规。应着力建立健全有关领域的人员收入监督机制，充分利用社会各个方面的监督力量，控制和约束社会非法收入的蔓延趋势。

第四节　围绕建设彰显优势、协调联动的区域发展体系完善区域协调发展制度

区域要素禀赋和区位条件差异较大是中国的基本国情。改革开放 40 年来，中国先后实施了东部沿海地区率先开放、西部大开发、振兴东北等老工业基地、中部崛起、京津冀协同发展、长江经济带和"一带一路"建设等一系列区域差异化战略，配套推进了一系列制度改革，极大地激发了各地区加快发展的积极性，取得了令人瞩目的发展成果，但仍然存在着区域发展不平衡、区域发展协同性不强、资源要素配置不均衡等问题。比如近年来，中国区域经济发展

出现了南北分化态势，在经济转型升级背景下，以重化工业为主的地区经济发展活力明显较弱，西南地区、中部的南方省区、东南沿海地区经济增长态势好于西北、中部北方省区以及东北地区。这表明在新的发展阶段，仍然需要解决好区域发展不平衡的问题。

党的十九大报告明确提出，到2035年，中国城乡区域发展差距显著缩小，基本公共服务均等化基本实现。今后一个时期中国实施区域协调发展战略的主要任务是，着力提升各层面区域战略的联动性和全局性，增强区域发展的协同性和整体性。建设彰显优势、协调联动的区域发展体系是现代化经济体系的重要组成部分，清晰地勾勒出未来中国区域协调发展的总体目标：即推动各区域充分发挥比较优势，深化区际分工；促进要素有序自由流动，提高资源空间配置效率；缩小基本公共服务的区域差距；推动各地区依据主体功能定位发展，促进人口、经济和资源、环境的空间均衡，从而实现各区域更高质量、更有效率、更加公平、更可持续的发展。彰显优势、协调联动的区域发展体系的建设依赖于更加有效的区域协调发展新机制，这就要求应以健全完善城镇化相关制度和推进中央与地方财政关系调整为重点，加快推动区域协调发展制度的改革完善。

一、健全完善城镇化相关制度

城镇化，是推进中国城乡协调发展的重要举措，也是促进区域协调发展的重要推动力之一。近年来中国城镇化水平显著提升，城镇居民和农村居民在收入和消费之间的差距逐步缩小，但是城乡二元结构依然存在。党的十八届三中全会指出，城乡二元结构是制约城乡发展一体化的主要障碍，必须健全体制机制，形成以工促农、

以城带乡、工农互惠、城乡一体的新型工农城乡关系，让广大农民平等参与现代化进程，共同分享现代化成果。要加快构建新型农业经营体系，赋予农民更多财产权利，推进城乡要素平等交换和公共资源均衡配置，完善城镇化健康发展的体制机制。党的十九大报告在总结前一阶段城乡发展经验的基础上提出，要以城市群为主体构建大中小城市和小城镇协调发展的城镇格局，加快农业转移人口市民化。这就要求在城镇化的过程中不断推进户籍制度改革，优化和改善农业转移人口成本分担制度。

（一）以完善户籍制度改革为抓手切实提高城镇化质量

近年来，在国家大力推动下，地方进一步推进户籍改革，《国务院关于深入推进新型城镇化建设的若干意见》（国发〔2016〕08号）提出要加快落实户籍制度改革政策，全面实行居住证制度，推进城镇基本公共服务常住人口全覆盖，同时加快建立农业转移人口市民化激励机制。但是目前户籍制度改革仍面临很多问题，因地区差异、户口附加的福利价值变化等因素而难以统筹推进。因此，推动户籍制度改革需要和其他制度配套实行，与社会保障、土地制度改革等方面协同并进。

户籍制度改革的重点或核心并非户籍制度，而是与户籍密切关联的社会保障制度的配套改革等。因此，户籍制度的改革应以剥离户籍与福利待遇的内在联动为核心，建立健全"人地财"挂钩机制，配套推进公共服务、土地、财税等领域改革。在充分考虑到城市承载力与财政社会福利支出能力相匹配的基础上，逐步缩小城乡之间的差异，消除城市内部基于户籍身份的福利待遇差异。

进一步健全农民工劳动权益保护机制，加强农民工职业技能培训，加大农民工创业政策扶持力度，保障随迁子女平等享有受教育权利，依法将农民工纳入城镇职工基本医疗保险，采取廉租住房、公共租赁住房、租赁等多种方式改善农民工居住条件等制度安排，推进农民工与城市居民享有平等的城市基本公共服务。在外来人口集中地区，鼓励通过引导社会力量办学、政府购买学位等方式为农业转移人口随迁子女提供教育服务。同时也要坚持以人为本的基本原则，依法保障农村户籍人口的合法权益，推进农村集体产权制度改革，探索集体经济有效实现形式，完善农村产权交易市场。探索建立农村土地承包经营权、集体收益分配权依法自愿有偿转让机制和宅基地使用权依法自愿有偿转让方式。允许在城市安家落户的农民工通过交易中心挂牌转让他们的承包地、宅基地及建筑物等，培育多元市场交易主体，允许农民将集体所有的农村建设用地经批准进入一级市场。

（二）建立完善可持续的农业转移人口市民化成本分担机制

农业转移人口市民化是推动城镇化顺利进行的关键环节，而成本分担机制则是市民化能否顺利进行的关键。农业转移人口市民化的成本一般包括因新增城镇人口而产生的水电路网等基础设施、文教体等公共服务设施的投资，养老、医疗、失业、生育保险等社会保障费用，就业培训、文化保健、最低生活保障等社会福利、社会救助支出以及为适应城市工作技能、生活方式需要而新增的成本。其中既包括政府需要承担的公共成本，也包括企业、个人需要承担的市场成本，既包括一次性投入的市政、医院、学校、保障房以及相关的公共管理服务设施等，也包括需要按年度支出的社会保障、低保救助、义务教育、卫生保健等。因此，建立完善可持续的农业

转移人口市民化成本分担机制，首先需要开展农业转移人口市民化成本测算，明晰政府、企业、个人分担比例，建立多主体、长周期、可负担的长效成本分担机制，建立健全农民工市民化中央财政专项资金、与农业转移人口市民化数量挂钩的财政转移支付制度，统筹协调输入地与输出地之间的利益补偿机制，探索输入地对输出地的利益补偿形式，加快推进中央转移支付优先覆盖农民工社会保险、医疗、教育等基本公共服务需求。

抓好公共服务的优先项。参照公办学校补贴标准并适度上浮，加强对民办中小学校的财政支持，加快对公办中小学校的扩建、改建、新建。引导社会资本投入保障性住房建设，完善农业转移人口的社会保障关系转移接续，支持灵活就业人员和农民工随迁家属参保城镇居民医疗保险与养老保险，鼓励有稳定就业的农业转移人口参保城镇职工保险。鼓励民办医院、民办教育发展，引导保险等资金投入城镇基础设施建设，探索实行国有资本收益收缴机制，全额用于基本公共服务。

完善分担责任的跨区协调。建立完善与常住人口数量挂钩的财政转移支付制度，形成"钱随人走""钱随事走"的机制，加大对中小城市、小城镇和落后地区的财政转移支付力度，引导输入地对外来人口输出地的经济援助和对口帮扶，鼓励各地探索建立"省级基本公共服务专项统筹资金"，完善各市县的横向转移支付，有效缩小各市县的基本公共服务差距。

（三）以城市群为主体构建大中小城市和小城镇协调发展的城镇格局

城市群是中国经济发展的重要增长极，也是最具创新活力的板块。要按照优化提升东部地区城市群、培育发展中西部地区城市群的要求，继续推进长三角、珠三角、京津冀、成渝、长江中游、中原、哈长、北部湾等城市群建设，形成一批参与国际合作和竞争、促进国土空间均衡开发和区域协调发展的城市群，强化大城市对中小城市的辐射和带动作用，逐步形成横向错位发展、纵向分工协作的发展格局。完善城市群协调机制，加快城际快速交通体系建设，推动城市间产业分工、基础设施、生态保护、环境治理等协调联动，促进形成大中小城市和小城镇协调发展的城镇格局。

二、加快推进中央与地方财政关系调整

中央和地方财政关系的调整，始终是中国财税体制改革的一条主线，也是影响地方经济发展的最重要制度安排，对区域发展格局产生直接而重要的影响。党的十八届三中全会明确以加快建立现代财政制度为目标开启新一轮财税体制改革。党的十九大在系统评估十八届三中全会以来财税体制改革进程的基础上，部署了下一步财税体制改革，突出强调了建立权责清晰、财力协调、区域均衡的中央和地方财政关系的重要性。就改革次序而言，中央和地方财政关系改革已经跨越预算管理制度和税收制度改革而跃升至首位。这实际上表明，随着中国特色社会主义建设进入新时代，加快推进中央和地方财政关系改革成为新一轮财税体制改革首当其冲应完成的任务。科学规范的中央与地方财政关系应该具有清晰的事权和支出责任划分、合理的财力配置和明确的目标导向，对实现区域协调发展和国家长治久安具有重要意义。构建科学规范的中央和地方财政关系，应以权责清晰为基础和前提，财力协调为条件和保障，区域均衡为发展方向和目标。

（一）按照权责清晰的基本原则科学界定各级财政事权和支出责任

各级财政事权和支出责任的划分是要解决各级政府之间职责边界不清、财力与支出责任不匹配、事权履行不到位等问题。事权与支出责任划分改革是中央与地方收入划分调整的前提和基础。在合理划分政府与市场作用边界的基础上，应按照受益、能力、管理效率、综合平衡原则和权利、责任与义务对称原则，明确、合理划分各级政府财政事权和支出责任，调动中央和地方积极性，激励地方政府主动作为，以形成中央领导、合理授权、依法规范、运转高效的财政事权和支出责任划分模式。在改革推进方式上，考虑到领域众多且改革难易程度不同，可以按照成熟一个推进一个的方式，逐步推动各领域中央与地方事权和支出责任划分改革。

在前期改革的基础上，基本公共服务中央与地方共同事权和支出责任划分是未来改革推进的重点和难点，将直接影响区域发展的基础条件和环境。2018年1月国务院发布了《基本公共服务领域中央与地方共同财政事权和支出责任划分改革方案》，明确了基本公共服务领域中央与地方共同财政事权的范围，暂定八大类18项事权，如义务教育、学生资助、基本就业服务、基本医疗保障、基本养老保险、基本卫生计生、基本生活救助和基本住房保障等；明确了由中央政府负责制定基本公共服务保障的国家基础标准；明确规范基本公共服务领域中央与地方共同事权的支出责任分担方式；并相应调整完善转移支付制度，配合推进省以下支出责任划分改革。

下一步，在中央与地方基本公共服务领域共同事权和支出责任划分改革落实的基础上，省以下相关领域支出责任划分改革将是工作的重点。在中央政府指导下，省级政府根据本地区实际，考虑各项基本公共服务的重要性、受益范围和均等化程度等因素，结合省以下财政体制，合理划分省以下各级政府的支出责任，加强省级统筹，适当增加和上移省级财政的支出责任。同时应更加注重事权与支出责任划分改革与其他领域改革的协同推进。

（二）按照财力协调的基本要求形成中央与地方合理且保障有力的财力格局

在合理清晰划分中央与地方财政事权和支出责任的基础上，应适应性调整中央与地方之间的财力划分，以为各级政府履行财政事权和支出责任提供有力保障。党的十八届三中全会已经明确，要在保持中央和地方财力格局总体稳定的前提下，结合税制改革，考虑税种属性，科学确定共享税中央和地方分享方式及比例，适当增加地方税种，形成以共享税为主、专享税为辅，共享税分享合理、专享税划分科学的具有中国特色的中央和地方收入划分体系。财力协调的中央与地方财力格局，不仅有助于保障中央重大决策部署的贯彻落实，而且有助于保障不同地方真正发挥比较优势、按照新发展理念来推进区域经济转型发展。

根据中国具体国情，仍应坚持实行以中央集权为主、适度分权的财权分配模式，按照"中央立法为主，地方立法为辅，中央、地方分税分级管理"原则划分税收管理权限。一些收入波动较大、具有较强再分配作用、税基分布不均衡、税基流动性较大的税种应划为中央税，或中央分成比例多一些；地方掌握信息较充分、对本地资源配置影响较大、税基相对稳定的税种，应划为地方税或地方分成比例多一些。增值税是中央与地方共享收入的重要税种，在营改增扩围转型基本完成的背景下，增值税共享改革是中央与地方收入

划分调整的一个重点。按照2—3年过渡期计算，2016年5月1日开始执行的过渡期收入划分方案将于2019年5月到期，客观上要求应尽快确定新的增值税收入划分方案。增值税共享方案的制定，需要考虑中国进入高质量发展阶段区域经济发展转型的要求，正确发挥收入划分对地方政府行为的积极引导作用；需要考虑地方税体系健全完善程度以及地方财力保障程度，即要牢牢把握"合理且保障有力"的核心目标。应加快推进房地产税立法并适时推进改革，健全地方税体系。同时，与之相配套，应继续优化转移支付制度，发挥好转移支付制度落实中央政策意图、支持薄弱地区发展、保障基本财力和基本公共服务的作用。应适应中央与地方事权和支出责任划分调整，根据事权属性调整转移支付；扩大一般性转移支付规模，建立健全专项转移支付定期评估和退出机制，提高转移支付资金的使用效率，加强转移支付对中央重大决策部署的保障。

（三）按照区域均衡的基本方向提升区域间基本公共服务均等化水平

缩小区域发展差距，促进区域均衡发展需要"保基本"，即通过调整中央与地方财政关系来增强财政困难地区兜底能力，其中一个重点就是提升区域间基本公共服务均等化水平。也就是说，虽然不同区域由于资源禀赋、发展基础条件存在差距，但通过提升区域间基本公共服务均等化水平，能够保障不同地区实现基本公共服务相对均等化的基础发展环境，避免各地经济社会发展发生"马太效应"、两极分化，从而推动缩小区域间发展差距，促进区域经济社会均衡发展，增强国家发展的包容性与和谐性。

下一步将着重从人民群众最关心、最直接、最现实的主要基本公共服务事项入手，兼顾需要和可能，合理制定基本公共服务保障基础标准，并适时调整完善。根据东中西部地区财力差异状况、各项基本公共服务的属性，规范基本公共服务共同财政事权的支出责任分担方式。按照坚决兜住底线的要求，及时调整完善中央对地方一般性转移支付办法，提升转移支付促进基本公共服务均等化效果。因地制宜、合理规范划分省以下政府间收入，健全省以下转移支付制度、加大省以下转移支付力度，增强省以下政府基本公共服务保障能力。同时，提升区域间基本公共服务均等化要避免成为"平均化"，不是在地区之间实行财力配置、公共服务水平和经济社会发展程度方面的平均主义，而是鼓励在基本保障水平基础上，各地通过彰显比较优势，突出各自发展特点，适应性提高公共服务水平，推动实现高质量发展。

第五节　围绕建设资源节约、环境友好的绿色发展体系推动资源环境管理制度改革

伴随中国工业化和城镇化的迅速推进，经济社会快速发展，对自然资源和环境的需求也不断增加，生态环境的承载负荷与日俱增，资源相对匮乏和生态环境恶化逐渐成为经济社会可持续发展的重要瓶颈制约。改革开放以来，中国在资源环境管理制度方面进行了一系列改革探索，逐步建立了自然资源开发利用产权有偿交易体系，树立了资源管理与生态保护同步发展、资源安全与生态安全以及循环经济的理念，管理理念走向代际公平，综合运用法律、行政、经济等方法与手段对资源及其开发利用活动进行管理。但是由于资源环境管理体制建设总体上仍相对滞后于社会主义市场经济发展需

要，或是认识不到位，或是采取的措施不够有力，环境问题有恶化趋势。党的十八大以来，以习近平同志为核心的党中央高度重视生态环境保护，按照"五位一体"的总体布局，加大生态环境保护力度，加快生态文明建设。习总书记强调"环境就是民生，青山就是美丽，蓝天也是幸福"，"要为子孙留下天蓝、地绿、水净的美好家园"，"像保护眼睛一样保护生态环境，像对待生命一样对待生态环境"，"绿水青山就是金山银山"的认识日益深入人心，并落实到各方面行动中，忽视生态环境保护的状况明显改变。生态文明制度体系加快形成，全面节约资源有效推进，能源资源消耗强度大幅下降，生态环境治理明显加强，环境状况得到改善。

改革发展实践使人们更清楚地认识到，在经济社会发展过程中，只有实现资源节约和环境友好才能真正实现可持续发展。建设绿色发展体系是社会主义生态文明和现代化经济体系建设的必然要求。良好生态环境，是人民生活的增长点，是经济社会持续健康发展的支撑点，也是中国展现良好形象的发力点。党的十九大明确提出到2035年基本实现美丽中国目标，到21世纪中叶，建成富强民主文明和谐美丽的社会主义现代化强国。按照这一总体要求，下一步应围绕建设资源节约和环境友好的绿色发展体系，积极回应人民群众对美好生态环境的要求，顺应先进生产力发展趋势，按照内外并举、"开源"与"节流"并重的思路，加强资源保障支撑体系建设，促进资源节约利用和环境修复保护，提升资源环境对经济社会发展的支撑作用。

一、构建归属清晰、权责明确、监管有效的自然资源资产产权制度

中国完善的资源环境产权制度，是生态文明制度体系的重要基

础性制度，是促进资源节约高效利用和环境保护的重要制度保障。针对自然资源所有者不到位、所有权边界模糊等问题，应以推进自然资源统一确权登记为基础，完善自然资源产权体系为核心，加强自然资源产权保护为重点，统筹推进自然资源产权制度改革。

一是健全自然资源产权登记制度。统一产权登记，是摸清自然资源家底，明确其归属和用途的必要前提，是顺应自然、保护自然的重要体现。按照山水林田湖草是生命共同体的认识，应加快推进山水林田湖草等自然资源统一产权登记，建立统一数据库，实现自然资源资产登记的系统管理和信息共享。二是建立权责明确的自然资源产权体系。明确权利归属和权责关系是自然资源产权制度的核心内容。应加快建立覆盖各类全民所有自然资源资产的有偿转让、使用和交易等具体制度。可以选择部分地区开展健全自然资源资产产权制度改革综合试点，按照所有权与使用权相分离的原则推进自然资源有偿使用制度改革。适度扩大自然资源产权权能，建立健全自然资源产权交易市场。三是健全自然资源资产管理体制。应明确对全民所有的自然资源统一行使所有权的机构。在成立统一监管的自然资源部的基础上，进一步明确中央和地方在资源开发利用中的权责利，建立分级行使所有权的体制，按照不同资源种类和在生态、经济、国防等方面的重要程度，厘清各级政府行使所有权的资源清单和空间范围。

二、建立国土空间开发保护制度

中国建立国土空间开发保护制度，是遵循自然规律、有效防止在开发利用自然方面走弯路的重大举措。应按照人口资源环境相均衡，生产空间、生活空间、生态空间三大功能空间科学布局，经济

效益、社会效益、生态效益有机统一的原则，建立以法律为依据、以空间规划为基础、以用途管制和市场化机制为手段的制度体系。严格控制国土空间开发强度，促进生产空间集约高效、生活空间宜居适度、生态空间山清水秀，给子孙留下天蓝、地绿、水净的美好家园。

（一）完善主体功能区制度

实施主体功能区战略，是解决中国国土空间开发中存在问题的根本途径，是促进区域协调发展、实现人口与经济合理分布并与资源环境承载能力相适应的有效途径，有助于提高资源利用率、实现可持续发展。在严格落实主体功能区战略的前提下，应加快完善主体功能区配套政策，特别是针对优化开发、重点开发、限制开发、禁止开发四类不同主体功能区，应形成差别化的财政政策、投资政策、产业政策、土地政策、农业政策、人口政策、环境政策等政策和绩效考核评价体系。

（二）健全国土空间用途管制和生态环境空间管制制度

健全国土空间用途管制和生态环境空间管制制度，是保护生态环境、推进生态文明建设的重要途径。强化国土空间用途管制，核心是科学设置"生存线""生态线""保障线"，合理确定国土开发强度、国土空间保护、水土资源利用效率、生态环境质量等约束性指标。建立全国统一的空间规划体系，完成生态保护红线、永久基本农田、城镇开发边界三条控制线划定工作，明确城镇空间、农业空间、生态空间，为各类开发建设活动提供依据。生态保护红线是国家生态安全底线和生命线。目前，京津冀3省（市）、长江经济带

11 省（市）和宁夏等 15 省份生态保护红线划定方案已经国务院批准，山西等 16 省份划定方案初步形成。近期，中国确定划定永久基本农田 15.5 亿亩并实行特殊保护，基本形成耕地数量、质量、生态"三位一体"保护新格局。全面实施环境功能区划，落实分区分类管控措施，严格执行负面清单制度。着力构建以生态保护红线区为底线、生态功能保障区为基本骨架的生态安全格局。

三、健全资源有偿使用和生态补偿制度

中国构建反映市场供求和资源稀缺程度、体现自然价值和代际补偿的资源有偿使用和生态补偿制度，是解决自然资源及其产品价格偏低、生产开发成本低于社会成本、保护生态得不到合理回报等问题的关键性制度安排。

（一）加快资源价格形成机制改革

资源价格形成机制改革的关键是突出市场导向，既要适应民生需求，又要兼顾环境友好。加快形成水资源、能源及各类环境要素的市场决定价格机制和完备交易机制。充分发挥市场机制在自然资源优化配置中的作用，通过有效价格信号实现资源的供需均衡和有效配置，最大限度促进资源高效利用。政府应尽快实现从资源性产品价格的直接制定者和管制者到市场经济价格的制定者、调控者、监管者的转变。进一步完善资源环境税收制度，充分发挥税收制度对资源节约利用和环境保护的促进作用。

（二）加快推进国有自然资源有偿使用制度改革

国有自然资源有偿使用制度是生态文明制度体系的一项核心制

度。针对仍然存在的有偿使用制度不完善、监管力度不足，市场配置决定性作用发挥不充分、所有权人权益不落实等突出问题，应加快推进国有自然资源有偿使用制度改革。要加快完善国有土地、水资源、矿产资源、国有森林资源、国有草原和海域海岛的有偿使用制度，以保护优先、合理利用为导向，以用途管制、依法管理为前提，以明晰产权、丰富权能为基础，充分体现自然资源价值和权益，提高资源利用效率和效益。

（三）建立市场化、多元化生态补偿机制

生态补偿机制是缓解生态保护与经济发展矛盾的重要手段。中国生态补偿机制建设起步较晚，相关工作认识不到位，补偿力度比较薄弱，基础性政策制度缺位，这些都导致生态补偿机制未能充分发挥作用。从改革展望来看，未来生态补偿机制将着眼于维护生态和经济发展平衡，在综合考虑生态保护成本、发展机会成本和生态服务价值基础上，着重体现"谁污染、谁治理、谁破坏、谁恢复、谁受益、谁补偿"的理念。按照权责统一、合理补偿，政府主导、社会参与，统筹监管、转型发展的基本原则，推动建立市场化、多元化的生态补偿机制。

一是科学界定保护者与受益者权利义务。加快形成受益者付费、保护者得到合理补偿的运行机制。发挥政府对生态环境保护的主导作用，完善法规政策，创新体制机制，拓宽补偿渠道，引导社会公众积极参与。二是建立稳定的补偿投入机制。要多渠道筹措资金，加大生态保护补偿力度。中央财政可以通过提高均衡性转移支付系数等方式，逐步增加对重点生态功能区的转移支付。同时，建立省级生态保护补偿资金投入机制。健全跨流域、跨区域的生态保护补

偿机制，健全以地方补偿为主、中央财政给予支持的横向生态保护补偿机制。鼓励受益地区与保护生态地区、流域下游与上游通过资金补偿、对口协作、产业转移、人才培训、共建园区等方式建立横向补偿关系。目前，在共抓大保护的格局下，多部门联合支持建立长江经济带生态补偿与保护长效机制。中央财政优先支持解决严重污染水体、重要水域、重点城镇生态治理等迫切问题，以生态环境质量改善为核心实施精准考核，强化资金分配与生态保护成效挂钩机制，让保护环境的地方不吃亏、能受益。此外，应加快建立生态保护补偿标准体系。根据各领域、不同类型地区特点，以生态产品产出能力为基础，完善测算方法，分别制定补偿标准。研究建立生态环境损害赔偿、生态产品市场交易与生态保护补偿协同推进生态环境保护的新机制。

四、改革生态环境监管体制

设立国有自然资源资产管理和自然生态监管机构，能够有效改革资源和生态环境领域"九龙治水"的管理体制，有助于推进资源和生态环境保护领域国家治理体系和治理能力现代化。在加快推进各级自然资源管理和自然生态监管机构改革到位的基础上，下一步改革应着力推进新的生态环境监管体制切实发挥有效作用。

（一）创新跨区域生态环境监管体制机制

打破区域行政界线，建立跨区域、跨流域的环境联合执法工作制度。打破行政区划下各地区各自为政的局面，建立各地区环境执法主体之间全面、集中、统一的联合执法长效机制，协作配合、共同执法。设置区域性和流域性执法机构，着重解决好跨省市区域和

流域污染纠纷问题，对上下游废水排放企业进行互相督查，对污染事件协商解决。统一区域内环境监察执法尺度，建立统一的环保行政案件办理制度，加强环境监察执法信息的连通性。

（二）坚决制止和惩处破坏生态环境行为

习近平总书记多次强调，要牢固树立生态红线的观念，在生态环境保护问题上，不能越雷池一步，否则就应该受到惩罚；要用最严格制度最严密法治保护生态环境。党的十九大报告提出，"坚决制止和惩处破坏生态环境行为"，表明了党的立场、态度和决心，对破坏生态环境的行为要严惩、重罚，通过健全体制机制，形成不敢、不想破坏生态环境的氛围。

这就要求：一是要明确环境治理中各类主体的责任义务。政府履行主导职责，企业承担主体责任，社会组织和公众发挥参与和监督作用。构建政府为主导、企业为主体、社会组织和公众共同参与的环境治理体系。二是要加快长效机制和基础性制度建设。包括健全党政干部生态损害责任追究、生态环境损害赔偿、污染排放严惩重罚等制度，提高污染排放标准，强化排污者责任，健全环保信用评价、信息强制性披露等制度，尽快补上制度漏洞。三是要严格环境执法监管。完善网格化环境监管体系，推进联合执法、区域执法、交叉执法，对破坏生态环境的行为严厉打击、严罚重惩，形成严厉打击和惩处破坏生态环境行为、不敢且不能破坏生态环境的高压态势和社会氛围，有效提高保护生态环境的水平。

五、加快发展绿色经济形成节能减排的长效机制

按照新发展理念的要求，加快发展绿色经济，可以促进形成节

约资源保护环境的产业结构、生产方式、消费模式，走一条生产发展、生活富裕、生态良好的生态文明发展道路。应该引导社会形成绿色发展模式，以大力推动绿色经济发展为重点，加强节能减排基础能力建设，建立完善促进节能减排目标的考核制度，强化节能减排管理，形成节能减排的长效机制。中国下一步应着重推进以下改革工作：

一是逐步建立并实施绿色 GDP 考核体系。实施"生态能源新战略"，将碳排放和污染规模与等级评估列为"负资产"，核减经济社会发展水平和质量。加强环境统计和监测体系建设，通过逐步建立全国环境信息网络来及时准确地掌握环境质量和污染动态。二是加快推进重点领域节能减排。瞄准现阶段突出环境问题，如大气污染防治、水污染防治、土壤污染管控和修复等，加快推进重点领域节能减排机制建设。研究建立循环经济体系，实施全方位、多领域的废旧物品回收和利用，实现清洁生产和循环利用。鼓励引导建筑等相关领域积极发展绿色建筑、智能建筑等。在交通领域逐步提高机动车排放标准，通过多种政策支持推广节能汽车。三是加快建立促进绿色生产和消费的制度。建立健全促进绿色生产和消费的法律制度和政策导向，这对形成绿色发展模式具有重要意义，既包括对现有相关法律制度的修订升级，也包括根据需要制定新的法律法规。同时，应进一步完善鼓励绿色生产和消费活动的政策体系，发挥市场决定性作用和更好发挥政府作用。构建市场导向的绿色技术创新体系，发展绿色信贷、绿色债券、绿色基金等绿色金融，更好地服务于实体经济的绿色转型。倡导简约适度、绿色低碳的生活方式，形成绿色消费模式和绿色消费的行为自觉。

第六节　围绕建设多元平衡、安全高效的全面开放体系推动开放领域改革

对外开放是中国的基本国策。以开放促改革、促发展，是中国现代化建设不断取得新成就的重要法宝。改革开放 40 年的发展实践证明，抓住机遇扩大开放是中国发展的宝贵经验。中国经济正在实现从引进来到引进来和走出去并重的重大转变，已经出现了市场、资源能源、投资"三头"对外深度融合的新局面。党的十八大以来，中国经济对外开放力度更大，取得新的重大成就，并在引领经济全球化向正确方向发展上作出巨大贡献。中国开放型经济体制逐步健全。特别是"一带一路"倡议提出 5 年来，中国坚持引进来和走出去并重，遵循共商共建共享原则，开拓了国际合作新空间。实践充分证明，对外开放是推动中国经济社会发展的重要动力，只有坚持对外开放，顺应经济全球化潮流，才能更好实现可持续发展。

一、新时代对外开放面临新形势新要求

中国特色社会主义建设进入新时代，中国对外开放也面临新形势。从国际看，世界经济复苏艰难曲折，新旧动能能否顺利转换成为复苏的关键。发展失衡、治理困境、公平赤字等问题更加突出，以发达国家为主体的逆全球化思潮汹涌，保护主义和内顾倾向上升，世界经济和全球经济治理体系进入调整期，在曲折中深入发展成为经济全球化突出特征。随着新兴市场和发展中国家群体性崛起，国际力量"东升西降""南升北降"态势更加明显。

　　从国内看，加快培育竞争新优势成为中国开放型经济的发展方向。中国已经处于从中高收入国家向高收入国家迈进的发展关口，但同时劳动力成本持续攀升，资源约束日益趋紧，环境承载能力接近上限，加快转变发展方式、转换增长动力的任务更加紧迫。通过培育国际竞争新优势，推动质量变革、效率变革和动力变革是新阶段深化对外开放面临的新要求。

　　从中国与世界关系看，随着综合国力显著提高，中国日益走进世界舞台中央，在国际治理体系中发挥越来越重要的作用，国际社会也希望中国能够在应对全球性挑战中承担更多责任。中国既是世界开放发展的受益者，也是世界开放发展的贡献者。中国全面开放发展将为其他国家提供更多发展机会和空间，为世界经济增长持续提供动力和更多公共产品。

　　党的十九大报告明确提出推动形成全面开放新格局，发展更高层次的开放型经济。按照建设现代化经济体系的总体要求，新时代中国要建设的是多元平衡、安全高效的全面开放体系，具体包括：一是提升主动开放。既要提升主动开放的力度，更大程度地开放国内市场，使巨大的市场空间成为促进共享发展的空间；也要提升主动开放的质量，高水平引进来和高质量走出去并重，有效培育中国国际竞争新优势。二是推进平衡开放。在推进区域开放格局平衡发展的基础上，应更加重视不同领域开放合作的统筹协调和相互促进。三是坚持共赢开放。推动构建开放型世界经济，以开放发展为各国创造更广阔的发展空间，促进形成互利共赢的合作格局。四是强调安全开放。提升安全保障能力，既要在开放中有效维护国家利益，同时也能够有力保障开放形成的中国全球利益。以此为目标发展更高层次开放型经济，中国需要进一步加大对外开放领域改革力度，

推动开放朝着优化结构、拓展深度、提高效益的方向转变。

二、以建设贸易强国为目标加快构建外贸可持续发展新机制

改革开放 40 年来，中国实现了建设贸易大国的飞跃，在新的发展形势和要求下，未来面临着提升贸易发展质量、建设贸易强国的新任务。以贸易强国建设为目标，加快推动对外贸易的提质增效发展，就要着力破解制约外贸转型升级的突出问题，全面提升外贸竞争力，完善进出口促进体系，健全贸易摩擦应对机制，大力发展服务贸易，既保持外贸传统优势，又积极培育外贸竞争新优势。

（一）实施积极进口战略

作为世界第二大经济体，中国经济发展对世界的影响日趋深化。积极主动扩大进口，不仅是经济发展规律的必然选择，更是中国更高质量发展的必然选择。扩大进口，不仅有利于中国更好利用国外资源、满足人民需求和促进出口质量提升，而且更有利于让世界分享"中国机遇"。中国将不以追求贸易顺差为目标，努力扩大进口，促进经常项目收支平衡。适应国内发展需要，优化进口商品结构，鼓励先进技术、关键设备和零部件进口，稳定资源性产品进口，合理增加一般消费品进口。特别是要鼓励增加人民群众需求比较集中的特色优势产品进口，进一步降低相关商品的进口关税，适当降低进口环节增值税、消费税。同时，加快培育国际大宗商品交易平台，提高中国在国际大宗交易体系中的话语权和影响力。

（二）提高贸易便利化水平

强化大通关协作机制，实现口岸管理相关部门信息互换、监管互认、执法互助。加快国际贸易"单一窗口"建设，全面推行口岸管理相关部门"联合查验、一次放行"等通关新模式。加快海关特殊监管区域整合优化。加快一体化通关改革，推进通关作业无纸化。与主要贸易伙伴开展检验检疫、认证认可和技术标准等方面的交流合作与互认。加强口岸检验检疫综合能力建设，完善产品质量安全风险预警和快速反应体系。

（三）培育外贸竞争新优势

一方面，要着力稳定传统优势产品出口，进一步推进以质取胜战略，提升出口产品质量、档次和创新要素比重，扩大大型成套设备和技术出口。加强外贸诚信体系建设，规范进出口秩序。另一方面，要积极鼓励企业开展科技创新和商业模式创新，加快培育以技术、品牌、质量、服务为核心的外贸竞争新优势。培育国际大宗商品交易平台。提高一般贸易和服务贸易比重，推动加工贸易转型升级，延长加工贸易产业链，提高加工贸易的质量和附加值。大力推动中西部和东北地区承接加工贸易梯度转移和转型升级，更好地促进国内外统筹发展。

（四）大力发展服务贸易和电商等新兴贸易业态

近年来，服务贸易成为中国外贸转型升级的重要支撑、培育新动能的重要抓手，也是国际竞争的新热点。但服务贸易发展面临着国际竞争力相对较弱、贸易逆差大、出口规模和质量不高等问题。跨境电商日益在产业全球化分工和资源全球化配置中扮演日益重要

的角色，中国在电商发展中具有一定先发优势，可能成为国际竞争的新优势。随着中国逐步进入到服务业为主体的新阶段，从统筹国内外发展和提升国际竞争力的角度，需要大力发展服务贸易和电商等新兴贸易形态。要提升服务贸易战略地位，着力扩大服务贸易规模。创新服务贸易金融服务体系，建立与服务贸易相适应的口岸管理和通关协作模式。提高货物贸易中的服务附加值，促进制造业与服务业、货物贸易与服务贸易协调发展。推进国内服务市场健全制度、标准、规范和监管体系。制定与国际接轨的服务业标准化体系。促进服务外包升级，提升服务跨境交付能力。中国应鼓励发展跨境电子商务、市场采购贸易等新型贸易方式和外贸综合服务。在标准、支付、物流、通关、检验检疫、税收等方面加强国际协调。特别是依托跨境电商的先发优势，中国应积极引领国际电商规则和标准的制定，创新跨境电子商务合作方式，在新一代贸易发展中保持领先。

（五）坚持多边贸易体制规则，健全贸易摩擦应对机制

在当前经济全球化发展面临诸多障碍的背景下，中国以负责任大国的姿态携手各国合力引导好经济全球化走向。习近平总书记明确指出，经济全球化和区域一体化是大势所趋，中国既是经济全球化的受益者更是贡献者。中国将秉持互利共赢原则，维护多边贸易体制。继续与有关国家商谈各种形式的优惠贸易安排。强化中央、地方、行业协会商会、企业四体联动的综合应对机制，指导企业做好贸易摩擦预警、咨询、对话、磋商、诉讼等工作。有理有节、化解分歧、争取双赢，以协商方式妥善解决贸易争端，对滥用贸易保护措施和歧视性做法，善于运用规则进行交涉和制衡。依法开展贸易救济调查，维护国内产业企业合法权益。

三、打造良好的营商环境

为更有效地提高引进外资的力度，中国政府出台了一系列的政策措施。尤其在法治化、便利化和信息化等方面着手提高了营商环境，如制定系统性的法律法规、试点外商投资企业商务备案与工商登记"单一窗口、单一表格"受理新模式，减少企业资质审批的"鞋底成本"，让"跑断腿"的现象尽量减少或者消除，通过"互联网+"的模式提升外资营商环境的信息化水平，一系列政策措施通过提供更加公平有效的市场秩序，大幅改善外商营商环境。党的十九大报告明确提出，应实行高水平的贸易和投资自由化便利化政策，全面实行准入前国民待遇加负面清单管理制度，大幅度放宽市场准入，保护外商投资合法权益。这就为营造更有利于吸引外资的营商环境指明了方向，要促进资源高效配置和境内境外市场的深度融合，不断提高中国的国际竞争力。

（一）以全面实行准入前国民待遇加负面清单管理制度为重点优化营商环境

一是不断完善市场准入负面清单。中国市场准入负面清单的编制完善，是一项长期工作，是依据市场发展情况不断调整的动态过程。一方面，要正确把握市场准入负面清单的制定原则，主要是：坚持法定原则，定期对清单事项进行合法性审核，清理已不符合法律法规规定的事项；坚持必要原则，清单事项应尽量简化，不能照搬现有行政审批事项使清单流于形式；坚持渐进原则，对新技术、新业态留下包容空间，不急于纳入清单管理。另一方面，要规范制定程序，地方政府可根据自身差异提出调整清单的建议，但不得擅

自调整，同时要保障公众参与权与知情权，保证清单制定过程的科学化和民主化。

二是要落实市场准入负面清单制度的配套制度。中国市场准入负面清单的实施需要多项配套措施的保障。在审批体制方面，要规范各级政府及有关部门审批权责和标准，实现审批流程优化、程序规范、公开透明、权责清晰。在监管机制方面，要转变监管理念、创新监管方式、提升监管效能。在社会信用体系和激励惩戒机制方面，对守信主体给予褒奖激励、对失信主体采取限制措施、对严重违法失信主体实行市场禁入。此外，要根据维护国家安全的需要，抓紧完善规范严格的外商投资安全审查制度，明确规定审查要素、审查程序和可采取的措施等，对涉及国家安全的外商投资，要依法进行安全审查。

三是要做好市场准入负面清单制度与法律、法规的衔接。中国政府要把更多监管资源投向加强对市场主体投资经营行为的事中事后监管，针对审批事项取消后可能出现的风险，要逐项制定事中事后监管措施或替代方法，为防范市场风险和提高监管效率提供有效保障。要做好市场准入负面清单与《产业结构调整指导目录》、《政府核准的投资项目目录》、《外商投资产业指导目录》等有关规定的衔接，对未纳入市场准入负面清单的事项要及时废止或修改设定依据。同时，要加快与市场准入负面清单制度相适应的立法工作，确保市场准入管理措施职权法定、事中事后监管有法可依。

（二）加强知识产权保护

知识产权，是跨国公司在全球范围投资经营、获得经济利益的核心竞争资源。因此，在新形势下，中国应加强执法部门与企业的合作，建立保护知识产权协调机构，构建符合国际惯例和中国发展实际的知识产权保护长效机制，完善知识产权的政策法规体系，提高全社会的知识产权保护意识，构建知识产权创造、应用、保护体系，健全技术创新激励机制。加大知识产权侵权行为惩治力度，提高知识产权侵权法定赔偿上限，提高知识产权侵权成本。探索建立知识产权法院。为外商投资营造良好的知识产权保护环境，增强外资企业投资中国的信心。

（三）完善外商投资法律法规

做好外资企业合法权益保护工作，必须以健全完善的外商投资法律法规为保障。中国的外资立法坚持与时俱进，在借鉴发达国家经验的基础上，结合中国国情，完善立法模式，逐步实现内外资立法的统一，减少法律适用中的矛盾和冲突。同时，外资企业在中国境内从事的经营活动必须遵守中国的法律法规，不得损害中国的社会公共利益，这是坚持对外商投资企业合法权益保护不会变的内在要求和重要内容。

四、优化区域开放布局

开放是促进区域经济发展的重要动力之一。在中国推动形成全方位对外开放新格局的趋势下，区域开放和区域发展面临新的矛盾和挑战，这就需要优化区域开放布局，发挥不同区域在开放中的不同作用，促进协调发展。党的十八届三中全会提出，适应经济全球化新形势要扩大内陆沿边开放。对外开放新格局的逐步形成对中国对外区域开放战略提出新的要求。为此，党的十九大报告明确提出要形成"陆海内外联动、东西双向互济"的开放格局，加大西部开放力度。这表明，未来对外开放格局中要在继续深化东部沿海地区

开放的同时重点支持内陆地区开放，充分发挥内陆地区在对外开放中的作用，实施区域联动开放和协调发展。

（一）以"一带一路"建设为重点优化区域开放布局

中西部地区和东北地区应以基础设施为依托，以产能合作为重点，发挥自身在"一带一路"建设中的重要作用。建设面向东南亚、中亚、西亚、南亚和欧洲等地区的国际物流大通道、能源通道、信息通道等，支持内陆城市增开国际客货航线，发展江海、铁海、路航等多式联运，形成横贯东西、连接南北的对外经济走廊。推进西部大开发与"一带一路"建设的融合力度，加强西部地区与中亚国家能源合作，以中蒙俄经济走廊建设为抓手，以发展生产性服务贸易和服务业市场开放为重点，加快构建东北地区对外开放的大通道、大平台、大布局。加快建设新亚欧大陆桥、中国—中南半岛、中巴、孟中印缅等国际经济走廊建设，使中西部地区、东北地区等由开放的末梢变为扩大开放的前沿。

（二）以创新贸易方式为重点推动形成区域开放新高地

推进服务项下自由贸易进程，从不同区域的特定优势出发，支持具备条件的地区率先实行旅游、健康、医疗、文化、职业教育等服务业项下的自由贸易政策。要创新内陆加工贸易模式，推进整机生产、零部件、原材料配套和研发结算在内陆地区的一体化集群发展，使内陆地区成为沿海加工贸易链条的承接地。

（三）以自由贸易区建设为抓手推动形成开放型经济新增长极

建设好自由贸易试验区等开放平台，打造一批贸易投资区域枢纽城市，扶持特色产业开放发展，在西部地区形成若干开放型经济新增长极。着眼于提高自贸试验区建设质量，赋予自贸试验区更大改革自主权，对标国际先进规则，强化改革举措系统集成，鼓励地方大胆试、大胆闯、自主改，形成更多制度创新成果，进一步彰显全面深化改革和扩大开放的试验田作用。自由港是设在一国（地区）境内关外、货物资金人员进出自由、绝大多数商品免征关税的特定区域，是目前全球开放水平最高的特殊经济功能区。中国海岸线长，离岛资源丰富，探索建设中国特色的自由贸易港，打造开放层次更高、营商环境更优、辐射作用更强的开放新高地，对于促进开放型经济创新发展具有重要意义。

（四）加快沿边开放步伐为引领协调区域开放布局

推进沿边开放，要坚持统筹规划、因地制宜、互惠互利、东西互动、内引外联的原则，在"边"字上做文章，从合作机制和开放政策上寻求突破。要创新沿边开放政策，允许沿边重点口岸、边境城市、经济合作区在人员往来、加工物流、旅游等方面实行特殊方式和政策，提高贸易和投资便利化水平，培育特色优势产业。要发挥金融对沿边开放的支撑作用，建立开发性金融机构，加快同周边国家和区域基础设施互联互通建设，为沿边开放提供良好条件。要鼓励边境地区与毗邻国地方政府之间建立高效务实的工作机制，及时解决毗邻地区经贸和人员往来中的问题。

五、创新对外投资合作方式

中国对外开放已经进入到引进来与走出去并重的发展阶段。对外投资合作成为中国深化与世界经济联系，实现互利共赢的重要方

式。中国已经成为世界第二大对外投资国。通过对外投资来带动贸易发展、产业发展，形成面向全球贸易、投融资、生产、服务网络，能够有力支撑培育国际经济合作和竞争新优势，支撑高质量发展。未来应以供给侧结构性改革为主线，以"一带一路"建设为统领，促进企业合理有序开展境外投资活动，防范和应对境外投资风险，推动境外投资持续健康发展，实现与投资目的国互利共赢、共同发展。

（一）促进国际产能合作

国际产能合作，能够将发展中国家土地、劳动力、能源资源和市场需求等优势与中国强大的优质、高效、绿色产能优势有效结合起来，不断扩大国际合作的利益汇合点。从对世界经济影响的角度看，中国推动国际产能合作，本质上是通过提高有效供给来催生新的需求，有利于实现世界经济再平衡。在充分总结现有合作经营的基础上，未来中国应在更高层面、更广空间内参与国际合作，培育互利共赢的新格局。以构建价值链网络和区域生产体系为支撑，以与东道国共建产业园区为载体，共同拓展第三方市场。可以充分利用发达经济体给予越南、柬埔寨、孟加拉国、巴基斯坦、斯里兰卡等WTO最不发达成员国的关税减免政策、双边贸易安排和东道国优惠政策，通过运筹境外产业园区曲线进入国际市场。推进与发达经济体共同展开面向全球市场的"第三方合作"。建立产能合作的风险防范机制和风险预警指标体系。完善对外投资台账制度，加强境外中资企业突发事件的处置能力。

（二）完善对外投资管理机制

如果没有机制和体系的支撑，创新对外投资合作方式难以实现。

以往中国企业走出去过程中确实出现了各种困难和问题，对外投资管理机制不健全是一个重要的原因。下一步，应着力补齐对外投资管理制度的短板。一是健全境外投资法规体系，优化管理体系和程序。强化对外直接投资的真实性、合规性审核，促进对外投资健康有序发展。贯彻企业投资自主决策、自负盈亏原则，放宽境外投资限制，简化境外投资管理，除少数有特殊规定外，境外投资项目一律实行备案制。加快建立合格境内个人投资者制度。促进企业合理有序开展境外投资活动。二是加强境外投资合作信息平台建设。积极整合资源，实现"一站式"信息服务，帮助企业更好防范和应对境外投资风险。三是加强对对外投资的引导。引导企业海外并购重在扩大市场渠道、提高创新能力、打造国际品牌，增强企业核心竞争力。鼓励有实力企业采取多种方式开展境外基础设施投资和能源资源合作。创新境外经贸合作区发展模式，支持国内投资主体自主建设和管理。

（三）健全走出去服务保障体系

加快同有关国家和地区商签投资协定，完善领事保护制度，提供权益保障、投资促进、风险预警等更多服务，推进对外投资合作便利化。保障中国境外人员人身和财产安全，维护海外利益。发挥中介机构作用，培育一批国际化的设计咨询、资产评估、信用评级、法律服务等中介机构。加强政策沟通，着力推进与"一带一路"沿线国家签订双边或多边合作协议，营造畅通的政策环境；加强政策引导，有效对接"一带一路"沿线国家实际需求，引导企业持续合理、有序健康地开展境外投资。加强对外直接投资风险教育，加强各类风险防范。引导企业遵守东道国法律法规、履行社会责任，努力实

现共同、可持续发展。

第七节 围绕国家治理体系和治理能力现代化建设推动国家治理改革

国家治理体系和治理能力，是一个国家制度和制度执行能力的集中体现，是一个国家治理水平和综合实力的重要标志。中国推进国家治理体系和治理能力现代化，是完善和发展中国特色社会主义制度的必然要求，也是建设社会主义现代化强国的应有之义。改革开放 40 年来，围绕发展经济和推进体制改革，中国不断探索国家治理体系和治理能力现代化建设，在推进国家治理方面积累了丰富的理论成果和实践经验，国家治理体系不断健全，国家治理能力不断提升，有力保障了经济社会飞速发展和国家综合国力的显著增强。党的十八届三中全会明确指出，全面深化改革的总目标，是完善和发展中国特色社会主义制度，推进国家治理体系和治理能力现代化。党的十八大以来，以习近平同志为核心的党中央统筹推进经济、政治、文化、社会、生态文明等各领域体制机制改革，根据不同领域不同层面的问题，把脉开方、对症下药，把长远制度建设同解决突出问题结合起来，把整体推进同重点突破结合起来，把顶层设计同试点探路结合起来，把改革创新同法律法规"立改废释"结合起来，把破除体制机制顽疾同解决新出现的矛盾问题结合起来，推动重大改革方案不断出台，重大举措有力展开①。

---

① 中共中央宣传部：《习近平新时代中国特色社会主义思想三十讲》，学习出版社 2018 年版。

党的十九大围绕党和国家事业发展新要求，明确提出到 2035 年基本实现国家治理体系和治理能力现代化，到 21 世纪中叶实现国家治理体系和治理能力现代化。推进国家治理体系和治理能力现代化，就是要构建系统完备、科学规范、运行有效的制度体系，建设具有现代化水准的治理体系，形成具有高度稳定性、高度透明性的制度。经济领域国家治理体系和治理能力现代化的核心是正确处理政府和市场关系，使市场在资源配置中起决定性作用，更好发挥政府作用，具体体现为应进一步深化"放管服"改革，进一步创新和完善宏观调控，充分发挥经济体制改革对全面深化改革的牵引作用。

一、深化"放管服"改革，实现政府与市场良性互动

"放管服"改革，是实现有效市场与有为政府有机统一的重要保障，是推进国家治理体系和治理能力现代化的重要抓手。

党的十八大以来，"放管服"改革在理顺政府与市场关系、促进市场决定性作用和更好发挥政府作用方面取得了显著效果。党的十九大报告强调要深化简政放权，创新监管方式，增强政府公信力和执行力，建设人民满意的服务型政府。适应新时代要求，中国应以深化"放管服"改革为抓手，推动政府职能转变，实现政府与市场良性互动。

（一）以统筹推进各类机构改革为重点，健全完善国家治理组织架构

深化党和国家机构改革是健全完善国家治理组织架构的关键环节。要围绕使市场在资源配置中起决定性作用和更好发挥政府作用，深化党和国家机构改革。党的十九届三中全会提出了深化党和国家

机构改革的总体方案。按照方案部署，新一轮机构改革蹄疾步稳向纵深推进。25 个应挂牌的新组建或重新组建部门全部完成挂牌，中央和国家机关机构改革按计划将在 2018 年底前落实到位。在此基础上，按照构建从中央到地方运行顺畅、充满活力、令行禁止的工作体系的具体目标，重点推进地方机构改革，统筹优化地方机构设置和职能配置。在确保中央令行禁止和全国政令统一的基本前提下，地方机构设置应考虑地方实际情况的差异，赋予省级及以下政府在统筹优化地方机构设置和职能配置方面更多自主权。从增加地方治理能力、提高办事效率，以及更好服务群众、方便群众的角度，赋予地方因地制宜设置机构和配置职能的自主权。与中央和地方事权划分改革相协调、相配套，统筹考虑地方机构设置，形成科学合理的政府管理体制。截至 2018 年 10 月底，已有 24 个省份省级机构改革方案获批。作为配套制度性建设，应加快完善国家机构组织法。适应依法治国、依法行政的进程，进一步完善国家机构组织法律体系，推进机构组织的科学化、规范化、法制化，通过立法巩固改革成果。

（二）进一步加大简政放权力度，释放市场发展活力和激发创新潜力

党的十八大以来，以为企业"松绑"、为群众"解绊"、为市场"腾位"为主要内容的简政放权改革取得了突出成效，从打破审批关卡到突破"证明围城"，从减少"公章旅行"、避免"公文长征"到变"政府端菜"为"群众点菜"，制度交易成本显著下降，不断释放出市场的潜力和活力。下一步要在前期改革成果基础上，进一步精简各类审批、证照等事项，深入推进精准放权、协同放权，用政府的减权限权，换来市场活力和社会创造力的释放。具体包括：

一是精简审批环节、压缩审批时间。以精简重点领域审批环节为突破口推动审批制度改革。近期，中央已经部署了工程建设项目审批制度改革，采取"减、放、并、转、调"等五个措施精简审批事项和环节，应尽快推进全流程、全覆盖改革试点，及时总结试点经验并在全国推广，到2020年基本建成全国统一的工程建设项目审批和管理体系。全面推进审批服务流程的标准化建设，实行公共资源配置全程公开和标准化运作，构建统一的标准化审批流程和办事规则，为办事创业提供方便快捷的政务服务。

二是深化商事制度改革。在全国推开"证照分离"改革后，重点是照后减证，破解企业设立"办证"面临的许可多、门槛高、耗时长等"准入不准营"问题，打通改革推进的"最后一公里"。为此，要加快推进"多证合一"改革，对可分离的行业许可证分别采取取消、合并、简化、备案、书面承诺等方式，以及办理程序上的联审、代办、限时等做法，大幅放宽市场准入，破除各种隐性障碍，使"证照分离"改革能够最大限度发挥降低市场准入门槛、促进创业就业的积极作用。

三是更注重简政放权的质量而非数量，确保下放权力的承接效果。简政放权的效果能否体现不仅取决于上级"放权"的程度，而且也取决于下级"承接"的能力。简政放权改革向纵深推进需要进行"二次设计"，按照"系统推进、上下联动、放管并重"的思路，做好相关配套改革。应充分考虑地方与基层政府的承接能力，把握简政放权改革的节奏和综合配套，更加注重简政放权的质量，避免以权力下放的数量和快慢作为考核唯一标准。增强改革的协调配套，注重审批权下放与资金权、人事编制的下放协调配套，确保地方与

基层政府对行政审批权下放接得住、接得好。

四是继续清理涉企收费。在前期减税降费基础上，进一步清理规范政府性基金和行政事业性收费，减少经营服务性收费和中介服务费用，加大整治各种乱收费、乱摊派、乱罚款，建立目录清单并实行动态化管理，接受社会监督。

（三）坚持放管结合放管并举，以创新监管维护公平竞争市场环境

简政放权要放管结合、放管并举，强化监管手段，积极探索新型监管模式，着力提高事中事后监管的有效性，切实维护公平竞争的市场秩序。

一是强化纵向监管，维护统一开放的市场体系。建立市场准入负面清单动态调整机制和信息公开机制，破除歧视性限制和各种隐性障碍。加大对全国性或跨区域事务的中央部门的纵向监管，对中央地方共管事务的监管，中央和省级部门采取督办督察等方式，维护市场统一和法制统一。

二是着力提高事中事后监管的有效性。近年，各地方、各部门积极探索加强事中事后监管，在构建部门协同监管机制、推动智能监管全覆盖、规范重点领域监管流程、形成多元参与监管格局等方面取得了明显进展。但事中事后监管依然面临着不少矛盾和瓶颈制约，理念转变、法规制度和流程规范还不到位，方式手段、监管能力和部门协同还跟不上。下一步，要以着力提高事中事后监管的有效性为目标，强化改革创新力度。进一步树立"宽进严管"的监管理念，切实改变"重审批轻管理"的管理方式。明确各部门的市场监管责任。坚持"谁主管谁监管"的原则，落实各部门监管责任，

完善科学有效的监管规则。对于跨行业跨领域的监管，完善协同监管机制，推行协同高效的监管方式。全面实施"双随机、一公开"监管。建立各部门信息互联共享机制，强化监管手段，丰富监管载体。

三是探索建立包容审慎的监管制度。坚持包容创新、鼓励探索、规范有序的发展导向，探索建立包容审慎的监管制度，为新经济、新模式、新业态营造良好的发展环境。积极探索和创新适合新经济发展的监管方式，既能激发创新创造活力，又防范可能引发的风险。推进监管方式由具体事项的细则式监管向实现设置安全阀及红线的触发式监管转变，由按行业归属监管向功能性监管转变，由分散多头监管向综合协调监管转变。适应新经济发展需要，积极探索分类监管，注重跟踪研判，根据新经济发展变化及时调整更新监管规则、监管模式等。建立政府、平台、行业组织、消费者、劳动者共同参与的规则协商、利益分配和权益保障机制，形成社会力量共同参与治理的新格局。

（四）规范行政行为、优化办事流程，增强政府公信力和执行力

规范行政程序、行为、时限和裁量权，提高政务公开水平，建设人民满意型政府，营造稳定公平透明、可预期的营商环境。

一是优化政务服务，完善办事流程。运用信息化手段优化政务服务，更好解决企业和群众反映强烈的办事难、办事慢、办事繁的问题。深入推进"互联网＋政务服务"。构建线上线下融合服务模式。加快政府信息系统互联互通，打通"信息孤岛"，通过政务部门间互联互通、数据共享、协同联动，实现跨部门数据流动。建立和完善"互联网＋政务服务"标准规范，包括管理机制、服务流程、技术应

用、安全体系等。扩展网上服务的覆盖面、逐步拓展网上服务深度，使更多事项能够在网上办理，实现"一号"申请、"一窗"受理、"一网"通办，提升公共服务整体效能。深入推进审批服务便民化，努力实现让群众办事"一网通办、只进一扇门、最多跑一次"。

二是规范行政裁量权。严格规范公正文明执法，全面实施行政执法公示、执法全过程记录、重大执法决定法制审核制度，促进政府权力运行更加透明规范。严格遵循合法裁量、合理裁量、高效裁量等行政裁量基本原则。健全完善行政裁量基准制度，细化、量化行政裁量标准，规范裁量范围、种类、幅度，有效减少监管执法者的自由裁量权和寻租机会。[①]

二、创新和完善宏观调控

多年来，中国宏观调控体系在实践中不断发展创新，既在维护经济平稳运行方面发挥了作用，也在形成适应中国国情的宏观调控体制机制方面做了很多探索。下一步，应把握好中国经济发展的新特点、新变化和新要求，进一步完善宏观调控体系，改革创新宏观调控体制机制，不断增强宏观调控的有效性，在发挥市场机制配置资源的决定性作用基础上，更好发挥政府的作用。

（一）发挥国家发展战略和规划对宏观调控的导向作用

不论从中国经济发展所处阶段、结构性矛盾成为经济发展主要矛盾的现实状况，还是从宏观调控积累的实践经验来看，中国宏观

---

① 肖捷：《深入推进简政放权》，《人民日报》2018年4月23日，http://theory.people.com.cn/n1/2018/0423/c40531-29942302.html。

调控都应具有兼顾短期总量平衡与长期结构优化的特点。国家发展战略和规划集中体现了中长期发展的思路、目标和方向，宏观调控要实现对长期发展目标的兼顾，就需要遵循国家发展战略和规划确定的导向。这要求宏观调控做到以下几点：

一是年度计划目标要与中长期规划目标有效衔接，使短期政策操作推动中长期目标、任务以合理进度落实。二是在宏观调控操作中，避免为追求短期总量平衡，而采用不符合中长期结构调整目标和方向的政策措施。解决这一问题，需要继续推进宏观调控结构性工具的创新和应用，以及对不同类型的政策和工具进行合理搭配使用。三是在宏观调控中保持定力，在动态监测、科学预判的基础上，适当保持政策的稳定性、连续性，减少政策短期化和反复。

（二）统筹好宏观调控目标体系

中国宏观调控具有多重目标的特点，宏观调控目标中，既有总量目标也有结构目标，既有预期性目标也有约束性目标，不同目标间的关系必须处理好，才能避免顾此失彼，或政策方向相反、效应抵消。为此，必须统筹好宏观调控的目标体系。

一是加强总量指标与结构指标的统筹。总量方面，主要是保持经济平稳增长。经济平稳增长、不出现大起大落，是推进改革、优化结构、改善民生的必要条件，因此总量目标也是宏观调控的最基本目标。结构方面，主要是推进结构优化升级，增强经济发展的内生动力，是为经济持续健康发展夯实基础。两方面的统筹协调，要求促进总量平衡的政策操作，避免出现恶化经济结构的效应；优化结构的政策操作，也要选择适当的时机，避免加剧经济波动。

二是加强约束性目标与预期性目标的统筹。约束性目标给出的

是最低要求，体现宏观调控中的底线思维，需要充分发挥调控政策的作用，且不应跟随外部因素、经济形势变化而变化。预期性目标是根据发展环境、条件预估的指标水平，应主要依靠市场主体的自主行为来实现，政策应起到引导市场主体预期和行为、改善环境等作用，体现"宏观调控有度"的要求。

（三）进一步完善政策手段运用机制

中国宏观调控的政策手段，除了主要的财政政策和货币政策，还包括消费、投资、产业、区域等政策，发挥好这些政策手段的作用，需要通过改革进一步完善政策决策、实施的机制。

对于财政政策，应建立与货币政策委员会类似的财政政策委员会，形成"多部门＋专家"共同决策的机制，提高财政政策服务宏观调控目标的针对性效果；强化地方层面对政策的传导，主要是理顺中央与地方财政关系，特别是建立事权与支出责任相匹配、与财力相适应的地方财政体制。

对于货币政策，应健全货币政策和宏观审慎政策双支柱调控框架，发挥好逆周期调节的双重作用，熨平经济波动的同时增强风险缓冲；疏通政策传导渠道，进一步推进利率和人民币汇率市场化改革，增强利率和汇率作为货币政策工具的作用。

对于各类政策手段，都应更多运用市场化法治化的措施，减少对经济主体行为的直接干预，更多借助价格信号等形成引导作用。

（四）健全宏观调控政策协调机制

中国宏观调控面临多重目标、多种政策之间的平衡、协调和联动，政策协调机制十分重要。

首先是部门协调。正在推进的新一轮国务院机构改革，实现了一些部门及职能的整合，有助于解决过去宏观调控中一些政策不协调的问题。对仍将存在的政策协调需要，应通过健全跨部门的政策协调机制来满足。协调机制应包括基础性的信息共享机制，一定范围的高层级议事协调机制，以及工作层面的定期沟通机制等。

其次是央地协调。应以发挥中央、地方两个积极性为基本要求，逐步理顺宏观调控中的央地关系。中央在政策决策中应更多以基层实际情况为依据，充分考虑地区差异，把握好政策统一性与弹性的平衡；地方在政策落实中应从宏观层面理解政策意图，在具体手段运用方面，在更多运用市场化法治化手段的原则下，结合实际积极探索、力求实效。

最后是国际协调。以多边国际治理平台为依托，积极主动参与国际宏观经济政策沟通协调及相关规则改革完善，与其他国家共同应对宏观政策外溢效应可能产生的负面影响。

（五）加强预期管理制度建设

随着科技推动信息传递方式、效率等产生巨大变化，宏观调控中预期管理的重要性日益提升。适应加快建立有利于稳定市场预期的相关制度，提高预期管理的能力。一是提高政策透明度和可预期性。进一步完善政府部门信息公开制度，提高宏观经济统计数据、宏观调控决策机制、各类政策措施等信息公开的及时性、完整性，增加信息公开渠道，提高信息可获得性。二是有效引导舆论宣传。宏观调控相关部门应高度关注社会舆论动态，建立能够及时针对出现的问题进行释疑解惑、消除误解误读的机制。

结　语

改革开放 40 年以来，中国实现了从贫穷到富裕的历史跨越，中华民族胜利完成了从站起来到富起来的伟大飞跃。40 年来，以经济体制改革为重点，中国围绕处理好政府和市场的关系，在农村改革、国有企业、价格、财税、金融、投资、对外开放、行政体制等主要领域，按照渐进式改革思路，先易后难、先增量后存量，不断将改革引向深入。40 年来，先后经历了 20 世纪 80 年代改革试验和探索、90 年代社会主义市场经济建立、21 世纪初期社会主义市场经济完善和 2013 年以来全面深化改革等四个阶段，每一轮改革都推动中国经济迈向新的腾飞。

改革开放 40 年，经济体制的各主要领域都发生了根本性的重大转变。农村基本经营制度不断完善，从当年的"大包干"到今天的"三权分置"改革，适应农业农村现代化发展要求的城乡融合发展体制机制正在形成。国有企业实现从计划体制下的生产工厂到现代企业制度的脱胎换骨转变，民营经济异军突起，创新创业中小微企业迅猛发展，混合所有制改革正加快试点。商品市场价格基本完全放开，要素市场价格改革攻坚克难。财税体制经历了从吃饭财政逐步向与社会主义市场经济体制和国家治理体系、治理能力现代化相匹配的财税体制演化的过程，从生产建设财政到构建公共财政体制框架，再到建立现代财政制度，财政成为治国理政的坚强基石。金融改革蹄疾步稳，一个现代化的金融体系正在形成。自从 40 年前深圳蛇口工业区打响开山第一炮，中国改革开放的大门越开越大，经济特区、沿海开放城市、自由贸易区、自由贸易港，新时代全面开放的新格局正在加快形成。

改革开放是中国发展的最大红利，是中国从富起来走向强起来的必由之路。改革开放提高了资源配置效率、拓展了资源配置空间，激发了经济发展活力、提升了经济发展动力，带来了各阶段经济高速增长，以及经济发展和质量效益提升。新时代新征程，实现"两个一百年"奋斗目标和中华民族伟大复兴的中国梦，必须坚持全面深化改革，围绕完善和发展中国特色社会主义制度、推进国家治理体系和治理能力现代化的总目标，按照建设现代化经济体系的重大决策部署，发挥好经济体制改革对其他领域改革的引领和支撑作用，推动新时代中国经济高质量腾飞，为全面建成社会主义现代化强国奠定坚实基础。

中国 40 年改革开放是人类历史上一项前无古人的伟大探索，中国改革开放从经济体制改革起步，逐步扩展为覆盖经济、政治、文化、社会和生态文明以及党的建设等各领域的全面深化改革。革故鼎新，再铸辉煌。站在 40 年改革开放新的起点上，新时代全面深化改革必将中国推向世界历史的更高峰。

后　记

为庆祝改革开放 40 周年，按照宏观院统一部署，我们负责撰写《改革：如何推动中国经济腾飞》一书。国家发展改革委宏观经济研究院经济研究所所举全所之力，组成由孙学工所长、郭春丽副所长任主编，各研究室科研骨干力量参与的撰写团队。

全书共六个章节，第一章由杜秦川、杜飞轮完成，第二章由许生、申现杰、王瑞民完成，第三章由李世刚、曹玉瑾、李清彬、王元、安淑新、盛雯雯、梁志兵、陆江源完成，第四章由刘国艳、张铭慎、成卓、刘方完成，第五章由孙长学、易信、王利伟完成，第六章由王蕴、姜雪、肖潇、王元完成。孙学工所长和郭春丽副所长负责全书总体思路和框架设计，郭春丽、孙长学、王元、王蕴、李世刚对全书进行了统改，杨帆负责校对和编辑。

由于撰写时间较为紧张、研究水平有限，欢迎批评指正。

参考文献

1. 中共中央宣传部：《习近平新时代中国特色社会主义思想三十讲》，学习出版社 2018 年版。

2. 吴敬琏：《当代中国经济改革教程》，上海远东出版社 2018 年版。

3. 厉以宁：《改革开放以来的中国经济：1978—2018》，中国大百科全书出版社 2018 年版。

4. 林毅夫等著：《改革的方向》，中信出版社 2018 年版。

5. 常修泽等著：《所有制改革与创新：中国所有制结构改革 40 年》，广东经济出版社 2018 年版。

6. 高培勇：《财政体制改革要不忘"初心"》，《财政科学》2018 年第 1 期。

7. 王振宇：《财税体制改革的顶层设计要高屋建瓴》，《财政科学》2018 年第 1 期。

8. 魏文君、于健平：《我国本轮财税体制改革进展及建议》，《时代金融》2018 年第 2 期。

9. 朱旭峰、吴冠生：《中国特色的央地关系：演变与特点》，《治理研究》2018 年第 3 期。

10. 高妍蕊：《财税体制改革打响攻坚战》，《中国发展观察》

2018 年第 3 期。

11. 于立新：《新预算法与我国新一轮财税体制改革的思考》，《纳税》2018 年第 4 期。

12. 肖捷：《深入推进简政放权》，《人民日报》2018 年 4 月 23 日，http://theory.people.com.cn/n1/2018/0423/c40531-29942302.html。

13. 耿晋梅、赵璇：《初次分配下居民收入不平等的原因：分析与述评》，《经济问题》2018 年第 5 期。

14. 刘伟：《中国特色社会主义收入分配问题的政治经济学探索——改革开放以来的收入分配理论与实践进展》，《北京大学学报》2018 年第 3 期。

15. 洪银兴：《兼顾公平与效率的收入分配制度改革 40 年》，《经济学动态》2018 年第 4 期。

16. 胡莹、郑礼肖：《十八大以来我国收入分配制度改革的新经验与新成就》，《马克思主义研究》2018 年第 2 期。

17. 迟福林：《推动形成对外开放新格局下的区域开放布局与区域协调发展》，《北方经济》2018 年第 5 期。

18. 叶辅靖：《推动形成全面开放新格局：重大意义、科学内涵、主要难点及举措》，《前沿》2018 年第 2 期。

19.《十九大报告辅导读本》编写组：《十九大报告辅导读本》，人民出版社 2017 年版。

20. 周其仁：《改革的逻辑》（修订本），中信出版社 2017 年版。

21. 曾志权：《扎实有序推进财税体制改革　加快建立现代财政制度》，《中国财政》2017 年第 7 期。

22. 许光建等：《深入推进价格改革着力提升"放管服"水平——十八大以来价格改革的回顾与展望》，《价格理论与实践》2017 年第

7 期。

23. 陈黛斐、黄诗睿、王冰：《深化财税体制改革向纵深推进——访中国社会科学院学部委员、经济研究所所长高培勇》，《中国税务》2017 年第 1 期。

24. 刘国艳、刘方：《构建权责清晰的央地事权划分模式》，《新理财》2017 年第 11 期。

25. 刘小兵：《对我国财税体制改革的思考》，《财政监督》2017 年第 6 期。

26. 马海涛：《将财税体制改革进行到底》，《中国财政》2017 年第 23 期。

27. 孙学工：《关于新时代财税体制改革的四点认识》，《财政科学》2017 年第 11 期。

28. 王朝才：《深入推进财税体制改革》，《财政科学》2017 年第 7 期。

29. 肖捷：《加快建立现代财政制度》，《财政研究》2017 年第 11 期。

30. 闫坤、于树一：《十八大以来我国财税体制改革回顾与展望》，《社科院专刊》2017 年 9 月 15 日总第 408 期。

31. 杨志勇：《新时代财税体制改革的三大新变化》，《财政科学》2017 年第 11 期。

32. 陈锡文：《陈锡文谈"中国农村改革历程四件大事"》，《农村工作通讯》2017 年第 12—15 期。

33. 张光：《十八大以来我国事权和财权划分政策动向：突破还是因循？》，《地方财政研究》2017 年第 4 期。

34. 中共科学技术部党组：《创新驱动铸辉煌科技强国启新

篇——党的十八大以来我国科技创新的主要进展与成就》,《求是》2017 年第 11 期。

35. 曾康华、夏海利、刘思亦:《十八大以来税制改革历程的回顾和展望》,《财政监督》2017 年 1 月。

36. 陈东琪编著:《通向新增长之路——供给侧结构性改革论纲》,人民出版社 2017 年版。

37. 编写组:《十八大以来新发展新成就(上)(下)》,人民出版社 2017 年版。

38.《十九大辅导读本》编写组:《党的十九大报告辅导读本》,人民出版社 2017 年版。

39. 何艳玲、李妮:《为创新而竞争:一种新的地方政府竞争机制》,《武汉大学学报(哲学社会科学版)》2017 年第 1 期。

40. 刘斌:《改革开放以来中国共产党绿色发展理念的演进》,《山东师范大学学报(人文社会科学版)》2017 年第 2 期。

41. 周春山、谢文海、吴吉林:《改革开放以来中国区域规划实践与理论回顾与展望》,《地域研究与开发》2017 年第 1 期。

42. 杨东峰、刘正莹:《中国 30 年来新区发展历程回顾与机制探析》,《国际城市规划》2017 年第 2 期。

43. 隆国强:《构建开放型经济新体制》,广东经济出版社 2017 年版。

44. 王瑞民、陶然:《中国财政转移支付的均等化效应:基于县级数据的评估》,《世界经济》2017 年第 12 期。

45. 曹普著:《当代中国改革开放史》(上卷、下卷),人民出版社 2016 年版。

46. 唐一钧:《十八大以来土地制度改革成果及深化改革建议》,

《法制与社会》2016 年第 10 期。

47. 高培勇：《本轮财税体制改革进程评估：2013.11–2016.10（上）》，《财贸经济》2016 年第 11 期。

48. 高培勇：《本轮财税体制改革进程评估：2013.11–2016.10（下）》，《财贸经济》2016 年第 12 期。

49. 田国强、陈旭东著：《中国改革历史、逻辑和未来》，中信出版社 2016 年版。

50. 郭春丽、王蕴等：《重点领域改革的增长红利研究》，人民出版社 2016 年版。

51. 劳伦·勃兰特、托马斯·洛斯基：《伟大的中国经济转型》，格致出版社、上海人民出版社 2016 年版。

52. 宋洪远：《关于农村改革历程的回顾和深化农村改革的思路》，《农村工作通讯》2016 年第 24 期。

53. 曹普：《当代中国改革开放史》，人民出版社 2016 年版。

54. 王瑞民、陶然、刘明兴：《中国地方财政体制演变的逻辑与转型》，《国际经济评论》2016 年第 2 期。

55. 赵人伟：《发展和改革：改进收入分配的主要途径》，《中国劳动》2016 年第 9 期。

56. 王志成、徐权、赵文发：《对中国金融监管体制改革的几点思考》，《国际金融研究》2016 年第 7 期。

57. 郑志刚：《国企公司治理与混合所有制改革的逻辑和路径》，《证券市场导报》2015 年第 6 期。

58. 钱忠好、牟燕：《征地制度、土地财政与中国土地市场化改革》，《农业经济问题》2015 年第 8 期。

59. 李振、鲁宇：《中国的选择性分（集）权模式——以部门

垂直管理化和行政审批权限改革为案例的研究》,《公共管理学报》2015 年第 3 期。

60. 吴敬琏、张维迎等:《改革是最大政策》,东方出版社 2015 年版。

61. 刘树杰、宋立等著:《面向 2020 年的我国经济发展战略研究》,中国计划出版社 2015 年版。

62. 杨光飞、赵超:《从旧形态到新格局:我国政府与市场关系的演进(1978—2015)——以改革开放以来重要政策文献为线索》,《深圳大学学报》2015 年第 11 期。

63. 国家发展改革委体管所课题组:《国企改革历程回顾与当前改革重点》,《中国经贸导刊》2015 年 3 月。

64. 林凌:《首钢承包试验》,《中国城市经济》2015 年 12 月。

65. 贾康、苏京春、梁季、刘薇:《全面深化财税体制改革之路:分税制的攻坚克难》,人民出版社 2015 年版。

66. 郑联盛:《十八大以来金融改革:现状、问题与建议》,《银行家》2015 年第 11 期。

67. 国家行政学院经济学教研部编著:《中国经济新常态》,人民出版社 2014 年版。

68. 聂辉华:《中央与地方关系的新变化》,《理论学习》2014 年第 1 期。

69. 喻新安、杨兰桥、刘晓萍、郭志远:《中部崛起战略实施十年的成效、经验与未来取向》,《中州学刊》2014 年第 9 期。

70. 彭健:《分税制财政体制改革 20 年:回顾与思考》,《财经问题研究》2014 年第 5 期。

71. 高明华、杨丹、杜雯翠、焦豪、谭玥宁、苏然、方芳、黄晓丰：《国有企业分类改革与分类治理——基于七家国有企业的调研》，《经济社会体制比较》2014 年第 2 期。

72. 贾康：《中国财政体制改革之后的分权问题》，《改革》2013 年第 2 期。

73. 贾俊雪、张永杰、郭婧：《省直管县财政体制改革、县域经济增长与财政解困》，《中国软科学》2013 年第 6 期。

74. 王一鸣等：《改革红利与发展活力》，人民出版社 2013 年版。

75. 楼继伟：《中国政府间财政关系再思考》，中国财政经济出版社 2013 年版。

76. 傅高义：《邓小平时代》，生活·读书·新知三联书店 2013 年版。

77. 黄群慧、余菁：《新时期的新思路：国有企业分类改革与治理》，《中国工业经济》2013 年第 11 期。

78. 杨东峰：《全球复杂性视角下的中国快速城市化》，《城市规划》2012 年第 11 期。

79. 郑功成：《中国社会保障改革与发展》，《光明日报》2012 年 11 月 20 日第 15 版。

80. 吴敬琏、马国川：《中国经济改革二十讲》，生活·读书·新知三联书店 2012 年版。

81. 卡尔·沃尔特、弗雷泽·豪伊：《红色资本：中国的非凡崛起与脆弱的金融基础》，中国出版集团 2012 年版。

82. 刘瑞明：《中国经济改革：背景、机制与挑战》，《经济学家》2011 年第 12 期。

83. 齐兰、郑少华：《全球金融体系变革与中国金融监管体制改革》，《学术月刊》2011 年第 9 期。

84. 刘瑶：《从变迁历史看人民币汇率制度改革新思路》，《特区经济》2010年第5期。

85. 王芳：《国际城市化发展模式与中国城市化进程》，《求索》2010年第4期。

86. 吴敬琏：《当代中国经济改革教程》，上海远东出版社2010年版。

87. 巴里·诺顿：《中国经济：转型与增长》，上海人民出版社2010年版。

88. 李萍：《财政体制简明图解》，中国财政经济出版社2010年版。

89. 王澜明：《改革开放以来我国六次集中的行政管理体制改革的回顾与思考》，《中国行政管理》2009年第10期。

90. 方红生、张军：《中国地方政府竞争、预算软约束与扩张偏向的财政行为》，《经济研究》2009年第12期。

91. 李云鹤、李湛：《改革开放30年中国科技创新的演变与启示》，《中国科技论坛》2009年第1期。

92. 段禄峰、张沛：《我国城镇化与工业化协调发展问题研究》，《城市发展研究》2009年第7期。

93. 李铁映：《改革开放探索（上、下）》，中国人民大学出版社2008年版。

94. 彭森、陈立等著：《中国经济体制改革重大事件》（上、下册），中国人民大学出版社2008年版。

95. 国家发展改革委经济体制综合改革司、经济体制与管理研究所：《改革开放三十年：从历史走向未来》，人民出版社2008年版。

96. 国家发展和改革委员会国土开发与地区经济研究所课题组：

《改革开放以来中国特色城镇化的发展路径》,《改革》2008年第7期。

97. 肖凤娟:《我国外汇管理体制改革的回顾与展望》,《国际贸易》2008年第7期。

98. 兰竹虹:《中国绿色发展的战略思路》,《生态经济》2008年第3期。

99. 韩俊:《中国经济改革30年——农村经济卷》,重庆大学出版社2008年版。

100. 田纪云:《八十年代经济改革十大措施》,《炎黄春秋》2008年第3期。

101. 张晓山:《中国农村六十年的发展与变迁》,人民出版社2008年版。

102. 许生:《经济增长、贫富分化与财税改革:中国特色社会主义公共财政制度改革与设计》,中国市场出版社2008年版。

103. 董克用:《中国经济改革30年·社会保障卷》,重庆大学出版社2008年版。

104. 席月民:《政府投资与投资体制改革30年》,《中国经贸导刊》2008年第24期。

105. 张文魁、袁东明:《中国经济改革30年·国有企业卷:1978—2008》,重庆大学出版社2008年版。

106. 刘均安:《我国投资体制改革的回顾及反思》,《中国石油和化工经济分析》2008年12月。

107. 田江海:《投资体制改革三十年梳理》,《投资建设三十年回顾——投资专业论文集(4)》,中国投资协会2008年版。

108. 石启荣:《浅议我国投资领域改革三十年》,《投资建设三十年回顾——投资专业论文集(4)》,中国投资协会2008年版。

109. 范恒山：《30 年来中国经济体制改革进程、经验和展望》，《改革》2008 年第 9 期。

110. 袁绪程：《中国改革开放 30 年回望与前瞻——历史进程、经验和走向》，《中国改革》2008 年第 5 期。

111. 魏杰：《中国经济体制改革的历史进程及不同阶段的任务——纪念中国改革开放三十周年》，《社会科学战线》2008 年第 4 期。

112. "中国外贸体制改革的进程、效果与国际比较"课题组：《中国外贸体制改革的进程、效果与国际比较》，对外经济贸易大学出版社 2007 年版。

113. 李扬、余维彬、曾刚：《经济全球化背景下的中国外汇储备管理体制改革》，《国际金融研究》2007 年第 4 期。

114. 高祖林：《更加注重社会公平，积极促进社会和谐——党的十六大以来处理收入分配问题政策取向的几点思考》，《毛泽东邓小平理论研究》2006 年第 6 期。

115. 章迪诚：《中国国有企业改革编年史（1978—2005）》，中国工人出版社 2006 年版。

116. 华生：《双轨制始末》，《中国改革》2005 年第 1 期。

117. 郭庆平：《关于金融宏观调控和改革问题的再思考》，《金融研究》2005 年第 5 期。

118. 杜润生：《杜润生自述：中国农村体制变革重大决策纪实》，人民出版社 2005 年版。

119. 高粱：《跟踪模仿和自主创新》，《宏观经济研究》2004 年第 4 期。

120. 杨圣明：《中国经济体制改革的历程》，《百年潮》2004 年

第 3 卷。

121. 陈锡文：《中国县乡财政与农民增收问题研究》，山西经济出版社 2003 年版。

122. 吴象：《历史在这里拐了一个弯——记农村改革突破阶段的艰难历程》，《中国改革》2003 年第 10 期。

责任编辑:高晓璐

图书在版编目(CIP)数据

改革:如何推动中国经济腾飞/国家发展改革委宏观经济研究院经济
　研究所 著. —北京:人民出版社,2018.12
(改革开放40年:中国经济发展系列丛书)
ISBN 978 - 7 - 01 - 009861 - 6

Ⅰ.①改…　Ⅱ.①国…　Ⅲ.①中国经济-经济改革-研究　Ⅳ.①F12

中国版本图书馆 CIP 数据核字(2018)第 277733 号

改革:如何推动中国经济腾飞
GAIGE RUHE TUIDONG ZHONGGUO JINGJI TENGFEI

国家发展改革委宏观经济研究院经济研究所　著

人民出版社 出版发行
(100706 北京市东城区隆福寺街 99 号)

山东鸿君杰文化发展有限公司印刷　新华书店经销

2018 年 12 月第 1 版　2018 年 12 月北京第 1 次印刷
开本:710 毫米×1000 毫米 1/16　印张:23
字数:353 千字

ISBN 978 - 7 - 01 - 009861 - 6　定价:73.00 元

邮购地址 100706　北京市东城区隆福寺街 99 号
人民东方图书销售中心　电话 (010)65250042　65289539